C·H·Beck
PAPERBACK

Im Mittelalter herrschten insgesamt 17 Könige über England, von denen uns einige – wie Richard II. und Richard III. oder Heinrich IV. und Heinrich V. – in Shakespeares berühmtesten Dramen wieder begegnen. Dieser Band bietet einen fundierten Überblick über die Herrscher und ihre Herrscherhäuser. Die Autoren, alle ausgewiesene Fachhistoriker, erzählen von den zahlreichen inneren Kämpfen, von Verrat und Intrigen, von Hinrichtungen und Königsmorden, von der Bedrohung von außen, von den wirtschaftlichen Schwierigkeiten, die mit all diesen Wirren verbunden waren, und warum es den mittelalterlichen Königen dennoch gelang, über all die Jahre hinweg ihren Machtanspruch zu behaupten und auszuweiten. Anhand der Biographien der einzelnen Herrscher gewinnt der Leser auch einen anschaulichen Überblick über die Geschichte Englands seit dem Mittelalter.

Hanna Vollrath, Prof. em., lehrte an der Ruhr-Universität Bochum.
Natalie Fryde, Prof. em., lehrte an der Technischen Universität Darmstadt.

Die englischen Könige im Mittelalter

Von Wilhelm dem Eroberer bis Richard III.

Herausgegeben von
Hanna Vollrath und Natalie Fryde

C. H. Beck

Mit 14 Abbildungen und 3 Karten

1. Auflage. 2004
2., durchgesehene Auflage. 2009

Originalausgabe

Unveränderter Nachdruck
3. Auflage. 2018

Satz: Fotosatz Reinhard Amann, Aichstetten
Druck und Bindung: Beltz Grafische Betriebe GmbH, Bad Langensalza
Umschlagabbildung: Belehnung Alans von Britannien durch Wilhelm den Eroberer (Robert Blake [Hg.]: Die englische Welt. Geschichte, Gesellschaft, Kultur. München 1983, S. 36)
Umschlagentwurf: malsyteufel, willich
Printed in Germany
ISBN 978 3 406 72799 3

www.chbeck.de

Inhalt

ANHANG

Vorwort

Als man im 16. Jahrhundert anfing, das Mittelalter als eine eigene Epoche zu sehen, faszinierte Englands mittelalterliche Vergangenheit. William Shakespeare ist der berühmteste Autor unter vielen dieser Zeit, der sich von ihr inspirieren ließ. Die Faszination hielt über die Jahrhunderte an – selbst so unterschiedliche Persönlichkeiten wie David Hume und Sir Walter Scott erlagen ihr. Es läßt sich vielleicht erst jetzt aus der Sicht des 21. Jahrhunderts erkennen, welch großartige Leistung die Mittelalter-Historiker Englands über die Jahrhunderte erbracht haben. Dies gilt für alle Aspekte des Themas: Biographien, politische Darstellungen, Sozial- und Wirtschaftsgeschichte und nicht zuletzt Rechtsgeschichte. Auch die Verknüpfung mit der Mittelalter-Archäologie bereicherte das Fach, wie es die großartige Ausstellung *The Age of Chivalry* deutlich machte, die 1987 in London stattfand. Die bahnbrechenden Quellenveröffentlichungen des 19. Jahrhunderts haben Nachfolger gefunden, z. B. die *Oxford Medieval Texts* und die Veröffentlichungen der Canterbury and York Society.

Auch in Deutschland gibt es bis heute Interesse am mittelalterlichen England. Dies belegt eine Reihe allgemeiner einführender Darstellungen, die sich vorwiegend an Studenten wenden. Außerdem steuern deutsche Wissenschaftler nach wie vor wichtige Forschungsarbeiten zum englischen Mittelalter bei. Der vorliegende Band bietet einführende Essays führender britischer und deutscher Wissenschaftler zu den verschiedenen Epochen. Kern der Darstellung sind Königtum und Hof – Bereiche, die dem deutschen Publikum in der Regel besonders vertraut sind. Dabei mußte der thematische Rahmen weit gefaßt werden, denn die englischen Könige haben schon sehr früh und mit bemerkenswerter Intensität in die unterschiedlichsten Lebensbereiche gestaltend einzugreifen versucht.

Da sich bei der Konzeption dieses Buches schon bald abzeichnete, daß nicht jeder der vielfältigen Aspekte in jedem Beitrag würde behandelt werden können, schienen den Herausgeberinnen unterschiedliche thematische Schwerpunktsetzungen in den einzelnen

Beiträgen sinnvoll. Bei Patrick Wormald stehen das Recht sowie die Entstehung eines vereinigten Königreichs in der Angelsachsenzeit im Mittelpunkt, bei Judith Green die anglonormannischen Könige und der Adel, bei Martin Aurell das Gesamtreich der Plantagenêts, bei Nicholas Vincent die Historiographie, bei Robin Studd Englands kulturelle Entwicklung im 14. Jahrhundert und die auswärtigen Besitzungen, bei Karl-Friedrich Krieger die Spannungen am Hofe und im Lande, bei Bärbel Brodt schließlich die Heiratspolitik und das Hofleben des Hauses York. Nichtsdestoweniger fügen sich alle Darstellungen in den allgemeinen Rahmen ein. Der Leser kann versichert sein, daß seine Lektüre auf den neuesten Forschungsergebnissen beruht. Als Orientierungshilfe haben die Herausgeberinnen eine chronologische Übersicht beigefügt sowie Literaturvorschläge zu den einzelnen Kapiteln mit vor allem neueren Darstellungen, die leicht verfügbar sind, als auch Stammtafeln und Landkarten.

Autoren und Herausgeberinnen bedanken sich herzlich für Hilfe und Engagement vor allem bei den Übersetzungen und der technischen Aufbereitung der Manuskripte bei Manuela Pursch, Fabian Oberfahrenhorst und insbesondere bei Dr. Dirk Reitz (alle Darmstadt), bei Liselotte Lalanne (Paris) sowie bei Clemens Flach und Dr. Ralph Molkenthin (Bochum). Wir danken der Thyssen-Stiftung, deren Unterstützung uns im Jahre 2000 ein Kolloquium ermöglichte, auf dem wir gemeinsam die Konzeption des Bandes erarbeiten konnten. Dafür boten uns in Göttingen Otto-Gerhard Oexle, Direktor des Max-Planck-Instituts für Geschichte, und Pierre Monnet, Direktor der Mission Historique Française en Allemagne, den gewohnt ansprechenden Rahmen für ein wahrhaft europäisches Arbeitsgespräch.

Der Text der nun vorliegenden 2. Auflage ist inhaltlich gleich geblieben, es wurden lediglich offensichtliche Fehler, die sich bei der Fertigstellung der 1. Auflage eingeschlichen hatten, korrigiert und die bibliographischen Angaben ergänzt.

Mai 2009

Hanna Vollrath
Natalie Fryde

KAPITEL I

Die frühesten ‹englischen› Könige: von den Anfängen bis 1066

von Patrick Wormald †

Man braucht es kaum zu erwähnen: Die ersten englischen Könige können nicht als Persönlichkeiten geschildert werden. Der frühmittelalterliche Westen hat eine Fülle von Hagiographien hervorgebracht, die immer wieder umgeschrieben wurden, aber nur eine einzige große Königsbiographie: Einhards *Leben Karls des Großen.* Im Verlauf des letzten Jahrhunderts hat sich herausgestellt, daß Einhard ein stilisiertes Bild des Herrschers gibt, das er sorgfältig und mit äußerster Raffinesse schuf. Das heißt nicht, daß es keine Ähnlichkeiten mit dem ‹wirklichen› Karl aufweist. Einhard vermittelt uns vielleicht sogar eine Vorstellung davon, wie Karl der Große tatsächlich ausgesehen hat. Aber weder im Frankenreich des 9. Jahrhunderts noch zu anderen Zeiten und Orten vor Beginn des Spätmittelalters gibt es realistische Bildzeugnisse von Königen. Als Ausnahme ist vielleicht Karl der Kahle zu nennen, der vielfach sowohl in Malereien als auch in Elfenbein- und Bronzeskulpturen dargestellt wird, die gewisse Ähnlichkeiten miteinander haben, obwohl sie unterschiedlichen Schulen entstammen. In erster Linie zeigen sie aber die zeitgenössischen Idealvorstellungen eines Königs (offensichtlich David oder Salomon), nicht die persönlichen Beobachtungen der Künstler. Für Historiker des englischen Königtums müssen noch etwa drei Jahrhunderte nach 1066 vergehen, bis es so etwas wie ein königliches Porträt gibt – das Eduards III., ein Totenbild. Die Bildnisse von Königen auf alten englischen Münzen imitieren fast ohne Ausnahme Vorbilder der römischen Kaiserzeit, sind also keine Portraits im landläufigen Sinne.

Ebenso verhält es sich mit den schriftlichen Darstellungen. Einhard war selbst Vorbild für zumindest einen Biographen nördlich des Ärmelkanals. Aber wir müssen bis zur Wiederentdeckung der klassischen erzählenden Geschichtsschreibung im 12. Jahrhundert warten, bis das möglich wird, was Judith Green und Martin Aurell in den folgenden Kapiteln so überzeugend darlegen. Aus den früheren Jahrhunderten erreicht uns nichts Anekdotisches, kein Charakterbild. Also müssen wir das Beste aus dem Wenigen machen, was wir haben. Eine Möglichkeit besteht darin, die Typisierungen zu untersuchen, die uns präsentiert werden. Da auch den Königen diese Typisierungen vorgehalten wurden, läßt sich vermuten, daß einige von ihnen die Vorstellungen darüber teilten, wie ein Herrscher sein sollte und daß sie sich sogar entsprechend verhalten haben könnten. Dem möchte ich in den ersten Abschnitten meiner Untersuchung nachgehen. Im letzten Teil werde ich mich mit den beiden altenglischen Königen befassen, deren Biographen uns die Möglichkeit bieten, etwas von ihrer Persönlichkeit als Herrscher zu erfassen.

Von allen Mißverständnissen, die sich durch die frühe englische Geschichte ziehen, ist keines tiefer verwurzelt als die Vorstellung, diese Zeit sei eine einzige zusammenhängende Epoche gewesen. Die komplette Zeitspanne vom Rückzug der römischen Reichsgewalt bis zur normannischen Eroberung wird jeweils in einem einzigen Kapitel oder Band abgehandelt.

Für andere Teile der nachrömischen Welt verfährt man bei der Periodisierung ganz anders. Um 750 verläuft die merowingisch-karolingische Grenze. Aber ihre Anwendung auch andernorts beruht auf mehr als der Neigung – die im übrigen nicht nur auf französische Historiker zutrifft –, die Geschichte Europas als die Geschichte des Frankenreiches zu sehen. In Spanien und Italien fanden die Brüche etwas früher oder später statt, jeweils im Zusammenhang mit den muslimischen und den fränkischen Eroberungen; dennoch bedeutet 750 auch hier eine Neuausrichtung der Machtkonstellationen mit der Errichtung eines stabilen Ummayaden-Emirates im einen und dem Ende des byzantinischen Exarchats im anderen Bereich. All diese Veränderungen waren letztlich das Ergebnis der einschneidendsten Entwicklung dieser Epoche, der Entstehung der islamischen Welt; und auch dort bezeichnet der abbasidische Umsturz von 750 einen bedeutenden Einschnitt. Das veränderte politische Klima der eurasischen Welt nach der Mitte des 8. Jahrhunderts beruht auf mehr als auf Krieg und Eroberung. Die Wirtschaft am Ärmelkanal und an der Nordsee hatte sich während des Jahrhunderts vor dem Aufstieg der Karolinger verändert, vor allem durch die Verbreitung vieler Kleinmünzen. Zeitgleich und vielleicht nicht zufällig

Abb. 1: Die erste Seite von Bedas «Kirchengeschichte des Volkes der Angeln», aus einer illuminierten Handschrift des 8. Jahrhunderts.

drang das Christentum über Rhein und Donau vor: Das *Concilium Germanicum* des Heiligen Bonifatius von 743 stellt einen symbolträchtigen Wendepunkt dar, sein Märtyrertum im Jahr 754 einen weiteren.

Was nun die britischen Inseln betrifft, so fällt die Wende auf die Mitte des 9. Jahrhunderts oder die Zeit kurz danach: eine offensichtliche Steigerung der Vormachtstellung der Uí Néill und anderer irischer Dynastien; der neue Expansionsdrang der walisischen Könige; die Vertreibung der Pikten durch die Scotten und natürlich der Zerfall aller englischen Königreiche bis auf das Königreich von Wessex. Ich werde später darlegen, daß manche Veränderungen in der englischen Entwicklung seit der Mitte des 8. Jahrhunderts den Veränderungen anderswo glichen, wenn auch einige ihrer Auswirkungen durch die schwere Krise des 9. Jahrhunderts wieder ausgelöscht wurden. Insofern ergibt meine Berechnung nicht zwei, sondern drei (oder zweieinhalb) Phasen. Aber es ist zumindest offensichtlich, daß – falls die frühen Engländer nicht extreme Ausnahmen waren – bedeutende Unterschiede zwischen den Königen des 7. und denen des 10. Jahrhunderts existiert haben müssen, Unterschiede, die über bloße Machtfragen hinausgingen.

Allgemein kann man von den beiden frühmittelalterlichen Epochen die erste als ‹Kriegergesellschaft› bezeichnen, vom 5. bis zur Mitte des 8. Jahrhunderts reichend, als Königreiche schnell errichtet und genauso schnell wieder durch Kriege vernichtet wurden; und die zweite Epoche als die der ‹heiligen Gesellschaft› vom 8. bis zum frühen 11. Jahrhundert, in der die Herrscher und ihre Sprecher bestrebt waren, das Verhalten im Innern durch Gesetze zu regeln und die Expansion nach außen durch Berufung auf eine uneingeschränkte Vollmacht zu rechtfertigen, wie Gott sie dem – in ihrer Sicht – sehr ähnlichen Volk Israel des Alten Testaments gegeben hatte. Der Islam zog die gleichen Schlußfolgerungen aus denselben Voraussetzungen.

Das ‹Heldenzeitalter› des frühen englischen Königtums

Ich beginne also mit der ‹Kriegerphase› des frühen englischen Königtums, die zutreffend ‹Heldenzeitalter› genannt wird. Der Krieger ist in der Tat einer von drei Typen frühenglischen Königseins. Seine Grundzüge finden sich in der ‹Heldenliteratur›, die die Engländer genauso wie die Iren und Waliser, aber im Unterschied zu allen anderen germanischen Völkern hinterlassen haben. Das einzige vollständig erhaltene Exemplar ist das Heldenepos *Beowulf*, unzweifelhaft eines der Glanzlichter menschlicher Dichtkunst. Hier begegnen wir Erzählungen von Kriegstaten, die wahrscheinlich die Vorlieben derjenigen widerspiegeln, die die Macht der frühesten bekannten englischen Herrscher aufrecht erhielten. Wir treffen auf die Gesellschaftsschicht der Earls, die auch in den frühesten Gesetzen bezeugt sind. In der Dichtung werden die Earls als schwerbewaffnete Ritter dargestellt mit Helm, Panzerhemd und Schwert. Sie kämpfen nicht für den Führer eines Volkes (oder Stammes), sondern für die, von denen sie sich die meiste Beute, die größten Schätze, die besten Waffen und in der Tat auch die großzügigste Gastfreundschaft versprechen. Sie wechseln auch vom einen zum anderen, ob auf der Suche nach Abenteuern wie Beowulf selbst bei Hrothgar, dem König der Dänen, oder als Verbannte wie sein Vater vor ihm. Könige mußten folglich Kriegsherren sein: Die Erfolgreichsten waren diejenigen, die die meisten Kämpfer um sich scharen konnten, die Verlierer jene, denen die Krieger in Scharen davonliefen.

«Solch kriegerischen Erfolg (*heresped*) und solch großen Ruhm errang Hrothgar, daß seine Blutsverwandten (*winemagas*) begierig waren, ihm zu dienen, und auf diese Weise wuchs die Zahl seiner jungen Gefolgsleute, bis er ein gewaltiges Heer» hatte. Diese Passage weist deutliche Parallelen zu Bedas Erzählung von Oswine, dem König von Deira (642–651), auf: «[Er] war ... zu den Edelleuten und dem gemeinen Volk gleichermaßen großzügig; so geschah es, daß ... die edelsten Männer aus beinahe jedem Königreich (*provinciis*) in Scharen herbeiströmten, um ihm zu Diensten zu sein (*ad eius ministerium*).»

Das hat fraglos große Ähnlichkeit mit dem *comitatus* in Tacitus' Werk *Germania*. Schon 1935, ein Jahr bevor J.R.R. Tolkien uns lehrte, den *Beowulf* als großartige Dichtung zu lesen, zeigte Ritchie Girvan, daß sich die Königreiche der Grenzgebiete im Norden und Westen Britanniens im 7. Jahrhundert gerade durch die gegenseitige Anziehungskraft von Herr und Gefolgsmann ausdehnten, und zwar auf Kosten ihrer keltischen Nachbarn. Sie verleibten sich auch einige kleinere Reiche im germanischen Süden und Osten ein, die einstmals so kraftvoll wie sie selbst gewesen waren.

Im Jahr 1939 dann brachte die sensationelle Entdeckung der Grabstätte von Sutton Hoo eine Flut archäologischer Erkenntnisse über die Kriegerkultur, zu der die Dichtung gehörte. Der dort verehrte Herrscher war augenscheinlich ein «Gold-Freund der Menschen» (*goldwine gumena*), ausgestattet wie ein römischer Oberbefehlshaber mit Paradehelm und Konsulstab (*whetstone*) – obwohl die tanzenden Figuren auf dem Helm und die bärtigen Gesichter auf dem Stab nicht sehr viel Römisches an sich haben. Knapp zwei Jahrzehnte später förderte die nicht weniger Aufsehen erregende Ausgrabung in Yeavering (Northumberland) eine Art von Festsaal zu Tage, wo die Festgelage und die gräßlichen Anschläge stattgefunden haben mögen, die im *Beowulf* geschildert werden.

Der Kriegsherr war das offensichtlich ‹dynamische› Element des frühen englischen Königtums, der Ursprung für die Ausdehnung königlicher Macht. Deshalb ist es bemerkenswert, daß sich die großen Wogen des ‹Heldenzeitalters› im Jahrhundert nach den 680er Jahren geglättet zu haben scheinen, und das hatte spürbare Auswirkungen auf die politische Stabilität der verbliebenen Königreiche. Der furchteinflößende König Cædwalla von Wessex (685–688), ein Verbannter von edler Abstammung, hatte in jungen Jahren das Ödland der Chiltern Hills und den Wealden Forest durchstreift; dann aber warf er seine ganze militärische Macht nach Südengland und schaltete die Könige der Isle of Wight aus. Das südwestlich gelegene Cornwall wurde aber damals nicht wie der größte Teil von Devon von Wessex annektiert. Obwohl den Königen des 7. Jahrhunderts üblicherweise ihre Söhne auf dem Thron folgten, war dies nach 641 über zwei Jahrhunderte lang in Wessex nicht der Fall. 786 fiel König Cynewulf einem «Staatsstreich» zum Opfer, den der Bruders seines von ihm abgesetzten Vorgängers anzettelte; er gipfelte in einer Schlacht mit vielen Anklängen an die *Finnsburh-Saga*.

Nordhumbriens Expansion nach Norden erlitt 685 einen empfindlichen Rückschlag durch eine katastrophale Niederlage gegen die Pikten. Die blutrünstigen Annalen Nordhumbriens des späten 8. Jahrhunderts vermitteln einen lebhaften Eindruck von den politischen Nachwirkungen: Drei Linien des Königshauses kämpften erbittert um die Macht und verbannten oder ermordeten ihre Vorgänger und Rivalen.

Im *Beowulf* gibt es keine ausdrücklichen Beispiele für Königsmord. Aber es taucht der schändliche Heremod auf, ein König, der «nicht in der Lage war, den Dänen Goldringe zu geben» und in der Verbannung getötet wurde, nachdem er alle Weggefährten und Waffenbrüder seiner Tafelrunde erschlagen hatte. Nordhumbrische Adlige, die nach dem Thron zu greifen suchten oder zumindest im Verdacht standen, dies zu tun, wurden auf ähnliche Weise vom regierenden König unschädlich gemacht, oft wohl vorsichtshalber. Waren die Schatzkammern Heremods und seiner nordhumbrischen Entsprechungen leer? Während des ‹Heldenzeitalters› bot sich unbefriedigtem Machtstreben außerhalb des jeweiligen Territoriums ein Ventil; aber die kriegerische Aggression scheint sich nach innen gewandt zu haben, nachdem sich die politische Landkarte geordnet hatte und rivalisierende Ansprüche auf Herrenlohn zu Wettstreit um die Königsherrschaft führten. In dieser Welt, die der Heremods geähnelt haben mag, war wohl die Quelle des Wohlstands durch Expansion versiegt.

Stenton sah das 8. Jahrhundert in England als das «Zeitalter der Vorherrschaft Merciens», beherrscht von einem zweiköpfigen Ungeheuer, Æthelbald-Offa. Aber man kann die Dinge auch anders sehen. Æthelbald wird in der Tat von Beda und in einer seiner Urkunden als Herrscher über alle Königreiche Südenglands dargestellt und in der Urkunde mit dem Titel «König Britanniens» bezeichnet. Aber obwohl er die südöstlichen Königreiche einschüchterte, fiel er doch nicht über sie her und weder er noch ein anderer Herrscher Merciens machte vor den 820er Jahren große Fortschritte in Wales. Er scheint nicht wesentlich mächtiger gewesen zu sein als seine Vorgänger Penda (?–655) und Wulfhere (658–674).

Auch Æthelbald hatte als unsteter Verbannter an der Spitze eines eigenen Kriegerhaufens begonnen und wurde am Ende von einem seiner Leibwächter umgebracht. Man hat die ansprechende Vermutung geäußert, daß sein Grab bei der Abtei Repton ein Hügelgrab mit weiter Aussicht über den Strom des Trent war – ganz wie das Grab Beowulfs weithin sichtbar für die Seefahrer. Andererseits ist bemerkenswert, daß ein Visionär ihn als einen von drei Königen seiner Zeit in der Hölle sah.

Dieses Schicksal unterstreicht, daß es Spannungen gab zwischen dem Bedarf der Kirche an Schenkungen von Landbesitz und Schätzen einerseits und dem Bemühen der Könige andererseits, mit ihren Ressourcen sparsam umzugehen. Beda war besorgt über die vielen Gründungen von Scheinklöstern, die die Ländereien des Königs dezimierten und damit seine Möglichkeit, Krieger anzuwerben und zu entlohnen. Bonifatius aber rügte Æthelbald für den Druck, den er auf die Gemeinschaften von (falschen?) Nonnen und Mönchen ausübte. Der Zusammenhalt von kriegerischen Gefolgschaften war an die Verfügbarkeit von Kriegsbeute und Land gebunden gewesen, und die neue Beständigkeit der Grenzen und die zunehmende Unbeständigkeit der Thronfolge mag auch darauf zurückzuführen sein, daß Kriegsbeute und Land nicht mehr so «flüssig» waren, weil immer mehr als Schenkung an die Kirche ging.

Das karolingisch geprägte Königtum?

Vor diesem Hintergrund erscheint Offa (757–796) als Vertreter eines neuen Typs im Erwerb und in der Verwaltung von Macht. Seine Regierungszeit begann mit der Art von Bürgerkrieg, wie sie im 8. Jahrhundert zunehmend üblich wurde. Von Anfang an scheint er ein gewisses Maß an Kontrolle über Kent ausgeübt zu haben, wo er als Mitkönig Urkunden ausstellte, und von 772 an hießen die Könige von Sussex nur mehr «Unterkönige» oder «Herzöge». Seit den frühen 780er Jahren hört man aus Kent oder dem Gebiet der Hwicce (West Midlands) nichts mehr von Mitkönigen, nicht einmal von Unterkönigen. 794 soll Offa «dem König Æthelberht [der Ost-Angeln] den Kopf vom Rumpf getrennt haben», und von etwa dieser Zeit an kontrollierte er die Prägung der ost-anglischen Münzen. Seine Position am Ende seiner Herrschaft war dergestalt, daß Karl der Große ihn als alleinigen König der Südengländer ansprach.

Diese neue Form königlicher Macht war zu Teilen durch Herrschaftsinstrumente erreicht worden, die an die der Karolinger erinnern. Münzprägung im Namen eines englischen Königs kam in den 750er Jahren auf, interessanterweise zuerst in Nordhumbrien. Das war kurz nach deren Einführung im Frankenreich durch Pippin den Jüngeren; es sollte eine direkte Einnahmequelle für die englischen Könige werden, so wie sie es sicherlich für die Karolinger war und für die Könige Englands nach der normannischen Eroberung werden sollte. Æthelbald ließ Zölle auf den Seehandel erheben, wie wir aus einer Reihe von Urkunden erfahren, in denen Zollbefreiung gewährt wurde. Im letzten Viertel des 8. Jahrhunderts dominierte Offa die Herstellung des südenglischen Münzgeldes und schöpfte so die Erträge des Handelsverkehrs in großem Umfang ab. Seine Absicht, ein Münzmonopol zu schaffen und daraus Kapital zu schlagen, stand zweifelsohne hinter seinem Angriff auf den Südosten, wo die wichtigsten Münzstätten lagen. Germanische Könige mußten beim Umgang mit Schätzen Experten sein. Anstelle der verlorenen sprichwörtlichen Goldgruben des ‹Heldenzeitalters› sprudelten nun für sie neue Einnahmequellen aus der Münzprägung.

Im *Beowulf* kommt ebenfalls ein heldenhafter Offa vor, den der Dichter über alle Maßen rühmt. Der historische Offa sonnte sich im Glanze seiner erhabenen Herkunft, wie eine seiner Urkunden zeigt, und zu seiner Zeit kam auch eine ursprünglich nordhumbrische Sammlung von Königsgenealogien mit den Namen von Göttern und Helden der germanischen Vorzeit in Umlauf.

Historiker des frühen englischen Königtums müssen aber drei weitere Aspekte in Betrachtung ziehen, die in die Vergangenheit weisen. An erster Stelle sind dabei die westsächsischen und kentischen Gesetze zu nennen. Die Könige im Süden Englands erließen seit dem Beginn der Christianisierung Gesetze: Das Gesetzbuch Æthelberhts von Kent (entstanden zwischen ?614 und 616/618) ist das erste erhaltene Exemplar eines durchgehend in germanischer

Sprache geschriebenen Textes nach der Goten-Bibel Wulfilas und Theoderichs. Nach diesem Gesetzbuch hat der König keine Geldstrafen für Vergehen kassiert, aber in der Zeit des Königs Ine von Wessex (689–726) wurden häufig sowohl finanziell einträgliche Geldstrafen als auch Körperstrafen bis hin zur Todesstrafe verhängt.

Für unseren Zusammenhang ist dabei besonders hervorzuheben, daß diese Gesetzbücher die Existenz von Eliten kennen. Wie die entsprechenden Rechtstexte vom europäischen Festland befassen sie sich aber vor allem mit dem «freien … Mann» (so die Sprache der *Lex Salica)*, im Angelsächsischen mit dem *ceorl.* Diese Schicht hatte ihre eigene Kriegerideologie: Im Gesetz der Langobarden heißen sie *exercitales* (Heermänner), später *arimanni* (Armeemänner). Tausende frühmittelalterlicher Gräberfelder im Westen sind übersät mit ihren vergleichsweise einfachen, aber zweckmäßigen Waffen. Die Krieger dieses Typs waren nicht aus dem gleichen Holz geschnitzt wie die der Kriegerbünde.

Zum zweiten gibt es ein Dokument mit dem Namen *Tribal Hidage*. Die Hufe (*Hide*) – nach Beda ein Stück Land, von dem sich die Familie eines Freien ein Jahr lang ernähren konnte – sollte sowohl den Herren Arbeitsdienste und Erträge als auch den Hufenbauern selbst den Lebensunterhalt sichern. Die Hufe erscheint wie eine Einheit aus grauer Vorzeit. Wesentliche Bestandteile dieser Einrichtung stammten vermutlich aus der römisch-keltischen Zeit Britanniens: Jene *annona*, die die Legionen finanziert hatte, konnte auch zur Versorgung der Krieger dienen, die an ihre Stelle getreten waren – Gildas beschreibt das als Faktum. Aber sie mag durchaus noch älteren Ursprungs sein. Die Hufe hat ein Gegenstück in den alten irischen Gesetzen, möglicherweise ist sie indoeuropäischer Herkunft.

In der Frühphase englischer Regierungsgeschichte erstellte ein unbekannter Verfasser eine Liste der Hufen nahezu aller bekannten – und nicht weniger sonst unbekannter – Völker (Stämme) Mittel- und Südenglands. Es läßt sich mit gutem Grund annehmen, daß solch ein Dokument die Grundlage für den gewaltigen öffentlichen Bau bildete, der «Offas Wall» genannt wird. Falls das stimmt, war es kaum ein Zufall, daß in Offas Urkunden zum ersten Mal öffentliche Bauarbeiten und Kriegsdienste als Gegenleistung für Landschenkungen gefordert wurden, auch wenn er sonst alle möglichen Befreiungen aussprach (den ersten Hinweis auf eine solche Forderung gibt es in einer Urkunde Æthelbalds aus dem Jahr 749).

Offas Wall ist eines der letzten und spektakulärsten Beispiele einer Monumentalbautradition, die überall in Westeuropa bis ins Neolithikum zurückreicht. Ein sehr ähnliches Unterfangen war etwa zur selben Zeit das Danewerk über die schmalste Stelle der Halbinsel Jütland (Offas legendärer anglischer Namensvetter soll ebenfalls einen Wall errichtet haben). Da kaum anzunehmen ist, daß bei ihrer Entstehung Schriftstücke eine Rolle spielten, muß das auch bei Offas Wall nicht der Fall gewesen sein. Viel wichtiger ist, daß die ersten frühen englischen Könige und ihre prähistorischen Vorgänger eine so große Zahl an Arbeitskräften aufbieten konnten, daß wohl die meisten gesunden Männer einbezogen waren. Und es ist zweitens bedeutsam, daß zumindest ein mächtiger Herrscher sich vorstellte, daß dieses Potential in der Art des *Tribal Hidage* organisiert war, und das bleibt bedeutsam auch dann, wenn es in Wirklichkeit nicht so war. Hier begegnen wir – wie bei den Gesetzen – dem erst vor kurzem geprägten Begriff der ‹extensiven Herrschaft›: Vorherrschaft nicht nur über Adelskrieger auf der einen und über Sklaven und Grundholde auf der anderen Seite, sondern auch über eine vergleichsweise große und ansonsten ‹freie› Schicht von Kleinbauern.

Ein dritter Aspekt, der in die Vergangenheit weist, mag der Verknüpfung zwischen den beiden anderen dienen. In den Gesetzen Æthelberhts tritt zum ersten Mal ein Begriff in germanischer Volkssprache auf, der fortan den Wortgebrauch in den nordeuropäischen Monarchien bestimmen sollte: *cyning*. Das Wort *kuning-az* war alles andere als neu. Es war alt genug, um ins Slawische und ins Finnische in seiner ursprünglichen Form einzugehen, um dort als *knez* weiterzuleben. Der Begriff bezeichnete aber anscheinend nur einen lokalen Herrn oder Clanchef, und das erklärt, warum er in Wulfilas Text nicht vorkommt. Wahrscheinlich tauchte er im Frankenreich erstmals wieder auf und markiert damit einen Wendepunkt in der politischen Geschichte. An die Stelle von Wulfilas *thiudans* (Stammes-Mann) oder, seltener *reiks* (augenscheinlich verwandt mit dem irischen *ri* und somit ein weiterer Widerhall der uralten indoeuropäischen Herkunft) trat ein Wort, das sich offensichtlich von *kun* (Geschlecht) ableitete wie das lateinische *gens* (Stamm) von *genus* (Geschlecht). Damit paßte es hervorragend für einen Herrscher, der die neuen Stammesvölker des nachrömischen Westens verkörperte.

Was auch immer der Begriff tatsächlich bedeutete, er unterschied sich klar vom alt-englischen *dryhten* und seinen Entsprechungen in anderen Sprachen, die sich von *truht* (Gefolgschaft) ableiteten. Die Semantik gibt uns hier den entscheidenden Hinweis darauf, daß die frühen englischen Könige in etwas verwurzelt waren, was tiefer reichte als ein wenig stabiles Kriegsführertum. Das englische Königtum hatte in seiner Frühphase Wurzeln, die sich – und das ist nicht völlig anachronistisch – als ‹volksmäßig› oder ‹öffentlich› bezeichnen lassen.

‹Fromme› Fürsten eines ‹heiligen› Volkes

Damit haben wir aber noch nicht alle Typen frühenglischen Königtums behandelt. Wir müssen auch den Typus mit einbeziehen, der erwartungsgemäß in den schriftlichen Belegen dominiert: der ‹fromme Fürst›, wie eine spätere Zeit sagen sollte. Obwohl die Idee eines ‹heiligen Volkes› erst in der Karolingerzeit das Schrifttum über das Königtum beherrschte, wurden ihre wichtigsten Inhalte doch bereits früher entwickelt, im Falle Englands vor allem durch Beda. Seine *Kirchengeschichte* ist selbst als ‹Fürstenspiegel› bezeichnet worden. Ihre Botschaft ist ziemlich simpel und zugleich zu komplex, als daß sie eine Reduktion auf ein einziges Thema zuließe. Ihre zentrale Aussage läßt sich gut am Beispiel zweier nordhumbrischer Könige verdeutlichen. Der erste dieser beiden, Oswald (634–42), wird als ein Verfechter des Glaubens geschildert, der sich selbst ganz und gar der Christianisierung seines Volkes verschrieb. Als Sieger über den ‹verruchten› (*infandus*) König der Briten Cadwallon und als Inhaber der ‹Befehlsgewalt› (*imperium*) über mehr Völker Britanniens als jeder König vor ihm starb er einen fernen Heldentod im Kampf mit dem heidnischen König Penda von Mercien an der Grenze zwischen Wales und Mercien.

Abgesehen davon «war es in der Tat ein herrlicher Anblick, den König als Dolmetscher zu sehen, der das Wort Gottes für seine Heerführer und Dienstleute übersetzte, als der Bischof [Aidan, durch Oswald aus Iona eingeladen], der die englische Sprache nicht sehr gut beherrschte, das Evangelium verkündete». Und «obwohl er der mächtigste Herrscher des ganzen Landes war», waren es doch die Armen und nicht die Krieger, die Teile der großen Silberplatte erhielten (sah sie wie die byzantinische Schale aus, die in Sutton Hoo ausgegraben wurde?), die er an einem Osterfest entzwei brechen ließ. Oswald war somit der erste Vertreter eines neuen Herrschertyps, der sich im karolingischen Westen durchsetzen sollte, der des ‹Priesterkönigs›. Als er getötet wurde, «zeigte sich sein großer Glaube an Gott und seine Hingabe im Herzen durch Wunder; der Ruhm dieses glorreichen Königs verbreitete sich nicht nur in ganz Britannien, sondern sein heilendes Licht strahlte bis über das Meer.» Oswald wurde nicht von Beda in sein Martyrologium aufgenommen; aber er war zweifellos ein Heiliger, seine *fama* verbreitete sich in alle Himmelsrichtungen und war größer als die aller Helden im *Beowulf*, deren Ruhm ihr einziger Trost nach ihrem unvermeidlich frühen Tod war.

Bedas zwiespältige Auffassung von Königen und vom Königtum kommt in seinem knappen Bericht über König Oswine von Deira (dem südlichen Teil Nordhumbriens) zum Vorschein, der uns als Herrscher von der Art eines Beowulf bereits begegnet ist. Auch Oswine wußte, was es hieß, von «überirdischer» irischer Heiligkeit brüsk zurückgewiesen zu werden. Er hatte dem Bischof Aidan ein Pferd «mit königlicher Ausstattung» geschenkt. Als dieser das Pferd an einen Bettler weitergab und der König sich deswegen empörte, erwiderte der Bischof diesen Protest mit der vernichtenden Frage: «Ist dir der Sohn einer Stute lieber als ein Sohn Gottes?» Als Oswine sich darauf zerknirscht und reumütig vor Aidan zu Boden warf, «war der Bischof zutiefst bestürzt» und verkündete voll Trauer (in seiner irischen Muttersprache, so daß der König und die Höflinge es nicht verstehen konnten): «Der König wird nicht lange leben, denn noch nie sah ich einen demütigeren König; so fürchte ich, der Tod wird ihn bald ereilen, denn dieses Volk verdient keinen solchen Herrscher.»

Ein König konnte also auch zu demütig sein, aber Beda sagt das nicht ausdrücklich. Ähnlich berichtet er auch von einigen Königen im 7. und 8. Jahrhundert, die von ihrem Amt zurücktraten und Mönche wurden oder nach Rom pilgerten (wie die in unterschiedlicher Weise bemerkenswerten Könige Cædwalla und Ine). In einem Fall läßt er Vorbehalte gegenüber diesem Trend erkennen: « Cenred, der … edel … über das Königreich Mercien geherrscht hatte … ließ in noch edlerer Weise die regni sceptra zurück … Mit ihm ging Offa, der Sohn des … Königs der Ostsachsen, ein junger Mann von hohem Wuchs und großer Schönheit, dessen ganzes Volk inbrünstig wünschte, er möge die regni sceptra übernehmen und herrschen. Er verließ seine Frau, seine Ländereien, seine Sippe und sein Land für Christus und das Evangelium, um das Hundertfache im Diesseits und im Himmelreich das ewige Leben zu empfangen.»

Da Beda aber dieses biblische Bild auch verwendete, um die Entscheidung seines eigenen Stifters Benedict Biscop zu charakterisieren, der das höfische Leben für das eines Abtes aufgab, ist kaum anzunehmen, daß er eine solche Handlung mißbilligte: es war edler, sein Amt niederzulegen. Dennoch läßt er uns wissen, daß durchaus nicht jeder dieser Ansicht beipflichtete. Man hat den Eindruck, daß Beda die politische Klugheit eines solchen Rücktritts hätte hinterfragen sollen. Obwohl er dem Ideal Papst Gregors des Großen und dessen *Cura pastoralis* anhing, verlor er doch nie die augustinische Sicht aus den Augen, wonach beim Herrschen wie bei allem anderen das *summum bonum* letztlich zu einer anderen Welt gehörte.

König Offa von Mercien hatte Zugang zu einer Abschrift von Bedas Werk, und seine Regierung zeigte ebenfalls Entwicklungen in diese Richtung. Er erhielt Mahnbriefe von Alkuin, einem entfernten Schüler Bedas, die «an den König und die Ehre Britanniens» adressiert waren. Er stand ähnlich wie die Karolinger dem Papsttum mit seinem neuen pseudo-konstantinischen Profil näher als jeder andere frühangelsächsische König – so nah, daß seine Gegner verbreiten konnten, er plane einen päpstlichen «Staatsstreich». In einer der bis vor kurzem wenig beachteten Episoden der frühen englischen Geschichte kamen zwei päpstliche Legaten nach Nordhumbrien und danach nach Mercien (786), um etwas zu verkünden, was sie selbst als *Kapitular* bezeichneten. Es hatte große Ähnlichkeiten mit der bedeutenden *Admonitio Generalis* Karls des Großen drei Jahre später. Darin wurde die Unverletzlichkeit des «Gesalbten des Herrn» betont. Es ist wohl weder ein Zufall, daß Offas Sohn im folgenden Jahr «zum Königtum geweiht» worden sein soll, noch, daß ein nordhumbrischer König 796 diesem Brauch folgte.

Noch bemerkenswerter aber ist: Die erste umfassende christliche Salbungsliturgie war wohl die englische und ist auf nicht später als 856 zu datieren, da Erzbischof Hinkmar von Reims, der gelehrteste Kenner dieser Rituale im nachrömischen Westen, so beeindruckt war, daß er sie nicht nur in die Liturgie übernahm, die er für die

Krönung Judiths, der Tochter Karls des Kahlen, zur Königin der Westsachsen entwarf, sondern auch 869 für Karls eigene Erhebung zum König von Lothringen. Ebensowenig kann es Zufall sein, daß mercische und westsächsische Urkunden kurz nach der Wende von 800 Hoftage (und damit Festkrönungen?) an Weihnachten, Ostern und Pfingsten belegen.

Das Volk und seine Lebensordnungen

Auf diese Weise läßt sich eine zweite, eine Zwischenphase zwischen der ‹Kriegerphase› und der ‹Heiligen Phase› des frühen englischen Königtums ansetzen. Sie war in vielen institutionellen und spirituellen Erscheinungsformen deutlich karolingisch, wurde dann aber drastisch durch die skandinavischen Invasionen unterbrochen. Diese nahmen im Laufe des 9. Jahrhunderts an Stärke zu und fanden in der dänischen Eroberung von dreien der vier wichtigsten englischen Königreiche und in der Beinaheherrschaft über das vierte, Wessex, ihren Höhepunkt. Die Herrschaft des Königs Alfred der Westsachsen (871–899, seit etwa 886 König der Angelsachsen) bildet dabei den Dreh- und Angelpunkt zwischen der früheren und der späten Periode der altenglischen Geschichte. Glücklicherweise ist er einer der beiden englischen Könige, dessen Biographie von einem Zeitgenossen verfaßt wurde; für ihn können wir deshalb heute eine Art biographische Darstellung geben.

Sein Enkel Æthelstan (924–939) war der erste, der über das ganze heutige England (also einschließlich Nordhumbriens) herrschte, und auch der erste, der formell als *rex Anglorum* bezeichnet wurde. Ab Mitte des 10. Jahrhunderts wurde kein anderer Titel gebraucht, und kein König herrschte für längere Zeit über weniger als über dieses Gebiet. Auch die Eroberungen des 11. Jahrhunderts (die dänische 1016 und die normannische 1066) berührten weder die Verwendung des Titels noch die strukturelle Integrität des Herrschaftsgebiets. Tatsächlich nahmen die Könige eine ausdrücklich imperiale Haltung gegenüber Britannien als ganzem ein: Daß der «König der Engländer» zugleich «Kaiser» (*Basileus*) ganz Albions sei, war eine immer wiederkehrende Formulierung in königlichen Urkunden nach 928. In einer von ihnen wird König Edgar (957–975) als *imperator et augustus* bezeichnet.

Dies war keineswegs nur ein Anspruch: Könige aus Wales, dem Bereich der Irischen See und Schottlands machten im zweiten Viertel des 10. Jahrhunderts ihre Aufwartung am englischen Hof, und berühmt ist eine Darstellung, nach der ‹keltische› Herrscher an den Rudern saßen, während Edgar 973 auf dem Fluß Dee bei Chester das Steuer übernahm.

Knut (1016–1035) und Wilhelm der Eroberer unternahmen große Anstrengungen, um ähnliche Akte der Unterwerfung zu erreichen. Könige aus den Grenzlanden brauchten sich ebensowenig durch solche rituellen Akte erniedrigt zu fühlen wie die slawischen Könige, die bei ottonischen Festkrönungen die königlichen Insignien vorantrugen. Was immer es später zur Zeit von Philipp Augustus und Eduard I. bedeuten sollte – im 10. Jahrhundert war es eine hohe Ehre, einen ‹großen Herrn› zu haben.

Dieser großartige Erfolg beruhte auf der Tatsache, daß Alfred und seine Nachfolger, vielleicht mit Ausnahme Eduards des Bekenners (1042–1066), Krieger waren. Æthelstans spektakulärer Sieg über ein Bündnis aus skandinavischen und keltischen Königen wurde in der *Angelsachsenchronik* wie in einem Epos besungen. Wie uns sein Biograph erzählt, war Alfred mit «sächsischen Gedichten» aufgewachsen und sorgte dafür, daß seine älteren Kinder sie in der Hofschule lernten. Dabei mag es sich um religiöse Verse gehandelt haben, wie die große Menge noch erhaltener altenglischer Dichtung, aber auch diese sprechen eine ‹heroische› Sprache.

In Alfreds neuer (oder fast neuer) Genealogie erscheinen bekannte Namen der germanischen Sagen wie auch der Patriarchen des Alten Testaments von den Söhnen Noahs bis zurück zu Adam und zu Gott selbst. Diese Genealogie wurde von Æthelweard, Herzog der südwestlichen Grafschaften und Historiker des späten 10. Jahrhunderts (er stammte von Alfreds älterem Bruder ab), dahingehend korrigiert, daß eine stärkere Übereinstimmung mit dem Geschlecht der Scyldinge im *Beowulf* entstand. All dies war gleichsam selbstverständlich für die damalige Zeit. In der dritten Phase des frühen englischen Königtums müssen dann dessen spirituelle und materielle Aspekte besonders hervorgehoben werden.

Das frühe englische Königreich war in vielerlei Hinsicht nicht nur ein *Empire,* sondern auch ein *imperium Christianum.* Während es königliche Gesetzgebung im 7. Jahrhundert nur mit Unterbrechungen und danach so gut wie nicht mehr gab, erließ fast jeder König von Alfred bis Knut Gesetze, in denen religiöse Verpflichtungen mehr als je zuvor hervortraten.

Ihre ideologische Bedeutung läßt sich gut am Beispiel der beiden großen Gesetzbücher zeigen, die am Anfang und am Ende dieser Reihe von Gesetzen stehen. Alfreds *Domboc* betont am konsequentesten von allen vergleichbaren frühmittelalterlichen Texten die Gleichwertigkeit der von Gott durch Moses und die Apostel niedergelegten Gesetze mit den eigenen. Ein groß angelegtes Vorwort, ein Fünftel des ganzen Textes, übersetzt fast drei Kapitel des Buches Exodus, und zwar so, daß die Ähnlichkeit der alten israelitischen Gesetze mit denen der Westsachsen und ihrer Nachbarn in Mercien und Kent sichtbar wird.

Erzbischof Wulfstan II. von York faßte im Auftrag König Knuts an einem Hoftag zu Weihnachten 1020/1 nahezu alle grundlegenden Vorstellungen der Gesetzgebung des 10. Jahrhunderts in einem Gesetzbuch zusammen, und sein Vorwort – oder «erstes Buch» – erweiterte die früheren Gesetze zugunsten der altenglischen Kirche und enthielt dazu viele Gedanken, die er über die Beziehung der Engländer zu ihrem Gott entwickelt hatte. Seine Gesetzbücher haben viel mit seinen aufwühlenden Mahnpredigten gemeinsam.

Das Gesetz Gottes wurde in der Tat für die Untertanen des englischen Königs bindend, und deshalb behandelte Edgars Gesetzgebung viel ausführlicher die Ansprüche der Kirche und die Einhaltung des Sonntags, als es die Gesetze des 7. Jahrhunderts getan hatten. Zu Pfingsten 973 wurde er in gleichsam kaiserlichem Stil in Bath gekrönt, dessen heiße Quellen natürlich an die Karls des Großen in Aachen erinnern sollten.

Zu Æthelstans Zeit wurde der erste *Krönungsordo* überarbeitet und im Stil der Neuerungen erweitert, die Hinkmar hinzugefügt hatte. Auch Edgars Förderung klösterlicher Einheitlichkeit nach der Benediktregel folgte dem karolingischen Vorbild. Die Krönung seines Sohnes Æthelred II. (978–1016) wurde (vermutlich) von einer Ansprache begleitet, die sich ganz wie die Königsspiegel des 9. Jahrhunderts so nah als möglich an den vorbildhaften irischen Traktat *De duodecim abusivis saeculi* aus dem 7. Jahrhundert hielt. Wie wir sehen werden, wurden Æthelreds älterer Bruder Eduard der Märtyrer (975–978) und Aethelreds Sohn Eduard der Bekenner anerkannte Heilige.

Wirklich außergewöhnlich aber war die Art und Weise, wie das Herrschaftssystem der vornormannischen Zeit seine materiellen Rechte und Mittel dem Ideal einer ‹Heiligen Gesellschaft› dienstbar machte, indem es Verbrechen nun mit aller Härte bestrafte. Das Vorbild dafür war wiederum karolingisch, aber die Umsetzung erwies sich als viel dauerhafter: die Grundprinzipien dieses Rechtssystems existieren in erheblichem Umfang bis heute. Die Mechanismen seiner lokalen Verwaltung waren dabei das dauerhafteste Vermächtnis.

So gibt es deutliche Ähnlichkeiten zwischen den Regelungen des *frankpledge* in den Gesetzen von Alfred bis Knut und den Gesetzestexten des 13. und 14. Jahrhunderts. Beim *frankpledge* mußten alle, die frei (*frank*) geboren waren, im Alter von zwölf Jahren dem König Treue schwören und versichern, weder Räuber zu sein noch Raubtaten begehen zu wollen. Sie wurden dann in nominelle oder tatsächliche Zehnschaften (*tithings*) eingeteilt, denen es oblag, ein fehlgeleitetes Mitglied ihrer Gruppe vor Gericht zu bringen oder alternativ für dieses eine angemessene (und durchaus beträchtliche) Geldstrafe zu entrichten. Dieses System hatte zumindest bis ins Spätmittelalter Bestand. Alfreds erstes Gesetz hatte angeordnet, daß alle «ihrem Eid und Gelübde treu bleiben» sollten; und Knut verlangte von den Zwölfjährigen den Schwur, «nicht zum Dieb oder zum Komplizen eines Diebes zu werden», direkt nachdem er befohlen hatte, jeden rechtsfähigen freien Mann «in eine Hundertschaft und Zehnschaft einzubinden, sobald er zwölf Jahre alt ist». Die Verbindung zwischen den früheren und den späteren Anordnungen dieser Art war etwa für William von Malmesbury offensichtlich.

Die Einrichtung des *frankpledge* bzw. der Zehnschaft war die unterste Ebene in der Hierarchie der lokalen Institutionen des 10. Jahrhunderts. Die Oberhäupter der Zehnschaften schuldeten ihrerseits den Hundertschaften Rechenschaft, deren Aufgabe es seit der Zeit Æthelstans war, Übeltäter zu verfolgen und anzuklagen. Es war zu einem Prinzip englischen Rechts geworden, daß eine Gemeinschaft ihre verdächtigen Elemente selbst identifizierte, wie es auch heute noch im Geschworenensystem der Fall ist. Es ist wohlbekannt und auch anders kaum zu erklären, daß das ‹dritte› Gesetzbuch Æthelreds II. die «zwölf führenden *thegns*» eines *wapentake* (einer Hundertschaft im Danelaw, dem vorwiegend dänisch besiedelten Gebiet im Norden und Osten) verpflichtete, Verdächtige öffentlich unter Eid anzuklagen, wenn nötig durch Mehrheitsbeschluß. In der Art und Weise, wie das Recht durchgesetzt wurde, gab es kaum Unterschiede in den Herrschaftssystemen des 10. und des 12. Jahrhunderts.

Die nächsthöhere Verwaltungsebene nach der Hundertschaft war die Grafschaft. Diese Verwaltungseinheit war damit betraut, des Königs *gafol* oder Geld einzutreiben, eine Grundsteuer, die nach ‹Hufen› (*hides*) veranschlagt war.

Ein Dokument aus der Regierungszeit Wilhelms I. (das allerdings in altenglischer Sprache abgefaßt ist) zeigt, wie eine Grafschaft ihre Steuerveranlagung auf die Hundertschaften umlegte, und auf die gleiche Weise dürften die Hundertschaften mit ihrem Landbesitz verfahren sein. Ganz Ähnliches gilt übrigens für die Grundsteuer, mit der Marlboroughs Kriege im frühen 18. Jahrhundert finanziert wurden. Die Grafschaft war die wichtigste Einheit der Rechtsprechung und konnte von den Hundertschaften angerufen werden. Es gibt Belege dafür, daß genau dies auch geschah. Die Grafschaft scheint schon vor 800 eine militärische Einheit gewesen zu sein, aber so gut wie nichts deutet darauf hin, daß sie vor 900 eine Funktion als Gerichtsbezirk oder Verwaltungseinheit gehabt hat. Die Grafschaften nördlich der Themse waren im wesentlichen sicher neu gegründete räumliche Einheiten, und die meisten von ihnen lassen sich in die erste Hälfte des 10. Jahrhunderts datieren.

Drei Dinge sollten bei dieser Hierarchie lokaler Verwaltungen hervorgehoben werden. Zunächst weist alles darauf hin, daß dieses hierarchische Modell wiederum ein karolingischer Import war. Warum sonst sollten die vermutlich altertümlichen lokalen Einheiten südlich der Themse die neue Bezeichnung ‹Hundertschaft› erhalten haben, wie dies bei den Franken (und ursprünglich bei den Römern) üblich war? Zum anderen gibt es Anzeichen dafür, daß einige Hundertschaften unter die Kontrolle besonders bevorzugter Herren gelangten, wie unter die der alten Taufkirchen in Wessex oder die des Grafen Godwin von Wessex und seiner Familie, die in der Regierungszeit des Bekenners die Politik maßgeblich bestimmten.

Bei den Grafschaften geschah so etwas nicht. Ganz im Gegenteil: Im 11. Jahrhundert ist aus dem lokalen Vertreter des Königs der *sheriff* (von *shire-reeve* = Grafschaftsverwalter) geworden, was er in gewisser Weise bis heute geblieben ist. Fast überall, wo es sich nachweisen läßt, war der *sheriff* ‹der Mann des Königs›, er war durch Eid an den König, nicht an einen lokalen Adelsherrn gebunden. Im 11. Jahrhundert waren die Grafschaften zu wichtigen politischen Größen geworden. In Urkunden wurden ihre Bewohner «(Mit)Landsleute» genannt: Die führenden Leute waren die *thegns*, die lokalen adeligen Herren, die Landbesitz von mindestens 5 *hides* (etwa 300 Hektar) hatten. Magnaten konkurrierten um den Einfluß auf die *thegns* einer Grafschaft je nach deren Rang auf der Bedeutungsskala am Königshof. Zur gleichen Zeit kam es vor, daß die lokalen Führer in der Provinz eigenständig einen Aufstand machten, wie z. B. die *thegns* von Yorkshire 1065 gegen ihren Earl Tostig (den Sohn des Earls Godwine), oder wie die *thegns* von Worcestershire (westliche Midlands), die sich der brutalen Besteuerung König Harthacnuts im Jahr 1041 widersetzten (der Ertrag im gesamten Königreich wird übrigens mit 32.047 Pfund mit bemerkenswerter Genauigkeit angegeben). Die *thegns* von Yorkshire behielten gegenüber Tostig die Oberhand, der Aufstand von Worcester war weniger erfolgreich, aber immerhin waren drei Earls und ein Bischofs nötig, um ihn niederzuschlagen, außerdem eine königliche Kriegsmannschaft (*Hauscarls*) und ein großes Heer.

Immer noch ist die Grafschaft ein zentrales Element in der politischen Geographie Englands; sie läßt sich mit Recht als die älteste Verwaltungseinheit der Welt bezeichnen (außer der englischen Monarchie selbst). Vom 14. bis zum 19. Jahrhundert war das Verhältnis zwischen Königshof, Parlament in Westminster und *gentry* in den Grafschaften der Dreh- und Angelpunkt allen Regierens: Diese alte Verfassung der Engländer wurde gepriesen als «lokale Herrschaft auf Befehl des Königs» – im Vergleich zum Kontinent ist die Bürokratie des Königshofes immer klein gewesen. Das Ausmaß subsidiärer (oder – wie moderne Kontinentaleuropäer es nennen – föderaler) Herrschaftsstrukturen läßt mich zweifeln, ob wirklich ein aufwendiger Regierungsapparat vor dem 12. Jahrhundert, d. h. vor den Anfängen des *Exchequer*, anzunehmen ist. Falls z. B. die Besteuerung der Dänen nicht aus einer «Kiste unter dem Bett» verwaltet wurde (wie es V. H. Galbraith anscheinend in Übernahme einer Szene aus der Lebensbeschreibung eines Patriarchen von Alexandria aus dem 7. Jahrhundert ausgedrückt hat), so könnte sie doch von einer großen Truhe in des Königs ‹Kammer› aus verwaltet worden sein. Damals genügte ein Beleg darüber, was jede einzelne Grafschaft abzuliefern hatte. Das Rechnen mit dem Rechenstab (*tally*) blieb bis 1834 in Gebrauch (als man Unterlagen aus vielen Jahrhunderten in den Ofen von Westminster stopfte, damit einen Großbrand verursachte und das House of Parliament niederbrannte); es bestand aus einem Stück Holz (*stick*) , das mit Kerben versehen und in zwei Teile gespalten wurde, von denen einer beim *Exchequer* und der andere beim *sheriff* verblieb. Der war dadurch genötigt, zum festgesetzten Termin zu erscheinen und genau die Summe abzuliefern, die der *Exchequer* erwartete, sofern er nicht gute Gründe vorbringen konnte, warum er das nicht tat. *Tally* und *stick* sind, im Unterschied zu *Exchequer*, altenglische Worte.

Nimmt man all dies zusammen, so erscheinen König Alfred und seine Nachfolger als die Erbauer von etwas, das man, ohne anachronistisch zu sein, als ‹Staat› bezeichnen kann. 1961 war ein Wendepunkt in der Erforschung des altenglischen Königreiches: Michael Dolley und Michael Metcalfe veröffentlichten einen Artikel über den Organisationsgrad des angelsächsischen königlichen Münzsystems, in dem sie nachwiesen, daß dieses den Vergleich mit Münzsystemen wesentlich späterer mittelalterlicher Regierungen nicht zu scheuen brauchte. Die Münzen selbst waren der schlagende Beweis; man brauchte nicht auf Schriftstücke mit Wunsch- und Zielvorstellungen von Regierungen zu rekurrieren. Als Ergebnis ließen sich Hypothesen über die Macht der Könige vor 1066 formulieren, die Wissenschaftler vorher in Ermangelung ‹harter› Fakten kaum als Vermutung geäußert hätten, auch wenn sie sich immer noch nicht bis zum letzten beweisen lassen. So waren etwa die Grafschaften der Midlands Neugliederungen des 10. Jahrhunderts, deren Gestalt 1100 Jahre lang im wesentlichen unverändert blieb und deren Gerichtshöfe der Privatisierung nach Feudalmanier bis nach 1066 widerstanden. Es läßt sich nun mit gutem Grund die These vertreten, daß die ersten Könige Englands bereits ein Rechtssystem hatten, das sich nicht wesentlich von dem unterschied, das gemeinhin als Ergebnis der revolutionären Veränderungen durch Heinrich II. angesehen wird.

Die Grundlage für all das war, daß das England der Zeit vor 1066 nicht nur ein ‹Staat›, sondern nach Sinn und Zweck ein ‹Nationalstaat› war. Ein politischer Organismus, dessen Glieder ihrem Herrscher vorrangige Treue schuldeten, (so wie sie vom Eroberer im berühmten Eid von Salisbury im Jahre 1086 verlangt wurde), läßt sich kaum anders nennen; gewiß kann man nicht von einem ‹Personenverbandsstaat› sprechen, ein Begriff, wie er häufig für die zeitgleichen westlichen Reiche verwandt wird.

Wie war eine so unerwartete Entwicklung möglich? Historiker des 20. Jahrhunderts, allen voran Stenton selbst, sahen im *Imperium* über alle südlichen englischen Provinzen die frühe Einheit Englands vorgeprägt. Dieses *Imperium* wurde, so überliefert es Beda, von sieben Königen im 7. Jahrhundert ausgeübt, zu denen Æthelberht von Kent, der erste Gesetzgeber, gehörte, Rædwald von Ostanglien (gestorben um 625), für den vermutlich Sutton Hoo geschaffen wurde, und Oswald von Nordhumbrien, Bedas Typus eines Priesterkönigs. Die *Westsächsische Chronik* (bekannt als *Angelsachsenchronik*) fügte nicht nur einen achten König hinzu, Alfreds Großvater Ecgberht, sondern auch den volkssprachlichen Titel *Bretwalda* (Britannien-Herrscher). Das Wort *Bretwalda* beruht auf einem Irrtum, nämlich auf einem Schreibfehler in der frühesten Handschrift der Chronik: es hätte dort *Bre/i/yt(t)enwealda* stehen sollen, so wie in allen anderen Handschriften (die Bedeutung ist wiederum ‹Britannien-Herrscher›). Es ist nicht klar, ob wir mit dem Wort auch die Vorstellungen aufgeben müssen, die mit diesem Geisterwort verbunden sind. Gewiß aber sollten wir das Bedasche *Imperium* nicht als ein Amt mit festen Befugnissen ansehen; wenn das aber ausscheidet, gibt es keinen Grund für die Annahme, daß es von größerer Bedeutung für die Herausbildung eines vereinten England als das vergleichbare ‹Hochkönigtum (von Tara)› für die politische Vereinigung Irlands gewesen ist.

In Wahrheit war das ‹Königreich der Engländer› ein ideologisches Konstrukt der Dynastie Alfreds, so wie es ihre militärische und organisatorische Leistung war, Mittel- und Nordostengland erobert und verwaltungsmäßig eingegliedert zu haben. Die Münzen Ivars des Knochenlosen und seiner Brüder und Nachfolger zeigen, daß sie mit ihren skandinavischen Heeren eine heidnische Hegemonie herstellen wollten, die vom Mündungsgebiet des Shannon in Irland quer durch Nordengland bis zur Nordsee als südlicher Grenze reichen sollte. Damit verschafften sie dem einzigen englischen Königreich, das sie nicht zerstört hatten, das beste ideologische Argument, das sich denken läßt: ein Volk des Teufels, gegen das alle rechten Christen vereint zu kämpfen hatten. Dazu kam, daß die Logik der früheren Geschichte Englands, so wie sie Beda dargestellt hatte, dazu paßte. Die Angeln und Sachsen waren selbst einst heidnische Völker gewesen, die die Nordsee überquert hatten, um die Einwohner Britanniens für die Fehler zu bestrafen, die Gildas, ihr eigener ‹Geschichtsschreiber›, geoffenbart hatte (dies ist Bedas Bezeichnung; sie läßt sich als ‹Prophet› oder ‹Jeremias› lesen). Bedas Belehrung verfehlte ihre Wirkung auf den hochbegabten Alfred und seine unwesentlich weniger begabte Nachkommenschaft nicht.

Die ‹Engländer› (es war Gregor der Große, der ihnen diesen Taufnamen gab, fürwahr ein besserer Schutzpatron als der hl. Georg) konnten als das von Gott gesegnete Volk angesehen werden, von Ihm auserwählt, um die Ebenen Britanniens zu besiedeln, aber nur so lange, wie sie ihrem eigenen König und Hohepriester folgten. Als sie 1014 die ersten der beiden Eroberungen des 11. Jahrhunderts durchzustehen hatten, hielt Erzbischof Wulfstan seine «Predigt des Wolfes an die Engländer», in der er ausdrücklich die Warnung des Gildas zitierte und seine Landsleute mit der Schlußfolgerung konfrontierte, daß die Engländer das gleiche Schicksal erleiden würden, falls sie sich nicht zum Besseren bekehrten. Schon vor 1066 hatten die Engländer ein Selbstbewußtsein entwickelt, das sie von da an in ihren Auseinandersetzungen mit ihren europäischen Rivalen antreiben sollte. Die Angelsachsen waren willens, den Preis für ihre uneingeschränkte Treue zu Alfreds Haus zu zahlen, weil ihre eigenen Historiker sie zuvor dazu gebracht hatten, diese Bedingung ihrer besonderen Beziehung zum Allmächtigen zu akzeptieren.

König Alfred der Große

Schon zu Beginn dieses Beitrags habe ich gesagt, daß er fast ausschließlich vom Königtum handeln werde. Läßt sich denn gar nichts Persönliches über einzelne Könige sagen? Die Antwort ist ein zögerliches «vielleicht». Zwei Könige der frühen englischen Geschichte markieren eindeutig Wendepunkte, nämlich Alfred der Große und Eduard der Bekenner, und von beiden gibt es eine zeitgenössische Biographie mit klaren persönlichen Zügen. Leider haben sie eher den Charakter von Hagiographien als von Königsbiographien. Beide sind zudem möglicherweise unvollendet: Die einzige Handschrift von Assers *Leben des Alfred*, die bis 1731 erhalten blieb, könnte ein Entwurf gewesen sein, der vielleicht wegen des Wikingerüberfalls von 893, dem vermuteten Jahr seiner Entstehung, abgebrochen wurde, oder aber weil er Alfred, der damals noch lebte und dem die Schrift gewidmet war, aus irgendwelchen Gründen mißfiel. Ähnlich mag es dem anonymen *Leben Eduards* gegangen sein, das vermutlich im Jahr 1066 oder kurz danach geschrieben wurde und schnell an die neuen Verhältnisse angepaßt oder aber wegen der dramatischen Veränderungen dieses Jahres schließlich ersetzt wurde. Aber die beiden Texte ähneln sich nicht nur darin. Es fällt auf, daß beide die Jagdleidenschaft ihrer Helden hervorheben, und das ist nicht unbedingt ein hagiographisches Motiv. Im Gegensatz zu allen anderen Königen vor 1066 wissen wir, wo sie geboren sind, nämlich in Wantage (Berkshire) und Islip (Oxfordshire) und wir kennen sogar ihre Schwiegermütter.

Wir könnten, so vermute ich – und es kann zunächst nicht mehr als eine Vermutung sein – vom hagiographischen Charakter der Lebensbeschreibungen her zum Verständnis beider Könige vordringen. Viele bekannte Historiker hat ihre Weltferne so irritiert, daß sie sie zu Fälschungen erklärt haben. Das aber trifft auf keine der beiden Lebensbeschreibungen zu. Ebensowenig sollten wir Assers Eigentümlichkeiten damit erklären, daß ein Waliser für Waliser schrieb. Er hat sein Buch Alfred selbst gewidmet und glaubte wohl, wenn auch vielleicht zu Unrecht, daß der König es gutheißen würde. Wie dem auch sei, es läßt sich durchaus zeigen, daß er eine sehr persönliche Eigenart des Königs herausstellte. Das zentrale Thema des Werkes ist Alfreds lebenslange Suche nach *sapientia*, nach Weisheit. In Imitation seines Vorbildes Einhard wechselt er zweimal von einer Erzählung der Angelsachsenchronik zum «Leben, den Sitten und dem löblichen Lebenswandel und ebenso den Taten meines Herrn Alfred». Dann fährt er fort mit den Bemühungen des Königs sich zu bilden: Da ist zunächst die berühmte Anekdote, nach der er als kleiner Junge seine Brüder im Auswendiglernen eines Buches übertraf und dann das Buch geschenkt bekam, das die Mutter dem Erfolgreichsten versprochen hatte. Als ungefähr 40jähriger soll er einen Hof von Gelehrten um sich versammelt haben, unter denen sich auch Asser befand, um sich von ihnen das Lesen beibringen zu lassen. «Darin ähnelte er dem heiligen, hochangesehenen und sehr reichen König Salomon der Israeliten, der erst Ruhm und irdischen Reichtum verachtete und Gott um Weisheit bat, und schließlich beides bekam, Weisheit und irdischen Ruhm.»

Obwohl sich Asser fraglos Einhard zum Vorbild genommen hat, gibt es doch nichts Vergleichbares in der *Vita Karoli*. Ein weiterer, noch auffallenderer Unterschied zu Einhard: während dieser Karls des Großen robuste Gesundheit und seine vitalen Triebe (einschließlich Sex) betont, befaßt sich Asser in einem vieldiskutierten Abschnitt mit Alfreds zahlreichen Krankheiten; er erklärt sie als Gottes Antwort auf des Königs inbrünstiges Bitten um ein Leiden, das ihn seine Keuschheit bewahren ließe, ohne seinen Thron zu gefährden.

Etwas ganz und gar Ungewöhnliches in Alfreds Geschichte stellt die Glaubwürdigkeit von Assers Lebensbeschreibung unter Beweis: Im Unterschied zu allen westlichen Herrschern vom 2. bis zum 13. Jahrhundert (in England bis zum 16. Jahrhundert) schrieb Alfred wirklich selbst Bücher. Das ist mehr als der Anspruch auf Autorschaft, der in Vorworten erhoben wird. Fünf Übersetzungen lateinischer Werke in die Volkssprache zeigen Übereinstimmungen in Stil und Vokabular. Es handelt sich um die altenglische Version des Buches Exodus und der Apostelgeschichte im Vorwort von Alfreds Gesetz, um Gregors des Großen *Cura pastoralis*, um *Die Tröstungen der Philosophie* des Boethius, um die *Soliloquien* des Augustinus (mit *De Videndo Deo*) und um die ersten fünfzig Psalmen. Das sind die einzigen Texte, die – mit Ausnahme der Psalmen – königliche Autorschaft beanspruchen; weder weisen andere Bücher wie die altenglischen Fassungen von Orosius und Beda und der Kern der *Angelsachsenchronik*, die man ebenfalls mit guten Gründen der Patronage Alfreds zuschreiben kann, diese stilistischen Merkmale auf, noch nennen sie den König als Autor. Dazu kommt, daß sie zwar offensichtlich Übersetzungen, aber dabei so frei in ihrer Wiedergabe sind und sich so sehr vom lateinischen Sinn entfernen, um des Königs eigene Vorstellungen und Erfahrungen auszudrücken, daß sie fast als eigenständige Werke gelten können. Alfred war also tatsächlich ein Schriftsteller.

Das versetzt uns in die Lage, seinen Intellekt in Aktion zu analysieren, wie es bei keinem Laien der frühmittelalterlichen Christenheit möglich ist, zumal er die Ziele seiner Bemühungen in der zu Recht hochberühmten Einleitung zu seiner *Cura pastoralis* dargelegt hat. Bis jetzt hat man sich bedauerlicherweise vor allem mit den Stellen befaßt, bei denen er sich vom lateinischen Original entfernte, um zu zeigen, in welcher Weise er von dem abwich, was er gelesen hatte; es kann kaum überraschen, daß er weltliche Vorstellungen in seine Vorlagen einbrachte. Dabei hat man aber übersehen, daß sogar die am freiesten wiedergegebenen Texte, nämlich die von Boethius und Augustinus, viel aufschlußreicher sind in dem, was der König übernahm, als in dem, worin er eigene Wege ging.

Atemberaubend ist vor allem das Ausmaß, in dem sich Alfred in die karolingische Herrschaftsideologie hineindachte. Karl der Große ließ sich gern David nennen. Das steht nicht bei Einhard, Alfred konnte es also nicht von ihm übernehmen. In den Einleitungen zu jedem seiner Psalmen identifizierte sich Alfred dennoch mit David, der ein Kriegerkönig und begabter Dichter wie er selbst war, und mit Salomon, so wie es in Assers Lebensbeschreibung zum Ausdruck kommt; dort deutet er des Boethius stoische Weltsicht über die Vergänglichkeit irdischen Ruhms im Sinne der salomonischen Suche nach Weisheit. Alfred belehrte auf diese Weise sein Volk, so wie Gregor einen Bischof lehrte, was er tun sollte. Er übte sich auch in Kontemplation, wie die Psalmen, die monastischen Meditationsschriften und die deutlich kontemplative ‹Tröstung› und die *Soliloquien* bezeugen, denn Gregor hatte ja gelehrt, daß ein intensives Studium von Gottes Wort das beste Mittel gegen den Hochmut sei, eine Sünde, die jeden Herrscher gefährdete. Alfred war also in Wahrheit der, als den Beda Oswald hatte erscheinen lassen: ein wahrer Priesterkönig. Vor diesem Hintergrund können wir es wagen, Alfreds Krankheit, die Asser so ausführlich beschreibt, daß wir sie als Morbus Crohn identifizieren können, als psychosomatischen Ausdruck widerstreitender materieller und spiritueller Werthaltungen zu verstehen; es ist sicher kein Zufall gewesen, daß sie gerade an seinem Hochzeitstag voll zum Ausbruch kam. Alfred war nicht die einzige hochstehende Persönlichkeit des 9. Jahrhunderts, die mit diesen offensichtlich widersprüchlichen Belastungen kaum fertig zu werden wußte: ganz Ähnliches schildert Odo von Cluny in seiner Lebensbeschreibung des hochgradig exzentrischen Grafen Gerald von Aurillac, der ein Jahr vor Alfred starb. Aber Alfred war vielleicht der einzige, der das Problem so erfolgreich löste und sowohl durch weltlichen Ruhm als auch durch himmlische Weisheit triumphierte, so wie es Gott einst Salomon versprochen hatte.

Für Alfred hatte die Vergangenheit nicht nur in Gesängen über die Helden seines Familienclans (deren Motive manchmal in seinen

Abb. 2: Münze Alfreds des Großen, der den Widerstand gegen die Dänen organisierte.

Werken aufscheinen) Bedeutung, sondern auch in seiner erfolgreichsten strategischen Maßnahme, der Errichtung einer Kette von Burgen um Wessex herum. Zu diesem Zweck belebte er den Burg- und Wehrdienst wieder, der zu seinen traditionellen Vorrechten gehörte; die angeforderte Arbeit ist im *Burghal Hidage* festgehalten, einem Gegenstück zu dem früher verfaßten, eher unklaren *Tribal Hidage*. Außerdem studierte er mit besonderer Aufmerksamkeit all das, was das kaiserliche wie das katholische Rom die germanischen Könige vier Jahrhunderte lang zu lehren versucht hatte. Es war seine unerreichte Meisterschaft in allen drei Bereichen, in denen eine frühmittelalterliche Monarchie gründete, die Alfred schließlich zum erfolgreichsten Staatsgründer des frühmittelalterlichen Europa machte. Indem er das Gregorisch-Bedasche Ideal des Englisch-Seins zur Grundlage eines der langlebigsten Staaten der Welt machte, erwies er sich, so könnte man fast sagen, als einer der seltenen Philosophen-Könige im Platonschen Sinne auf dem Thron.

Insofern hatte Asser Recht: Alfred war in vieler Hinsicht ein ‹Heiliger› in historischer Gestalt. Vielleicht waren es gerade die Attribute eines ‹Heiligen Mannes› einschließlich seiner körperlichen Leiden, die auf sein Volk wirkten. Man mag es Ironie des Schicksals nennen, daß dieses ‹heilige Volk› keinen Kult des tatsächlichen Begründers dieser Vorstellung entwickelte.

Der Kult Eduards des Bekenners

Eduard hatte kaum Züge eines Heiligen und dennoch wurde er zum Ausgangspunkt eines Kultes, der Westminster zur Königsabtei schlechthin machte. Aber im Falle Eduards war das vor allem das Werk seiner Biographen und von deren Mäzenen: zunächst die fast zeitgenössische Lebensbeschreibung, die im Auftrag von Eduards Frau Edith entstand, und später die der professionellen Hagiographen Osbert de Clare und Ailred von Rievaulx, die für die nationale Kultstätte Westminster arbeiteten. Der kritische Punkt ist Eduards angebliche Keuschheit. Es sind viele Gründe dafür vorgebracht worden, daß sie nicht nur ein Zeichen großer Frömmigkeit war, sondern auch ganz real damit zusammenhing, daß er die Tochter seines übermächtigen Gefolgsmannes, des Earl Godwine, hatte heiraten müssen. Auch wenn mit späteren Interpolationen zu rechnen ist, so gibt es doch nichts im ausführlichen ersten Buch der Lebensbeschreibung, das diese Erklärung nahelegt. Man orientierte sich an panegyrischen, nicht an hagiographischen Vorgaben: Nur ein ‹Wunder› vor seiner Geburt wird geschildert, und das war der Eid «des ganzen Vaterlandes», ein männliches Kind als König anerkennen zu wollen; außerdem gab es als einzige Vision die des Bischofs von Ramsbury; ihm war Sankt Peter erschienen, um zu verkünden, daß «Gott seinem Königreich der Engländer selbst einen König auserwählt habe». Die Politik hinter diesen Episoden ist ganz und gar nicht übernatürlich, auch die undeutliche angebliche ‹Prophezeiung› auf dem Totenbett sollten wir nicht überbewerten. Angesichts dieser Tatsachen liegt es nahe, in Eduards Keuschheit eine ganz andere ursprüngliche Botschaft anzunehmen.

Es gibt nur einen anderen frühenglischen König, der bewußt die Zeugung von Nachkommen vermieden hat, und das war Æthelstan: dabei handelte es sich vermutlich um eine Absprache zwischen ihm und seinen Brüdern Edmund und Eadred, nach der nur einer von ihnen Söhne hervorbringen sollte, weil man eine strittige Nachfolge verhindern wollte, so wie sie 899 ihren Vater und auch Æthelstan selbst 924 bedroht hatte. Vergleichbares galt für Eduard nicht. Er war nur ein Jahr vor seiner Thronbesteigung aus der Normandie nach England zurückgekommen und hatte nur wenige Freunde und Gefolgsleute. Deshalb war es politisch außerordentlich vernünftig, die Tochter des mächtigsten Adelsherrn im Land zu heiraten. Diese Verbindung würde bei der Geburt eines Sohnes Früchte tragen; er würde sowohl Eduards Titel als auch viele von Godwines ausgedehnten Besitzungen in seinem westsächsischen Fürstentum erben, die früher Teil der Königsdomäne gewesen waren. Sowohl für Eduard wie für Godwine war es also ein Schicksalsschlag, daß Kinder ausblieben. In einer vormodernen Gesellschaft wurde in einem solchen Fall der Frau Unfruchtbarkeit angelastet. Das Beste, was Eduards Biograph in dieser Situation für seine Patronin tun konnte, war, Ediths Ursprungsfamilie in die Rolle der Familie einzusetzen, der sie hätte Kinder gebären sollen. Also entwarf er das Bild eines Königs, der gerecht und mildtätig war und dem Vater und den Brüdern seiner Frau die Mühsal praktischen Handelns überließ. Er spricht nicht von Eduards Jungfräulichkeit. Er vermittelt nur den Eindruck, daß Eduard – abgesehen von einem unglücklichen Zwischenspiel – nichts dagegen hatte, daß das Königreich nicht von seinem Sohn, sondern von seinem Schwager gelenkt wurde. Es war eine höchst politische Antwort auf eine sehr gefährliche politische Krise und sie war der Grund für die Verwandlung Eduards in eine Person, deren Augen auf eine andere Welt als die diesseitige gerichtet waren.

Aber es gab noch einen anderen Grund, und der war in gewissem Sinne nicht weniger politisch. Ein außergewöhnliches Merkmal politischer Heiligkeit im englischen Mittelalter war die Bindung an einen unterlegenen Gegner. Bedas König Oswald bestätigt als Ausnahme diese Regel und auch er war das Opfer eines letzten heidnischen Aufbäumens. Alfred gehörte nicht dazu, obwohl dies leicht hätte geschehen können, wenn ihn das Schicksal seines Zeitgenossen, des heiligen Königs Edmund ereilt hätte, der von den Dänen ermordet wurde (869). Aber ein ganzer Schwarm königlicher Märtyrer-Prinzen gehört dazu, also Prinzen, die im Streit um die Thronfolge ermordet wurden, allen voran Eduards eigener Onkel Eduard der Märtyrer. Bei der Heiligkeit des ‹Bekenners› gab es nun ein merkwürdiges Paradox: Einerseits stand er für den Anspruch der Normannen, als die von ihm bestimmten Nachfolger zu herrschen, und deshalb wollten auch alle späteren englischen Könige sich wenn irgend möglich in Westminster krönen lassen; andererseits stand er für ‹die gute alte Zeit›, bevor England unter das ‹normannische Joch› gezwungen wurde. Der Ort seiner kultischen Verehrung lag mitten im Herzen der Regierung Englands. Im Rückblick sieht es so aus, als habe das von vornherein festgestanden.

Damit komme ich zu meinen Schlußbemerkungen. Die vernichtende Niederlage des englischen Königreichs 1066 in einer einzigen Schlacht galt immer als Ergebnis der Schwächen seiner politischen Ordnung. Aber es war nicht das letzte Mal, daß England militärisch erobert wurde, auch wenn selbstgefällige Engländer das gern so sehen möchten. Auch Oliver Cromwell gelang dies am Ende des englischen Bürgerkrieges mit seiner neuen Armee von Berufskriegern, und im Gegensatz zu allen seinen Vorgängern eroberte er Schottland gleich noch mit. Im Ergebnis führte das zu grundlegenden Änderungen der Verfassungszustände mit dem Höhepunkt einer Militärherrschaft nach Kriegsrecht. Genau das geschah nach 1066 nicht. Die Normannen zeigten zwar durchaus militärische Präsenz, vor allem in ihren Burgen, aber das monumentale *Domesday Book* (1086) ist keineswegs das einzige Zeugnis dafür, daß die Institutionen des Königreichs, abgesehen von den Namen, im wesentlichen unverändert blieben. Der beste Beleg dafür ist die Sprache, in der dieser Beitrag ursprünglich geschrieben wurde. Während die keltischen Sprachen in den Ebenen Britanniens nach der angelsächsischen Eroberung zugrunde gingen, verschwand das Englische nach 1066 im Untergrund (wobei es fast seiner gesamten grammatischen Struktur verlustig ging). Es ging aber nicht zugrunde, denn es blieb die Sprache der Shires. Als der Landadel der Shires im späten 14. Jahrhundert wieder auf der politischen Bühne erschien, tauchte mit ihm auch seine Sprache wieder auf.

Vieles von dem, was englische Historiker gewöhnlich mit der normannischen Eroberung in Verbindung bringen, stimmt mit dem überein, was Sir Richard Southern in *The Making of the Middle Ages* beschreibt. Ein Beispiel, das für meinen Zusammenhang besonders relevant ist, ist die Tatsache, daß Eduards Herrschaft in ‹Kirche und Staat› auf etwas beruhte, das dann seit dem 12. Jahrhundert selbstverständlich wurde: die Ernennung ‹königlicher Kleriker› auf Verwaltungsstellen und Bischofsstühlen. Die meisten von ihnen waren weder Engländer noch Normannen, sondern kamen aus Lothringen, d. h. aus dem Gebiet, in dem sich die Sprengkraft der Revolution entwickelte, die eher unzutreffend als die gregorianische bezeichnet wird. Eduard nahm für den romanischen Baustil von Westminster nicht das normannische Jumièges zum Vorbild, sondern die großen kaiserlichen Dome und Grabmäler der Rheinlande. Eduard beschäftigte einen deutschen Siegelmacher und Münzmeister sowie Architekten mit deutschen Namen. Die schriftliche Überlieferung erreichte zur Zeit Eduards eine neue Qualität, nicht nur durch seinen vermutlich flämischen Biographen, sondern auch durch die drei sich unterscheidenden Parallelüberlieferungen der *Angelsachsenchronik*. Das gibt uns zum ersten Mal Einblick in die politischen Strömungen des Königreichs, die sich allerdings im folgenden Zeitabschnitt deutlicher nachzeichnen lassen. Die politische und kirchliche Kultur Englands machte einen Transformationsprozeß durch, ganz unabhängig vom Ausgang der Schlacht von Hastings.

Es gab eine einzige, allerdings kritische Schwäche in Eduards Königsherrschaft, eine Schwäche, die der Biograph durch seine Ausflüchte verschleiern wollte: Eduard hatte keinen Erben. Das belastete die Politik ganz ähnlich wie die zweier späterer Herrscher, die durch Schicksal oder Wahl kinderlos blieben: Elisabeth I. und Anne. Eduards Verhalten läßt sich am besten so erklären, daß er sich nicht dazu drängen lassen wollte, einen Erben zu benennen, und es vorzog, alle möglichen Kandidaten im Unsicheren zu lassen.

Das Ergebnis war im Jahr seines Todes ein Bürgerkrieg mit drei Aktionsfeldern, aus dem die Normannen als Sieger hervorgingen und dann entsprechende Anerkennung verlangten. Eduards Biograph wollte vielleicht Eduards Billigung für Harold erreichen, als er abrupt unterbrochen wurde; Erzbischof Ealdred von Yorks Version ‹D› der *Angelsachsenchronik* wollte die Billigung für Eduards Neffen und Großneffen aus Ungarn, über deren Wahl Eduard selbst in den 1050er Jahren verhandelt hatte; und ein skandinavischer Sieger hätte gewiß ebenfalls diese Forderung erhoben. Diese Schwäche wurde 1066 nicht beseitigt und blieb noch jahrhundertelang bestehen. Es ist bemerkenswert, daß die meisten Herrscher Englands vor dem 18. Jahrhundert eine mehr oder weniger umstrittene Nachfolge antraten. Ein Nachfolgegesetz wurde schließlich unter Anne im Jahre 1704 formuliert. Zum letzten Mal kam es im Jahre 1745 zu bewaffneten Auseinandersetzungen um die Thronfolge, nämlich zwischen den Söhnen von Annes Halbbruder und Vettern – es war dasselbe Jahr, in dem die Engländer schließlich Schottland eroberten.

KAPITEL 2

Die normannischen Könige (1066–1154)

von Judith Green

Quellen und Beschreibungen der Normannenkönige

Von der Mitte des 11. Jahrhunderts an erfahren wir – so scheint es – plötzlich viel mehr über die englischen Könige als je zuvor. Mit Ausnahme von König Stephan wissen wir, wie sie ausgesehen haben, und wir haben eine Ahnung von ihren Wesenszügen und ihren Persönlichkeiten. Der Teppich von Bayeux vermittelt ein zeitgenössisches, wenn auch stilisiertes Bild Wilhelms des Eroberers (1066–1087): Er sitzt auf seinem schwarzen Streitroß in der Schlacht von Hastings. Angeblich war er ein Mann von enormer Körperkraft; auch die Größe seiner Knochen, die im Jahre 1522 aus seinem Sarg in der Abtei des Heiligen Stephan in Caen entfernt wurden, läßt darauf schließen. Sein Sohn Wilhelm Rufus (1087–1100) war kleiner, er war untersetzt und hatte einen Spitzbauch, blondes, in der Mitte gescheiteltes Haar und Augen mit hellen Punkten. Er stotterte und wenn er aufgeregt war, dann fluchte er. Sein Lieblingsfluch war «Beim Heiligen Glauben von Lucca». Heinrich I. (1100–1135) war von durchschnittlicher Größe, untersetzt wie sein Bruder und als älterer Mann auch korpulent wie sein Vater. Heinrichs Haar war schütter und dunkel. Zwar konnte er in Gesellschaft lustig sein, hatte aber wenig Interesse an Essen und Trinken; außerdem schnarchte er. König Stephan (1135–1154) war freundlich und zuvorkommend, ein Mann, der seine königliche Rolle nicht hervorhob und deshalb sehr beliebt war. Aber man sagte ihm nach, daß er, obwohl er viel Energie besaß, ein schwach ausgebildetes Urteilsvermögen hatte. Er war allzu leicht zufriedenzustellen und neigte dazu, unhaltbare Versprechungen zu machen.

Die umfassenden Informationen, die wir über die normannischen Könige besitzen, spiegeln die höhere Quantität und Qualität der Quellenüberlieferung wider. Zwei dieser Könige wurden zum Thema zeitgenössischer Biographen, die Werke über ihre Taten (*res gestae*)

Abb. 3: König Harolds Tod, dargestellt auf dem Teppich von Bayeux, der wenige Jahre nach dem Ereignis entstand.

verfaßten. Bis zum frühen 12. Jahrhundert schrieb eine ganze Reihe von Chronisten in verschiedenen Zentren Englands und der Normandie Geschichtsdarstellungen, die sehr viel über die Könige aussagen. Die wichtigsten unter ihnen waren Wilhelm von Malmesburys *Taten der Könige der Engländer* und die *Geschichte der Gegenwart*, Eadmer von Canterburys *Geschichte der jüngeren Zeiten*, Ordericus Vitalis *Kirchengeschichte* und Heinrich von Huntingdons *Geschichte der Engländer*.

Einige Chronisten verfaßten ihre Werke in der Volkssprache. Die *Angelsachsenchronik* wurde bis 1154 auf angelsächsisch geschrieben; in den dreißiger Jahren des 12. Jahrhunderts verfaßte ein Mann namens Gaimar die erste überlieferte Geschichte der Engländer in französischer, besser gesagt, in anglo-normannischer Sprache. Die Verfasser zeichneten sich durch ihre profunden und reichhaltigen Kenntnisse aus, vor allem aber weisen alle Werke eine spezifische Intention und eine eigene Struktur auf. Sie waren in dem Glauben geschrieben, daß Geschichte bildet. Diese Ansicht teilten sie mit den Schriftstellern der Antike, deren Stil sowohl in der Form wie auch in der Aufbereitung des Materials die mittelalterlichen Texte beeinflußte. Jedoch bedeutete Geschichte für die Schriftsteller des Mittelalters vor allem die Erläuterung von Gottes Vorhaben für die Menschheit. Obwohl die Geschichtsschreibung auf den ersten Blick eine der fruchtbarsten Quellen für die Geschichte der normannischen Könige ist, sind die Werke nur mit größter Vorsicht und unter Berücksichtigung ihrer jeweiligen rhetorischen Tradition zu benutzen.

Die Charakterskizzen von Rufus und Heinrich I. in Wilhelm von Malmesburys *Geschichte der Könige der Engländer* sind wohl besonders gute Beispiele für die Schwierigkeiten beim Umgang mit dieser Art Quellen. Für die Epoche bis 1066 stützte sich Wilhelm vor allem auf die *Angelsachsenchronik* als Quelle; in bezug auf die normannische Epoche entschied er sich jedoch, für seine Darstellung Suetons *Kaiserbiographien* als Vorbild zu nehmen. Diese bestehen aus einer Reihe von Portraitstudien, die vor allem die Taten der verschiedenen Herrscher schildern, ergänzt durch Mitteilungen über das Erscheinungsbild des jeweiligen Königs, über seinen Charakter und seine Persönlichkeit, seine Frauen, seine Kinder und schließlich über seine Leistungen als Herrscher. Rufus' Portrait steht im scharfen Kontrast zu dem seines Nachfolgers Heinrich. Rufus, so wird berichtet, hatte zwar einige vorzügliche Eigenschaften, war aber unbeherrscht. Nur der alte Erzbischof Lanfranc konnte ihn mäßigen, doch nach dessen Tod trat Rufus' Natur ungehemmt hervor. Die Sitten an seinem Hof verfielen, seine Lebensweise wurde zügelloser, und er fing an, die Kirche zu unterdrücken. Das einzige öffentliche Gebäude, das er errichtete, war Westminster Hall, das einem weltlichen Zweck gewidmet war. Im Gegensatz zu Rufus zeigte Heinrich I. Selbstdisziplin beim Essen und Trinken und verfuhr mit großer Gerechtigkeit bei der Behandlung sowohl ‹guter› als auch ‹böser› Untertanen. Selbst Heinrichs ausschweifendes Sexualleben, das kein Chronist übersehen konnte, wurde der Stilisierung des Königs angepaßt: Der königliche Geschlechtsverkehr diente allein dem Zweck, Kinder zu zeugen.

Historiker, die über die normannischen Könige schreiben, sind mit der besonderen Problematik konfrontiert, die Anekdoten der Chronisten auswerten zu müssen. Einige sind glaubhaft, zum Beispiel die Erzählung, daß bei der Schlacht von Hastings drei Pferde Wilhelms des Eroberers unter ihm erschossen wurden, oder die Überlieferung, daß Heinrich I. geschnarcht hat. Jedoch ist es immer möglich, daß der jeweilige Chronist versucht war, seine Darstellung durch farbige Anekdoten zu beleben. Wilhelm von Malmesburys Bemerkung, daß Heinrich I. schnarchte, war vielleicht insofern witzig, als er mit der mittelalterlichen Idee spielte, daß der König niemals schläft.

Ein zweites Beispiel bietet der Bericht über die Albträume, unter denen Heinrich I. gelitten haben soll. Eine Abbildung in einer Chronik, die in Worcester kompiliert wurde, zeigt den König in seinem Bett; über ihm lauern bedrohlich Bauern, Ritter und Geistliche. Der verschreckte König erzählt seinem Arzt von seinen Albträumen, und dieser wiederum erzählt in Anwesenheit des Chronisten einer dritten Person von dieser Plage. Auf diese Weise will uns der Verfasser davon überzeugen, daß er über qualifizierte Informationen verfügt. Eine weitere Abbildung des Königs auf einem Schiff schildert eine Episode, von der der Chronist glaubte, sie habe sich im Jahre 1131 bei der königlichen Rückkehr nach England zugetragen. Während eines Sturms versprach Heinrich I., die Steuer, das sogenannte *Danegeld*, aufzuheben und, falls er lebend davonkäme, eine Pilgerfahrt zur Abtei von Bury St. Edmunds in Suffolk zu machen. Die Zeichnungen sind gut bekannt und häufig kommentarlos reproduziert worden, doch müssen sie im Zusammenhang mit dem Text gedeutet werden: Dieser Teil der Chronik wurde in der Zeit zwischen 1128 und 1131 neu geschrieben und bis zum Jahre 1140 fortgesetzt. Zu diesem Zeitpunkt ahnte man schon von den Schwierigkeiten, die dem Tode des Königs folgen würden. Es scheint, als ob der Verfasser Heinrich warnen wollte, daß die Zeit zur Reue gekommen sei. Vielleicht ist es wahr, daß Heinrich unter Albträumen litt, aber es ist unwahrscheinlich, daß er so präzise von den drei Ständen, Bauern, Rittern und Geistlichen träumte, aus denen man die Gesamtgesellschaft aufgebaut sah.

Kirchlicher Einfluß und Königsbild

Natürlich spiegeln die Darstellungen auch die persönlichen Einstellungen der meist geistlichen Chronisten wider. So verurteilten sie die Gier und Habsucht Wilhelms des Eroberers und Heinrichs I. Die *Angelsachsenchronik* behauptet, daß der Eroberer «vor allem der Habsucht zugeneigt war». Nach Ordericus Vitalis sammelte Heinrich I. eine Menge wertvoller Gegenstände, Heinrich von Huntingdon dagegen bezichtigte ihn eindeutig der Sünde der Habsucht. Dies war zwar ein ernsthafter Charaktermangel, aber der Reichtum der normannischen Könige zeigte sich in ihrem privaten Leben ebenso wie in ihrem Umgang mit Krieg und Kriegsfinanzen. Ihr Reichtum war auch das Ergebnis der zunehmenden Kommerzialisierung der Gesellschaft, eine Entwicklung, die dem Klerus bewußt war, in der er aber kaum eine Wende zum Besseren zu sehen vermochte.

Sowohl Wilhelm von Malmesbury als auch Eadmer von Canterbury waren zutiefst kritisch gegenüber der Politik von Wilhelm Rufus, kirchliche Vakanzen zu verlängern, um die Einkünfte für den Königsschatz zu sichern. Rufus' Reputation litt insbesondere unter seinem offenkundigen Desinteresse an allen Dingen jenseits von Kriegführung und der Bezahlung seiner Ritter. Seine Ziele stimmten vielleicht mit denen der Adeligen überein, für monastische Berichterstatter aber waren sie inakzeptabel. Mönche, die schon wegen homosexueller Beziehungen innerhalb ihrer eigenen Gemeinschaften sehr besorgt waren, verurteilten die männliche Mode an Rufus' Hof, die Haare lang zu tragen, weil so die Männer wie Frauen aussähen. Solche Kommentare und der Umstand, daß Rufus selbst unverheiratet blieb, nährten den Verdacht, der König selbst sei homosexuell.

Außerdem hatten diese Autoren klare Vorstellungen von ‹guten› und ‹schlechten› Königen. Bei den Vorbildern für ‹gute› Könige orientierten sie sich am Alten Testament: Könige sollten mächtige und gerechte Herrscher sein. Ordericus Vitalis ist der Autor, der am meisten über Heinrich I. berichtet. Seine Kirchengeschichte sollte die Geschichte des zeitgenössischen Christentums sein, die die von Eusebius und Beda fortsetzte. Er hielt das Herzogtum Normandie für die Schöpfung einer Reihe starker Herrscher und war der Meinung, daß in dieser Hinsicht Heinrich I. der wahre Nachfolger von Wilhelm dem Eroberer sei. Ordericus berichtet über einige Ereignisse, die beweisen sollten, daß Heinrich I. ein strenger König war: Einmal erlaubte Heinrich einem Heerführer mit Namen Ralph Harenc, zwei junge Mädchen, Heinrichs Enkelinnen, verstümmeln zu lassen; ihnen wurden die Augen ausgestochen und die Nasenspitzen abgeschnitten, weil die Eltern der Mädchen den jungen Sohn Ralphs hatten ermorden lassen, den sie als Geisel hielten. Ordericus liefert keine moralische Bewertung von Heinrichs Tun, und es ist fraglich, ob sich Heinrich wirklich zu solchen Grausamkeiten hinreißen ließ, die auch nach damaligen Maßstäben völlig inakzeptabel waren.

Im Kontrast dazu wird Stephan geschildert: sowohl Zeitgenossen wie auch moderne Historiker sehen ihn als schwache Figur. Wenn er im Jahre 1136 beispielsweise der Besatzung der geschlagenen Garnison von Exeter gestattete, die Burg mit vollen militärischen Ehren zu verlassen und nach freiem Ermessen in den Dienst eines anderen Herrn einzutreten, so muß dies jedoch kein Beleg für Schwäche sein, vielmehr mag es den damals vorherrschenden ritterlichen Kriegsregeln entsprochen haben. Stephan benahm sich korrekt, da die Garnison seine Bedingungen akzeptiert hatte, aber letztendlich war nach einer sehr kostspieligen Belagerung nichts erreicht worden: Eine Schätzung der Kosten belief sich auf 10 000 Pfund; dazu kam die Gefahr, daß als Folge seiner Nachsicht neue Rebellionen entstanden.

Während der Herrschaft der normannischen Könige kam es zu einer epochalen Neubewertung der Rolle von König und Kirche. Im Jahre 1066 wurde die Königsherrschaft im allgemeinen als heilig betrachtet, die Autorität des jeweiligen Königs durch Salbung und Krönung erworben; als Gegenleistung mußte er versprechen, die guten Gesetze zu bewahren und die Kirche zu schützen. Bisher hatte es in England kaum Reformbestrebungen mit dem Ziel gegeben, die Kompetenzbereiche von Laien und Geistlichkeit klarer gegeneinander abzugrenzen. Für die Mitte des 11. Jahrhunderts ist es anachronistisch, von einem Verhältnis zwischen «Kirche» und «Staat» in England zu sprechen. Ein Jahrhundert später sah das ganz anders aus. Könige und Kirchenfürsten sahen sich mit neuen Anschauungen über die Grundlagen ihrer Autorität konfrontiert und mit deren praktischen Auswirkungen im Bereich von Recht und Gesetz, sowie mit den neuen Ausdrucksformen religiöser Begeisterung wie der Kreuzzugsbewegung oder der Gründung neuer religiöser Gemeinschaften. Die Normannenkönige nahmen nicht alle diese Entwicklungen begeistert auf. Auf der einen Seite unterstützte Heinrich I. großzügig die neuen monastischen Reformorden, insbesondere die Augustiner-Chorherren und später die Zisterzienser. Auf der anderen Seite rief der erste Kreuzzug wenig Enthusiasmus in England hervor. Rufus war bereit, die Kosten der Teilnahme seines Bruders Robert Curthose finanziell zu tragen, aber außer dem unmittelbaren Gefolge des Herzogs nahmen nur wenige englische Ritter das Kreuz. Einiges spricht dafür, daß Rufus den Abzug seiner Ritter aus England nur ungern hinnahm. Die ersten drei Normannenkönige waren wenig glücklich über die päpstlichen Verbote von Laieninvestitur und Mannschaftsleistung (s. S. 54), denn sie betrafen ihre Gewohnheitsrechte gegenüber der englischen Kirche; ebensowenig waren sie über den päpstlichen Wunsch nach engeren Kontakten zwischen der englischen und der römischen Kirche erfreut. Nur Stephan war, als er seine Herrschaft antrat, bereit, entsprechende Zugeständnisse in seiner Krönungsurkunde zu machen.

Wie die Könige bewerteten auch die zeitgenössischen Chronisten die neuartigen Entwicklungen in der Kirche unterschiedlich. Heinrich I. zum Beispiel zeigte sich entschlossen, in England und in der Normandie gegen die Priesterehe vorzugehen. Der Zölibat war ein wesentliches Ziel der Reformer, aber Heinrich von Huntingdon, der selbst einer Klerikerehe entstammte, war nicht bereit, Heinrichs Anstrengungen gutzuheißen. Statt dessen kolportierte er eine merkwürdige Geschichte über den päpstlichen Legaten, der 1125 auf einem Konzil in London das Verbot der Priesterehe forciert habe, und berichtete über den Ausgang eines anderen Konzils im Jahre 1129, wonach der König den Priestern ein Bußgeld auferlegt, ihnen aber gestattet habe, ihre Frauen zu behalten.

Das Bild aus Briefen und Urkunden

Die dokumentarischen Quellen haben eine völlig andere Perspektive als die Chronisten. Aus den zahlreicher werdenden Briefen und Urkunden erfahren wir Einzelheiten über königliche Itinerare und Aufenthaltsorte. Ihre Zeugenlisten geben Auskunft über die königliche Entourage und über die Ausübung der Königsherrschaft. Bei einigen Mandaten und Urkunden gibt es noch den königlichen Siegelabdruck: die eine Seite zeigt den thronenden König in vollem Ornat, die andere den König als bewaffneten Reiter. Im 20. Jahrhundert sind nicht nur viele bislang ungedruckte Quellen ediert worden, sondern man hat auch ihren Inhalt neu bewertet. Frühere Historiker neigten dazu, sie wortwörtlich zu verstehen und für viel glaubwürdiger zu halten als die erzählenden Quellen. In jüngerer Zeit sieht man keinen grundlegenden Unterschied mehr zwischen erzählenden und dokumentarischen Quellen und berücksichtigt auch bei letzteren Intention und Kontext. Auch die Interpretation von Zeu-

Abb. 4: Bildnis König Heinrichs I. (1100–1135) und Untergang des Weißen Schiffs im Kanal am 25. November 1120.

genlisten ist Gegenstand von Kontroversen gewesen: waren wirklich alle, die in den Listen aufgeführt werden, physisch anwesend, oder erscheint ihr Name nur deshalb, weil man sie für so wichtig hielt, daß sie nicht fehlen durften?

Die wissenschaftliche Bearbeitung von Urkunden hat sowohl zu einer Neubewertung spezifischer Themen wie auch allgemeiner der Herrschaftsstrategien der Normannenkönige geführt. Früher ging man davon aus, daß königliche Briefe (*writs*) in der gleichen Weise in England wie in der Normandie eingesetzt wurden. Genauere Analysen überlieferter Briefe für die Normandie zeigen, daß die meisten zwischen 1120 und 1135 zu datieren sind und daß sie um ein viel engeres Themenfeld kreisen als die *writs* für englische Empfänger. Dies deutet darauf hin, daß wesentliche Unterschiede zwischen den Verwaltungen beider Länder erhalten blieben. Ein zweites Beispiel ist die Verhaftung dreier Bischöfe im Jahre 1139 und der Einfluß, den dies auf die Herrschaft Stephans hatte. Führte die Absetzung des Bischofs Roger von Salisbury und seiner beiden Neffen zum Untergang der Regierung? Zeitgenössische Urkunden bestätigen diesen Eindruck nicht. Manchmal deutet die Untersuchung von Briefen und Urkunden darauf hin, daß frühere Schlüsse voreilig waren. Die neue, hervorragende Ausgabe der Regesten Wilhelms des Eroberers zeigt, daß frühere Vorstellungen vom Itinerar des Eroberers falsch waren. Auch andere Quellen neben Briefen und Urkunden vermitteln den Eindruck, daß das Königreich auf gutem Wege *From Memory to Written Record* (so der Titel des berühmten Buches von Michael Clanchy) war, d.h. auf dem Weg von der oralen Erinnerungskultur hin zur Verwaltungsschriftlichkeit. Das *Domesday Book,* eine äußerst detaillierte Aufzeichnung von Gütern und Einkünften, bietet uns einen einzigartigen Blick in das England des Jahres 1086 und einen Rückblick auf die englische Gesellschaft am Vorabend der normannischen Eroberung. Neben anderen erhaltenen Quellen ist die *Pipe Roll* des Jahres 1130 zu nennen, die Rechnungen des englischen *Exchequer* für das Finanzjahr 1129 bis 1130 enthält; dazu kommen schriftliche Gesetzessammlungen, insbesondere *The Laws of Henry I* (*Leges Henrici Primi*). Diese Texte tragen zu einem besseren Verständnis der Herrschaft der Normannenkönige bei. Einige Historiker behaupten, die Normannen hätten die zentralisierten Strukturen des altenglischen Königreichs dynamisch wiederbelebt. Andere behaupten genau das Gegenteil, daß nämlich die Normannen die alten Strukturen zerstört und die Angeviner sie dann später durch andere, völlig neue Strukturen ersetzt hätten.

Das kulturelle Erbe

Neben den genannten schriftlichen Quellen ist das kulturelle Erbe in Form von vielerlei Gegenständen, Kunstwerken und Gebäuden aus der Zeit erhalten geblieben: der Teppich von Bayeux, die Münzen und vor allem die Bauwerke, die die Normannenkönige in Auftrag gaben. Dazu gehören der Weiße Turm im Tower von London und die Westminster Hall, die wohl größte Steinhalle im nördlichen Europa zur damaligen Zeit, die sowohl in ihrer Größe wie auch in ihrer Ausführung beredtes Zeugnis für die Pracht und die Macht der Normannenkönige ablegen. Die großen Kirchen und die Vielzahl der Burgen zeugen von Reichtum und Selbstbewußtsein und von dem Bestreben, die unterworfene Bevölkerung zu beeindrucken.

Was läßt sich diesen unterschiedlichen Quellen zur normannischen Königsherrschaft im Spiegel des Lebens der einzelnen Könige entnehmen? Vier Themen sollen nacheinander behandelt werden: die militärische Eroberung, der König und die Kirche, die Verwaltung, der König und die politische Elite. Auf diese Hauptthemen konzentrierte sich Herrschaft zur damaligen Zeit. Jedes der Themen läßt sich an einem König exemplarisch darstellen und jedes der Themen ist von Generationen von Historikern unterschiedlich interpretiert worden. Zum Schluß werden wir dann auf das Privatleben der Könige eingehen.

Die Könige als Heerführer

Mit dem Namen Wilhelms des Eroberers ist vor allem sein Sieg in der Schlacht von Hastings im Jahre 1066 verbunden. Die Ereignisse bis zur Schlacht und der Krieg selbst werden im Teppich von Bayeux und im lateinischen Gedicht *Gesang über die Schlacht von Hastings (Carmen de Hastinge proelio)* gefeiert. Als Wilhelm von Poitiers seine Biographie Wilhelms des Eroberers schrieb, stellte er die Unterwerfung Englands als den Höhepunkt von dessen Karriere dar. Jedoch hatte der Eroberer vor 1066 nur wenig Erfahrung in großen Schlachten gesammelt. Seine früheren Erfolge und sein Ruf als Heerführer beruhten auf seinen Führungsqualitäten sowie auf seinem Mut und seiner Fähigkeit, Nachschubwege abzuschneiden und seine Gegner dazu zu bringen, sich zu unterwerfen. Man kann sagen, daß sein kluges Organisieren eines riesigen und höchst heterogenen Heeres und dessen Transport über den Kanal sowie sein Geschick, den Gegner auf das Schlachtfeld zu locken, fast so bemerkenswert waren wie sein Erfolg in der Schlacht selbst.

Außerdem war England nur eines von mehreren Zielen seiner territorialen Expansionsgelüste. Er griff auch in der Bretagne, in Maine und in dem Teil des Vexin an, der dem König von Frankreich unterstand. Als englischer König scheute er sich nicht, seine ererbten Ansprüche auf die Oberherrschaft über Waliser und Schotten geltend zu machen. 1072 leitete er einen Angriff zu Wasser und zu Lande gegen die Schotten, 1081 marschierte er in Wales ein und stieß bis Cardiff vor. Eines der einflußreichsten Werke des späten 20. Jahrhunderts über die Normannenkönige, John le Patourels *Norman Empire*, erinnert daran, daß ihre Eroberungen in ihrer Gesamtheit berücksichtigt werden müssen und nicht nur als die Leistungen englischer Könige; das Zentrum ihrer Welt war ihr Hof, und der reiste mit dem König nach Cardiff, Carlisle oder Caen.

Die Bezeichnung «Normannisches Imperium» (*Norman Empire*) wirft viele Fragen auf. Zum einen geht es darum, ob die Bezeichnung angemessen ist und sich dazu eignet, die Beziehungen zwischen England, den walisischen Fürstentümern und der Normandie zu charakterisieren. Zum anderen geht es um die Folgen der Phasen gemeinsamer Herrschaft über England und die Normandie. Es gab eine herrschende Dynastie und einen fürstlich-königlichen Hof, aber inwieweit gab es Netzwerke zwischen dem Adel und den Kirchen Englands und der Normandie? Inwieweit beeinflußten die langen Phasen der Personalunion unter dem Eroberer und unter Heinrich I. Recht und Gesetz und den kulturellen Austausch, also etwa Literatur, Architektur oder die Herstellung illuminierter Handschriften? Vor allem aber beschäftigt uns hier die Bedeutung der normannischen Eroberungen und ihrer Auswirkungen.

Das 11. Jahrhundert erwies sich als günstig für normannische Unternehmungen in Italien und Britannien, wo aus unterschiedlichen Gründen verhältnismäßig kleine Gruppen gut bewaffneter

Männer die Herrschaft über große Gebiete erringen konnten. Im frühen 12. Jahrhundert waren die Umstände weniger vorteilhaft. Die Waliser verteidigten sich mit einigem Erfolg gegen die Normannen. Unter David I. schauten die Schotten erneut in Richtung Cumbria und Nordhumbrien. König Ludwig VI. von Frankreich und Graf Fulko von Anjou verbündeten sich und nutzten die schwache Stellung Heinrichs I. in der Normandie aus, die das Ergebnis von Erbauseinandersetzungen innerhalb der herrschenden normannischen Dynastie war. Es gibt eine These, nach der Heinrich I. mit der Tradition des normannischen Imperialismus gebrochen hat: er habe hauptsächlich das verteidigen wollen, was er schon besaß, und sein Reichtum habe ihm auch erlaubt, darin erfolgreich zu sein. Einige Historiker sind der Auffassung, daß das ganze Ausmaß der Probleme der Normannenkönige erst nach Heinrichs Tod sichtbar wurde. Als Folge davon habe Stephan eine schwierige, wenn nicht aussichtslose Erbschaft angetreten und es deshalb auch nicht geschafft, das Wiederaufleben des walisischen Widerstands, die Eroberungen von Cumbria und Nordhumbrien durch die Schotten und den Verlust der Normandie an die Angeviner zu verhindern und den adeligen Widerstand gegen seine Königsherrschaft in England zu überwinden.

Jedoch überschätzt diese These den Unterschied der territorialen Ziele Heinrichs I. im Vergleich zu denen seiner Vorgänger. Heinrich nutzte jede Chance, seinen Herrschaftsbereich auszuweiten. Er zog mit seinen großen Heeren zweimal nach Wales – 1114 und 1121 – und sorgte dafür, daß dort Ländereien nur an Adelige vergeben wurden, die ihm nahestanden und reich genug waren, die walisischen Angriffe abzuwehren. Er half seinem Schwager David von Schottland, dem Bruder des Königs Alexander (1107–1124), sein Erbe zu sichern mit dem Ergebnis, daß während seiner Regierungszeit Davids Besitz eine Pufferzone zwischen England und Schottland bildete. Als David 1124 König wurde, versuchte er, die Anerkennung anglo-normannischer Ansprüche auf Cumbria zu vermeiden, die er als Teil des alten Königreichs von Strathclyde und damit dem Königreich Schottland zugehörig ansah. Solange König Heinrich I. lebte, blieb jedoch das gute Verhältnis zwischen beiden bestehen. In Frankreich konnte Heinrich nicht verhindern, daß Maine an Fulko von Anjou überging, wobei aber in einem Vertrag von 1113 festgelegt wurde, daß Fulko Heinrich für Maine den Lehnseid leisten sollte. Die Tatsache, daß Heinrich sich in der Normandie grundsätzlich defensiv verhielt, bedeutet nicht, daß er nicht wie sein Vater und Bruder vor ihm dazu bereit gewesen wäre, seine Territorien zu erweitern. Normannische Eroberungen hörten zwar in der Tat schon vor 1135 auf, nicht aber der Wille zur Expansion.

Die Könige und die Kirche

Ein weiteres zentrales Thema ist der Einfluß der Reform- und Erneuerungsbewegung der Kirche auf das normannische Königtum. Wilhelm der Eroberer hatte ein gutes Verhältnis zu Papst Alexander II., aber die Papstwahl Gregors VII. im Jahre 1073 setzte ihn unter Druck: Gregor VII. verlangte einen Treueid vom König und die Zustimmung, daß der Erzbischof von Canterbury das Recht habe, jederzeit Rom zu besuchen. Der Papst hielt eine Verstärkung solcher Kontakte für unverzichtbar, um der Kirchenreform zum Durchbruch zu verhelfen. Rigoros verweigerte Wilhelm den Eid, und Lanfranc, sein Erzbischof von Canterbury, schlug die wiederholten Aufforderungen, Rom zu besuchen, aus. Da aber Wilhelms Stellung sehr stark war und Gregor seine Unterstützung brauchte, konnte ein dauerhafter Bruch vermieden werden. Faktisch distanzierte sich der Eroberer in seinen letzten Lebensjahren sowohl vom Papst als auch vom Gegenpapst.

Es wurde aber immer schwieriger, die einschneidenden Veränderungen innerhalb der Kirche zu ignorieren. Eine Zeitlang gelang Rufus das Kunststück, weder den Papst noch den Gegenpapst anzuerkennen und nach Lanfrancs Tod im Jahre 1089 vermied er es, einen Nachfolger zu ernennen. 1093 erkrankte er schwer und fürchtete zu sterben; die um ihn Versammelten beschworen ihn, einen Erzbischof zu ernennen, nämlich Anselm von Bec, einen berühmten Gelehrten, der sich gerade in England aufhielt. Rufus gab seine Zustimmung, aber sobald er sich von seiner schweren Krankheit erholt hatte, kam es zu Konflikten mit Anselm. Dieser wollte Reformen durch Synoden erreichen. Rufus war nicht damit einverstanden und verweigerte Anselm die Erlaubnis, den Papst in Rom persönlich über die Schwierigkeiten im Land zu unterrichten. Anselm scheute die Konfrontation und zog es vor, ins Exil zu gehen.

Eine Reihe ganz spezifischer Fragen hatte zur Auseinandersetzung zwischen König Wilhelm Rufus und dem Erzbischof geführt, aber erst während der Regierungszeit Heinrichs I. begann ein wirklich grundsätzlicher Konflikt: der Streit über die Laieninvestitur. Dieser Prinzipienstreit war Gegenstand der Meinungsverschiedenheiten zwischen Gregor VII. und Kaiser Heinrich IV. gewesen, aber trotz regelmäßiger päpstlicher Vorstöße hatte eine Konfrontation mit England bis dahin vermieden werden können. Für die Reformpartei bedeutete die Einsetzung (Investitur) von Geistlichen in ihre Ämter und der Gebrauch der altüberlieferten Investitursymbole durch Laien in Verbindung mit der Leistung der ‹Mannschaft› (Gefolgschaft) eine unzulässige und daher zu bekämpfende Vermischung von Kirchen- und Laiengewalt. Als Anselm persönlich an einer Reformsynode in Rom teilnahm, auf der der Papst die Investiturverbote wiederholte, flammte der Streit bei seiner Rückkehr erst richtig auf.

Wie Rufus war Heinrich entschlossen, seine «Gewohnheitsrechte» gegenüber der Kirche zu bewahren. Eadmer beschreibt sie als strenge Oberaufsicht über die Beziehungen zwischen den englischen Klerikern und dem Papsttum und über die Verlautbarungen kirchlicher Synoden. Heinrich brachte Anselm zwar dazu, nach England zurückzukehren, war dann aber höchst überrascht, als Anselm sich weigerte, ihm Mannschaft zu leisten und das Erzbistum aus den Händen des Königs zu empfangen. Heinrich kämpfte hart um sein Recht auf Mannschaftsleistung und Investitur. Es war deutlich, daß der Papst beim Verbot der Mannschaftsleistung weniger unbeugsam sein würde als bei der Investitur, denn diese war der Inbegriff all dessen, was die Reformpartei bekämpfte. Bevor Frieden geschlossen werden konnte, verlor Anselm die Geduld. Im Jahre 1105 drohte er gegenüber Adela, der Schwester des Königs, daß er Heinrich exkommunizieren werde, wenn er nicht einlenke. König und Erzbischof trafen sich daraufhin bei Laigle in der Normandie und versöhnten sich. Die Drohung der Exkommunikation wurde aufgehoben, der Erzbischof kehrte nach England zurück, und 1107 versprach Heinrich auf einer Synode in London, keine Bischöfe und Äbte mehr einzusetzen. Über die Mannschaftsleistung wurde kein Wort verloren. Der König beanspruchte sie weiterhin, während die Päpste darauf hofften, daß er irgendwann diese Praxis aufgeben würde. Außerdem blieb die Stimme des Königs weiterhin bei Bischofs- und Abtswahlen entscheidend.

Es wäre für Heinrich nicht möglich gewesen, den Kontakt der englischen Kirche zum immer einflußreicheren Papsttum zu unterbinden, zumal dies auch nicht unbedingt in seinem Interesse lag. Bei seinem Kampf mit Anselm hatte er sich der Taktik bedient, das Thema Investitur zurück nach Rom zu verweisen, da eine Gesandtschaft für Hin- und Rückreise Monate in Anspruch nahm. Päpstliche Boten und Legaten waren in England jedoch weder dem König noch dem Erzbischof besonders willkommen, man bevorzugte die Legatenstellung für den Erzbischof. Heinrich konnte manchmal den Besuch von Legaten in England verhindern, indem er sie in der Normandie aufhielt und ihre Aktivitäten einschränkte. Die einzige Ausnahme war der Besuch von Giovanni da Crema. Es scheint, daß er seine Reise nach England vor allem deshalb durchführen konnte, weil er Heinrichs Interessen in Rom unterstützt hatte. Dank Giovanni konnte eine potentiell gefährliche Ehe zwischen Heinrichs Neffen und einer Tochter des Grafen von Anjou verhindert werden.

Wie sein Vater war auch Heinrich einigen Reformplänen gegenüber freundlich gesinnt. Er war bereitwilliger als Rufus, wenn es darum ging, Anselm die Genehmigung zur Einberufung von Synoden zu erteilen, und so fand die erste Reformsynode 1102 in der Westminsterabtei statt. Eine ganze Reihe von Reformdekreten wurde verkündet, bei denen es um die Moral von Klerus und Laien ging: Priesterehe und Homosexualität wurden scharf verurteilt, ebenso Bischöfe, die sich wie Laien kleideten, und Priester, die an «Saufgelagen» teilnahmen! Auch Heinrich ging in England wie in der Normandie gegen die Priesterehe vor, allerdings ohne Erfolg, denn sie war tief verwurzelt.

Im Rückblick erscheint Heinrichs Verteidigung der Gewohnheitsrechte seines Vaters gegenüber der Kirche als ein Nachhutgefecht. Im Unterschied zu ihm verpflichtete sich Stephan bei seinem Regierungsantritt, der Kirche mehr Regelungskompetenzen gegenüber den Klerikern und dem Kirchenbesitz zuzugestehen. Obwohl es eine gewisse Enttäuschung darüber gab, daß Stephan auf kurze Sicht seine Versprechungen nicht einhalten konnte, hatten englische Kleriker zum Zeitpunkt seines Todes eine bis dahin ungekannte Autonomie erreicht. Der König setzte sich bei kirchlichen Wahlen nicht mehr regelmäßig durch; kirchliche Gerichte wurden ins Leben gerufen, und es gab vermehrt Kontakte mit Rom. Obwohl viele Kirchen während des Krieges Vermögenseinbußen hatten hinnehmen müssen, gab es andererseits viele neue Gemeinschaften, etwa der Zisterzienser in Nordengland.

Das frühmittelalterliche Konzept des ‹heiligen› Königtums änderte sich langsam im Zeitalter des Investiturstreits; praktische Herrschaftskompetenzen wurden betont, und entsprechend nahm die Bedeutung der sakramentalen Eigenschaften ab, die durch die Salbung übertragen wurden. Die Normannenkönige unterstrichen die Bedeutung der Krönung durch häufiges Unter-der-Krone-Gehen und in ihren förmlichen Festversammlungen, nicht dagegen ihre enge Verbindung mit besonderen königlichen Heiligen. Die ersten drei Normannenkönige taten wenig, um den Kult Eduards des Bekenners in der Westminsterabtei zu fördern. Heinrich ließ zwar dort seine erste Frau neben König Eduard und dessen Königin Edith begraben, wurde aber selbst in der Abtei Reading beigesetzt. Westminster war die Krönungskirche, nicht aber die königliche Grablege, wie es die Abtei St. Denis für die Kapetinger war.

Die Könige und die Verwaltung des Landes

Bis zum 12. Jahrhundert hatte sich die Zuständigkeit der königlichen Verwaltung erheblich erweitert. Dieser Prozeß wurde besonders im späten 19. und frühen 20. Jahrhundert erforscht, da der Regierung und Verwaltung damals eine besondere Bedeutung beigemessen wurde. Das *Domesday Book* war – ähnlich wie eine Volkszählung in unserer Zeit – das Ergebnis einer Untersuchung der Regierung. *Exchequer* (Schatzamt) und Kanzlei waren die ersten spezialisierten Abteilungen des reisenden königlichen Haushalts, von denen es immer mehr geben sollte. Die angelsächsische Monarchie galt als relativ fortschrittlich, aber es waren die Normannenkönige, vor allem Heinrich I., die das System wirklich funktionsfähig machten. In einem bahnbrechenden Vortrag bezeichnete Sir Richard Southern Heinrich I. als den ersten englischen König, der Regieren als Beruf verstanden habe. Nicht nur lassen sich die Entwicklung neuer Institutionen, wie die des *Exchequer*, und der häufigere Einsatz von Verwaltungsschriftstücken nachweisen, sondern Heinrich verstand es auch, Männer von verhältnismäßig einfacher Herkunft in Dienst zu nehmen, die er als *sheriffs* oder Richter einsetzte. Damit trug er zur

Bildung der bedeutenden Klasse des niederen Adels in der englischen Gesellschaft bei, dem Vorläufer der späteren *gentry*. Dies alles brachte Warren Hollister, den Autor der ersten modernen Biographie des Königs, dazu, den Begriff «administratives Königtum» zu prägen, um Heinrichs Herrschaft zu beschreiben.

Roger Bischof von Salisbury, der wichtigste Minister des Königs, leitete zweimal jährlich eine Sitzung der Behörde des *Exchequer*, bei der alle führenden Beamten der Krone anwesend waren, und in der Normandie war der Bischof von Lisieux für eine ähnliche Behörde zuständig. Der englische *Exchequer* war der Bezugspunkt eines Netzwerks von *sheriffs*, die die königlichen Einkünfte in jeder Grafschaft eintreiben und darüber Rechenschaft ablegen mußten. Seit den zwanziger Jahren des 12. Jahrhunderts hielten reisende Richter in jeder Grafschaft Gericht über Rechtsfälle der Krone. Nur eine einzige Abrechnungsliste des Schatzamtes aus der Zeit Heinrichs I. ist überliefert, die *Pipe Roll* von 1130, und sie dokumentiert die Arbeit von *Exchequer*, *sheriffs* und Richtern. Schon 1135 war die königliche Justiz nicht nur für schwere Kriminalität zuständig, sondern griff durch die königlichen *writs* auch in Auseinandersetzungen über Grundbesitz ein. Heinrich erwarb den Ruf eines *rex pacificus*, eines Friedenskönigs. Dieser Ruf ging auf die energische Durchsetzung der Königsrechte zurück.

Eine zu starke Betonung von Verwaltungsabläufen und den Karrieren der für sie verantwortlichen Männer könnte zu dem falschen Schluß führen, daß die normannische Königsherrschaft systematisch organisiert war. Dabei übersieht man jedoch ihren im wesentlichen zufälligen und reaktiven Charakter. Mehr Bürokratie konnte Modernisierung bedeuten, man könnte jedoch auch fragen, ob die königlichen *writs* wirklich effektiv waren oder warum und von wem während der zwanziger Jahre des 12. Jahrhunderts Reiserichter in die Grafschaften entsandt wurden. Die ersten drei Normannenkönige verbrachten viel Zeit außerhalb Englands, und es ist unübersehbar, daß sich unmittelbar vor ihrer Abreise oder bei ihrer Rückkehr nach England erhöhte Aktivitäten bemerkbar machten. Die Könige saßen dann zu Gericht, wenn die Prozeßgegenstände oder die beteiligten Personen besonders wichtig waren, aber noch hatte Königsherrschaft nichts mit den Routineabläufen einer institutionalisierten Verwaltung zu tun. Ordericus Vitalis merkt an, daß Heinrich I. sehr neugierig war und alles über seine Beamten wissen wollte. Aber es wäre ihm nicht in den Sinn gekommen, eine Oberaufsicht über sie zu organisieren. Das überließ er anderen.

Außerdem muß man die königliche Regierung in ihrem politischen und sozialen Kontext sehen, um die Beziehungen zwischen den Normannenkönigen und den Mächtigen im Reich, Geistlichen wie Laien, zu verstehen. Die Bischöfe und die Äbte der wichtigsten Klöster spielten eine große Rolle im Herrschaftsgeschehen. Der Erzbischof von Canterbury war einer der reichsten Grundbesitzer Englands. Die Bischöfe und die meisten Benediktiner-Äbte waren Kronvasallen, d. h. sie verpflichteten sich zum Militärdienst als Gegenleistung für die Belehnung mit ihren Ländereien. In einigen Fällen gehörten zum Kirchenland wichtige Rechte im Bereich von Recht und Gerichtsbarkeit. Der westliche Teil der Grafschaft Suffolk unterlag z. B. der Gerichtsbarkeit der Abtei Bury St. Edmunds. Die Bischöfe nahmen an den königlichen Hoftagen teil, und einige erreichten großen politischen Einfluß. Die Bischöfe von Bayeux und Coutances hatten in der Anfangsphase der normannischen Eroberung eine herausgehobene Stellung, und beide erhielten umfangreiche Landschenkungen vom Eroberer. In Wilhelms letzten Lebensjahren war ihm Wilhelm von Saint Calais, Bischof von Durham nahe; er könnte die treibende Kraft für die Zusammenstellung des *Domesday Book* gewesen sein. Robert Bloet, erster königlicher Kanzler und dann Bischof von Lincoln, war eine Schlüsselfigur unter Rufus und Heinrich I. Die zentrale Figur aber war Roger von Avranches, zuerst Kanzler und dann Bischof von Salisbury, Vorsitzender des Exchequer unter Heinrich I. und zwischen 1123 und 1126 Vizekönig von England. Rogers beiden Neffen, Alexander und Nigel, wurden Bistümer übertragen, nämlich Lincoln (1123) und Ely (1133). Zu Beginn von Stephans Regierungszeit wurde sein Sohn Kanzler. Roger und seine Familie gewannen so viel Macht, daß auf ihre Treue absoluter Verlaß sein mußte. Als sie im Jahre 1139 in Verdacht gerieten, ihre Burgen der Kaiserin Mathilde übergeben zu wollen, ließ Stephan sie festnehmen. Nur Bischof Nigel entkam, sein Onkel starb wenige Monate später als gebrochener Mann.

Führende Laien wie Kirchenfürsten erhielten ihre Länder als Kronvasallen und leisteten dafür Militärdienste. Es ist viel darüber diskutiert worden, in welchem Ausmaß sich die Beziehungen zwischen Krone und Magnaten nach 1066 verändert haben. Ganz entscheidend war dabei die vertragsmäßige Beziehung, die auf dem Besitz von Land gründete. Wilhelm bestimmte in den großen kirchlichen Besitztümern die militärischen Dienste und verteilte gegen Militärdienst und Rat Land an seine Anhänger, wobei das Ratgeben nicht nur als Pflicht, sondern auch als Recht angesehen wurde. Es war nichts grundlegend Neues an der Tatsache, daß der König Rat einforderte und erteilte. Die Ratsversammlungen der Normannenkönige entwickelten sich aus der altenglischen Versammlung der *witan* und waren die Vorläufer des Parlaments. Die Macht solcher Ratsversammlungen, die den König in seinen Aktivitäten einschränkten, war von besonderer Bedeutung in späteren Jahrhunderten, als die Beziehungen zwischen den Königen und dem Parlament schwieriger wurden. In der Theorie unterstanden die Normannenkönige nur Gott allein. Faktisch waren sie sich der Bedeutung des Ratgebens und -nehmens durchaus bewußt; es war wichtig für sie, für ihre Vasallen zugänglich zu sein und zu hören, was sie zu sagen hatten.

Die Heerführer Wilhelms des Eroberers bestanden aus einer kleinen Gruppe seiner engsten Vertrauten, Männer, die neben ihm gekämpft und von seinem Erfolg profitiert hatten. Dazu kamen Kontingente aus Flandern und der Bretagne. Am meisten aber profitierten die Normannenführer, die wiederum an ihre wichtigsten Gefolgsleute Reichtümer verteilten. Eine Massenauswanderung fand nicht statt, und obwohl nach 1066 noch einige dazukamen, blieb die neue Elite eine dünne Schicht, insbesondere in Nordengland. Auf der mittleren Ebene des Adels gab es Heiratsverbindungen zwischen Neuankömmlingen und einheimischen Angelsachsen, wahrscheinlich häufiger, als direkt überliefert ist. Darunter gab es eine kleinadelige Schicht, die sich nicht sehr von der der reichen Bauern unterscheiden läßt.

Diejenigen, die Land vom König zu Lehen hatten, Bischöfe, Äbte und die Laienbarone, leisteten dem König ‹Mannschaft› und erkannten damit die Lehnsverpflichtung an, unbezahlten Ritterdienst zu leisten. In dieser Hinsicht war das Verhältnis feudal. Aber so wichtig dieser militärische Aspekt auch war, die Lehnsbindung hatte noch andere Aspekte, denn sie gab dem König das Recht, sich in die Angelegenheiten der großen Familien des Landes einzumischen, Heiraten zu vermitteln, Vormünder für minderjährige Kinder zu bestellen und vor allem über Erbschaften zu verfügen. So ergab sich ein sensibles Gleichgewicht zwischen den Rechten des Königs und jenen der Familien, das von entscheidender politischer Bedeutung war. Der Erfolg oder Mißerfolg des Königs beruhte auf seiner Fähigkeit, Vertrauen zu gewinnen und Dienste zu belohnen. Obwohl sie reichen Grundbesitz hatten, fehlte den Normannenkönigen die Macht, ohne ihren Adel zu herrschen: sie waren gezwungen, mit ihm zusammenzuarbeiten. Daraus ergab sich, daß das Ratgeben von zentraler Bedeutung für die Gestaltung der politischen Verhältnisse war.

Die besten Kenntnisse über die Ratgeber vermitteln die Zeugenlisten der *writs* und der Urkunden. Selbst wenn man nicht sicher sein kann, daß die namentlich Genannten wirklich physisch anwesend waren, so zeigen sie doch, wer als dem König nahestehend galt. Könige brauchten gute Berater und mußten sich auf sie verlassen können. Das war nicht immer möglich: im Jahre 1101 erwarteten Heinrich I. und sein Hof, daß Herzog Robert den Kanal überqueren würde, um seinen Thronanspruch geltend zu machen. Einzelne Magnaten schickten ihm Nachrichten – Heinrich lächelte nur, verbarg seine wahren Gefühle und wartete ab.

Treue und Dienste mußten belohnt werden; man erwartete von den Königen wie von allen Herren, daß sie sich ihren Gefolgsleuten gegenüber großzügig zeigten. Wilhelm der Eroberer hatte hier einen unvergleichlichen Vorteil wegen der vielen Güter, über die er verfügen konnte; später gab es die besten Aussichten in Wales oder in den nördlichen Grafschaften. Sonst machte man sein Glück entweder auf Kosten enteigneter Rebellen oder durch die Ehe mit Erbinnen oder reichen Witwen. Allerdings gab es von solchen Damen nie genug, daher war das Recht des Königs, Erbinnen verheiraten zu können, von großer Bedeutung.

Man erwartete auch, daß der König Rat über die Verteilung von Erbschaften einholte. Heinrich I. machte dazu konkrete Zusagen in seiner Freiheitsurkunde, die er bei seiner Krönung erließ. Alle Familien verfolgten ihre eigenen dynastischen Strategien und territorialen Ziele, die ohne königliche Unterstützung nicht zu erreichen

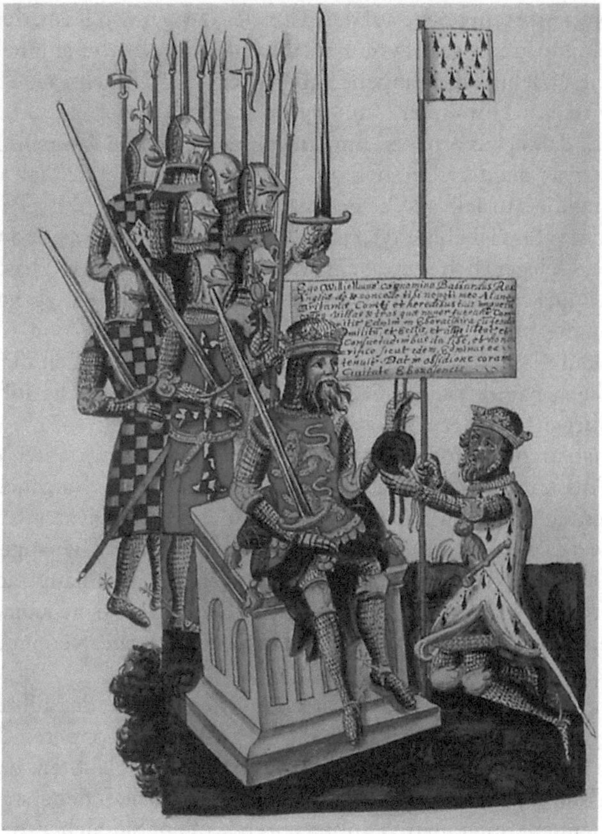

Abb. 5: Wilhelm der Eroberer verteilt Grundbesitz an Mitglieder seiner Familie und Barone; hier die Belehnung Alans von der Bretagne.

waren. Die Weigerung des Königs, jemanden als Erben anzuerkennen oder ihm die Kontrolle über eine zentrale Burg zu verleihen, konnte einen großen Rückschritt bedeuten. Manchmal mußte man jahrelang auf die Erfüllung eines Anspruchs warten. Man heiratete spät, oft in der Hoffnung, doch noch eine reiche Braut zu finden. So verbrachte David von Schottland viele Jahre am Hofe seines Schwagers Heinrichs I., bis dieser ihm 1113 eine Erbin, Mathilde de Senlis, zur Frau gab.

Manchmal setzten Bittsteller den König unter Druck. Wilhelm

Graf von Mortain hoffte auf den Titel des Grafen von Kent, den sein Onkel Odo, der Bischof von Bayeux, unter dem Eroberer innehatte. Heinrich I. lehnte das Ersuchen ab, worauf sich Wilhelm aus Protest weigerte, am Hof einen Umhang zu tragen, vermutlich um anzudeuten, daß er zu arm sei, um sich einen leisten zu können. Diese Taktik war nicht erfolgreich, und Wilhelm ging schließlich in die Normandie zurück, wo er gegen Heinrich kämpfte, bis er in der Schlacht von Tinchebray 1106 von diesem gefangengenommen wurde. Gelegentlich wurde ein Aufstand inszeniert, um Druck auf den König auszuüben, damit dieser einen «legitimen» Anspruch anerkannte – manchmal sogar mit Erfolg. Wer das Auf und Ab der Politik in dieser Zeit verstehen will, muß die individuellen Ziele der jeweiligen Familien und die Umsetzung ihrer Ansprüche auf Länder, Burgen und Gerichtsbarkeiten kennen.

Umstrittene Thronwechsel in rascher Folge verursachten ebenfalls Aufstände. Manchmal gingen die Rebellen eine Verpflichtung für den einen oder den anderen Kandidaten ein; privater Ehrgeiz spielte dabei ebenso eine Rolle wie andere Faktoren. Diejenigen, die 1088 und 1101 Herzog Robert unterstützten, waren hauptsächlich die Großen mit Besitzungen auf beiden Seiten des Ärmelkanals, die England und die Normandie unter einem Herrscher vereint sehen wollten.

In jüngerer Zeit ist die Erforschung der Motive der führenden Protagonisten im Bürgerkrieg (1135–1154) von besonderem Interesse. Die Historiker des späten 19. Jahrhunderts glaubten, daß die Magnaten gegen die stark zentralisierende Herrschaft der ersten drei Normannenkönige hatten aufbegehren wollen. Sie hielten den reichen Magnaten Geoffrey de Mandeville für den Inbegriff des zynischen, gierigen, feudalen Reaktionärs, der 1141 seine Unterstützung beiden Parteien verkauft haben soll. Eine Neudatierung entscheidender Urkunden zeigte allerdings, daß Geoffreys Parteiwechsel keine anderen Motive zugrunde lagen als denen der meisten führenden Magnaten dieser Zeit. Außerdem hat die Erforschung des Lebens anderer Barone eine Vielzahl von Antrieben und Ambitionen zum Vorschein gebracht: die Lage ihrer Ländereien und die Kontrolle über die Burgen, die *sheriffs* und die Hundertschaftsgerichte in ihrem Bereich. Vor allem aber bestimmten ihre Familieninteressen ihre Loyalitäten. Einige hielten sich zurück und kämpften nur, solange ihre direkten Interessen berührt waren.

Bemerkenswert war die zunehmende Zahl neuer Grafen in dieser Zeit. Bis zum Jahre 1066 gab es nur wenige Grafen, und die Grafschaften waren in große regionale Verwaltungsgebiete eingeteilt, deren bedeutendstes die Grafschaft Wessex war. Sie gehörte zuerst Godwin und danach seinem Sohn Harold. Die Grafschaften von Mercien und Nordhumbrien blieben einige Jahre lang erhalten, wurden dann aber abgeschafft. König Wilhelm war zurückhaltend in der Verleihung neuer Titel, die an einzelne Grafschaften geknüpft waren. Seine Söhne übten in gleicher Weise Zurückhaltung und verwendeten den Titel als Zeichen der Hochschätzung für Männer, denen sie sich besonders verpflichtet fühlten. Sie achteten auch darauf, daß die Grafen die königlichen Beamten nicht aus ihrem Bereich drängten. Bis zum Jahre 1135 blieben nur noch Cheshire und Durham als Restbestände aus der Zeit Wilhelms des Eroberers halbautonom.

Jedoch stiegen die Zahl und die Macht der Grafen unter König Stephan dramatisch an. Dafür waren zwei Faktoren verantwortlich, die sich gegenseitig verstärkten: zum einen der Wunsch, die Verteidigung gefährdeter Grafschaften mit der Einsetzung von Militärgouverneuren zu stärken; zum anderen die Möglichkeit, die regionale Macht eines Magnaten durch die Verleihung des begehrten Grafentitels anzuerkennen. Der Titel war kein reiner Ehrentitel mehr. Stephan mag beabsichtigt haben, königliche Amtleute in diesen Grafschaften die königliche Einkünfte erheben und im Namen des Königs Recht sprechen zu lassen. Das Ergebnis war jedoch die Bildung halbautonomer Grafschaften nach dem Vorbild von Chester und Durham. So stellten die Grafschaften für König Stephan eher eine Gefahr als eine Hilfe dar.

Das Familienleben der Normannenkönige

Schließlich soll vom Familienleben der Normannenkönige die Rede sein, von ihren Beziehungen zu ihren Eltern, von ihren Ehen, der Rolle ihrer Königinnen und ihrer Kinder. Die Kindheit Wilhelms des Eroberers war von Gewalt und Unruhe geprägt. Beim Tod seines Vaters war er erst sieben oder acht Jahre alt gewesen, daher befand er sich in der Obhut einiger loyaler Anhänger seines Vaters. Es gab brutale Auseinandersetzungen; einmal wurde Osbern, der

Truchseß seines Vaters, vor den Augen des Jungen ermordet. Wilhelm überlebte und wurde zu einem herausragenden Krieger. Er setzte sich mit Waffengewalt gegen seine Rivalen durch, und dank seines Einsatzes konnte ein Angriff des französischen Königs im Jahre 1052 abgewehrt werden.

Wilhelm der Eroberer war vermutlich derjenige Normannenkönig, der am frühesten eine Ehe einging. Zwei seiner Söhne, Richard und Wilhelm Rufus, starben unverheiratet, während Robert und Heinrich wie auch sein Neffe Stephan über dreißig Jahre alt waren, als sie heirateten. Auf den ersten Blick mögen diese späten Eheschließungen in einer Gesellschaft verwundern, in der man sobald wie möglich Söhne zeugte, um die Nachfolge zu sichern. Mit Ausnahme von Rufus dürfte der Grund in der neuen Betonung des sakralen und unauflöslichen Charakters der christlichen Ehe zu suchen sein. Frühere Könige konnten sich sehr einfach der Frauen entledigen, die sich als unfruchtbar oder aus einem anderen Grunde als ungeeignet erwiesen hatten. Seit dem späten 11. Jahrhundert war das nicht mehr möglich. Außerdem mußten Ehen formal im Angesicht der Kirche geschlossen werden, weil die Gefahr bestand, daß die Kinder sonst nicht als legitime Nachfolger anerkannt wurden.

Es waren wie von jeher dynastische Interessen, die die Auswahl der Bräute bestimmten. Die Ehe des Eroberers mit Mathilde, die der französischen Königsdynastie entstammte und eine ehrenvolle Partie war, brachte ihm die Neutralität des mächtigen Grafen von Flandern ein. Mathildes Stolz auf ihre Ahnen zeigte sich bei der Namenswahl ihres jüngsten Sohnes Heinrich, der nach König Heinrich I. von Frankreich genannt wurde. Heinrichs erste Frau war Edith, die Tochter Malcolms III. von Schottland aus seiner Ehe mit Margarete, der Tochter Eduards «the Exile» und damit Enkelin von Edmund Ironside. Ediths Abstammung von der alten angelsächsischen Königsfamilie Englands verstärkte Heinrichs Anrecht auf den Thron zu einer Zeit, als sein ältester Bruder Herzog Robert Curthose sich auf dem Rückweg vom Kreuzzug befand und mit Sicherheit zu erwarten war, daß auch er Anspruch auf den Thron erheben würde. Eine Ehe stärkte auch das Bündnis zwischen Rufus und Ediths Bruder Edgar, dem König der Schotten, und öffnete den weit entfernten Norden Englands für die normannische Besiedlung. Heinrich suchte dann seine zweite Ehefrau im Deutschen Reich, wo seine Tochter Mathilde mit Kaiser Heinrich V. verheiratet war: er heiratete eine

Tochter Gottfrieds, des Grafen von Löwen, dessen Länder an die Gebiete zweier Feinde Heinrichs grenzten, des Königs von Frankreich und des Grafen von Flandern.

Wie der Eroberer war auch Stephan bereits verheiratet, als er König wurde. Er war ein jüngerer Sohn der Gräfin Adela von Blois, der Tochter des Eroberers, die ihn an den Hof seines Onkels König Heinrich schickte. Dort wuchs er auf und wurde reich mit Grundbesitz beschenkt. Als er 1125 heiratete, war er einer der einflußreichsten Männer bei Hofe. Heinrichs zweite Ehe war kinderlos geblieben, ebenso wie die Ehe seiner Tochter mit dem Kaiser. Gerade zu diesem Zeitpunkt verkündete der Graf von Boulogne seine Absicht, sich ins Kloster zurückziehen zu wollen. Erbin und Nachfolgerin in seinem strategisch wichtigen Fürstentum war seine Tochter Mathilde, die als Ehefrau für Stephan ausersehen wurde.

Auch wenn die Herkunft ein wichtiges Kriterium bei der Auswahl königlicher Ehefrauen war, so war es doch deren primäre Funktion, Kinder zu gebären. Obwohl die Kirche die Unauflöslichkeit der Ehe vertrat, waren kinderlose Frauen in einer schwierigen Lage. Adeliza von Löwen, die als junge Frau Heinrich I. geheiratet hatte, erhielt einen tröstenden Brief von Hildebert von Lavardin, dem Bischof von Le Mans, als ihre Ehe kinderlos blieb. Nach Heinrichs Tod heiratete sie dann Wilhelm d'Aubigny, den Schenken des Königs, und hatte mit ihm sechs Kinder.

Wilhelm der Eroberer und seine Frau Mathilde hatten vier Söhne, Robert, Richard, Wilhelm Rufus und Heinrich sowie mindestens drei Töchter, Konstanze, Adela und Cecilia. Die Jungen begannen mit sieben Jahren, sich im Waffenhandwerk zu üben. Vielleicht war Heinrich I. ursprünglich für die geistliche Laufbahn bestimmt, denn er lernte lesen und schreiben. Dann scheint der König seine Pläne für ihn geändert zu haben, denn Heinrich wurde mit ungefähr 18 Jahren zum Ritter geschlagen. Zwei der Töchter, Konstanze und Adela, heirateten, während Cecilia schon als Kind dem Nonnenkloster der Heiligen Dreifaltigkeit in Caen übergeben wurde, wo sie Zeit ihres Lebens blieb. Es gab vielleicht noch eine vierte oder fünfte Tochter, die Harold Godwinson heiraten sollte, aber eine Hochzeit fand nie statt.

Beim Heranwachsen der Erben traten häufig Spannungen mit den Vätern auf. Die Beziehungen zwischen dem Eroberer und Robert waren besonders schwierig. Robert erhielt seine Spitznamen «Kurzhose» oder «Dickbein» von seinem Vater, und obwohl Spitznamen unter den Normannen üblich waren, läßt die Wahl dieser Beinamen für den Erben auf eine gewisse persönliche Abneigung schließen. Diese verschärfte sich, als Robert älter wurde und seinen Vater aufforderte, ihm die Herrschaft im Herzogtum Normandie zu überlassen. Der Eroberer lehnte ab; Vater und Sohn gerieten in Streit, versöhnten sich, gerieten erneut in Streit und blieben unversöhnt bis zum Tode des Eroberers. Erst auf seinem Sterbebett bewog man ihn, nachzugeben und den Anspruch seines Sohns auf die Normandie anzuerkennen. Er war jedoch nicht bereit, ihm den Weg zum Königsthron Englands zu ebnen. Vielmehr wurde Wilhelm Rufus mit einem Brief des Königs an Lanfranc, den Erzbischof von Canterbury, nach England entsandt. Nach der Lektüre des Briefes krönte Lanfranc Rufus zum König.

Sowohl Heinrich I. als auch Stephan hatten ein gutes Verhältnis zu ihren Erben. Heinrich soll seinen Sohn Wilhelm besonders geliebt haben. Im Jahr 1120 leistete Wilhelm dem französischen König Ludwig VI. den Lehnseid für die Normandie. Vielleicht hätte er von seinem Vater die Übergabe des Herzogtums verlangt, aber Wilhelm starb nur wenig später, und so stellte sich das Problem nicht. Auch Stephans Sohn Eustace leistete Ludwig VII. den Eid für die Normandie, aber als das Herzogtum in die Hände der verfeindeten Angeviner fiel, blieb Eustace in England, um seinem Vater militärisch beizustehen. In den späten vierziger Jahren wurde klar, daß Stephan zwar den Bürgerkrieg in England nicht verlieren, ihn aber auch nicht zu seinen Gunsten würde entscheiden können. Im Jahre 1149 wurde Heinrich, Sohn der Kaiserin und des Grafen von Anjou (der spätere Heinrich II.) von seinem Onkel, dem König David von Schottland, zum Ritter geschlagen. Im Jahre 1150 wurde er Herzog der Normandie und zwei Jahre später heiratete er die größte Erbin der damaligen Zeit, Eleonore von Aquitanien. Diejenigen, die eine Einigung in England erhofften, sahen es als die beste Lösung an, daß Stephan den Rest seines Lebens König bleiben und ihm Heinrich statt Eustace auf den Thron folgen sollte. Anfangs lehnte Stephan das kategorisch ab: sein oberstes Ziel war es, den Thron für seine Familie zu sichern. Jedoch erfüllte Erzbischof Theobald Stephans Bitte nicht, Eustace schon zu seinen Lebzeiten zu krönen, wie es in Frankreich üblich war. Im Jahr 1153 ließ sich Stephan zu einem Friedensvertrag überreden, nach dem Heinrich ihm auf dem Thron folgen sollte. Das erboste Eustace und er verließ den Hof im Zorn. Hätte er länger gelebt, so wäre der Friede durch seinen Widerstand gefährdet gewesen, aber sein Tod, der einige Wochen nach dem Frieden und, soweit wir wissen, auf natürliche Weise eintrat, beseitigte eines der größten Friedenshindernisse.

Die Ehen von Töchtern dienten in erster Linie dazu, Freunde und Verbündete zu gewinnen. Von den Töchtern Wilhelms des Eroberers wurde Konstanze mit Alan Fergant, dem Grafen der Bretagne, verheiratet und Adela mit dem Grafen von Blois. Die Tochter Heinrichs I., Mathilde, wurde mit acht Jahren nach Deutschland geschickt, um dort im Alter von 12 Jahren, d. h. bei ihrer Volljährigkeit, formell mit dem Kaiser verheiratet zu werden. Obwohl die Ehe kinderlos blieb, war Mathilde anscheinend gar nicht so unglücklich in Deutschland und übte ihre Pflichten als Kaiserin begeistert aus. Als ihr Mann starb, kehrte sie in die Normandie zurück, da ihr Vater sie zur Nachfolgerin eingesetzt hatte für den Fall, daß er kinderlos bleiben sollte. Es bestand kein Zweifel daran, daß sie wieder heiraten sollte, um Söhne zu gebären. Ihr Vater verheiratete sie mit Gottfried, dem Erben des Grafen von Anjou. Die Ehe befriedete das bislang feindliche Verhältnis zwischen den Fürsten von Anjou und der Normandie, aber dem Ehepaar sagte sie gar nicht zu. Mathilde, die immer noch den Kaisertitel führte, war wesentlich älter als ihr Mann und fand vielleicht den Grafen unter ihrer kaiserlichen Würde. Sie verließ ihn – offiziell hieß es, er habe sie verstoßen – und reiste in die Normandie zurück. Jedoch mußte sie sich dem Willen ihres Vaters beugen, der sie anwies, an die Seite ihres Ehemannes zurückzukehren.

Wilhelm der Eroberer war einer der letzten Söhne unehelicher Abstammung, dem es, wenn auch nicht kampflos, gelang, seinen Vater zu beerben. Er selbst hatte keine unehelichen Kinder und vielleicht mißbilligte er außereheliche Beziehungen wegen seiner eigenen unehelichen Geburt. Zwei seiner Söhne, Robert und Heinrich, sowie sein Neffe Stephan zeugten allerdings uneheliche Söhne, aber vom Ende des 11. Jahrhunderts an gab es für solche Söhne keine Möglichkeit mehr, das väterliche Erbe anzutreten. Insbesondere Heinrich zeugte sehr viele uneheliche Kinder, mehr als alle anderen englischen Könige. Ihre genaue Zahl läßt sich nicht feststellen, aber es müssen um die zwanzig gewesen sein. Seine unehelichen Kinder wurden im Zeitraum von etwa 1100 bis um 1120 geboren. Aus einigen Liebschaften gingen mehrere Kinder hervor, z. B. aus der Beziehung mit Ansfrida, der Witwe eines Ritters der Abtei Abingdon. Unter seinen Konkubinen gab es Engländerinnen, vielleicht eine walisische Prinzessin, die Nest hieß, sowie eine ganze Reihe Normanninnen. Auch die Ehen dieser unehelichen Kinder wurden gezielt für politische Zwecke eingesetzt. Heinrichs ältester unehelicher Sohn Robert wurde mit einer der Töchter des Magnaten Robert Fitz Haimon verheiratet, der die Grafschaft Glamorgan innehatte. Ein zweiter Sohn, Richard, wurde mit der Erbin von Breteuil verheiratet. Die meisten Töchter mußten Ehen mit Adeligen eingehen, deren Besitzungen in englischen oder normannischen Grenzgebieten lagen. Eine Tochter wurde Nonne in Montivilliers in der Normandie, eine andere, Isabella, blieb anscheinend unverheiratet.

Zeitgenössische Quellen berichten häufiger über Könige als über Königinnen. Trotzdem läßt sich aus verschiedenen Quellen ein Bild zusammenfügen, das sowohl der Idee wie der Realität des Königin-Seins in der anglo-normannischen Epoche Rechnung trägt. Alle drei Königinnen, Mathilde I., Mathilde II. und Mathilde III., wurden bei ihren Eheschließungen nach angelsächsischem Vorbild gekrönt, Mathilde II. (Edith) bei ihrer Hochzeit im Jahre 1100 und die beiden anderen, nachdem ihre Männer Könige geworden waren. Die Krönungsriten nahmen Bezug auf Frauen des Alten Testaments, denen man die idealen Eigenschaften von Königinnen zuschrieb: Sarah, Rachel und Rebekka standen für die Fruchtbarkeit, Judith war die Rächerin ihres Volkes und Esther die Fürsprecherin.

Von den drei Königinnen der normannischen Epoche mit demselben Namen ist die erste Mathilde am wenigsten bekannt. Sie kam im Jahre 1068 nach England und wurde zu Pfingsten gekrönt. Innerhalb des folgenden Jahres kehrte sie in die Normandie zurück und verbrachte die meiste Zeit dort. Im Jahre 1066 vertrat sie mit Hilfe einiger Vertrauensmänner ihren Mann in der Normandie. Sie wurde nicht nur als Mutter der königlichen Kinder geschätzt, sondern genoß allgemein Vertrauen. Dem *Domesday Book* ist zu entnehmen, daß sie große Ländereien in England erhielt. Mathilde gründete die Abtei der Dreifaltigkeit in Caen, wo man bis heute ihre Grabplatte besichtigen kann.

Von Mathilde II., der ersten Frau Heinrichs I., ist den Quellen ein viel deutlicheres Bild zu entnehmen. Auch sie war fromm und wurde in einem Kloster von ihrer Tante Christina erzogen; allerdings war sie entschlossen zu heiraten und überzeugte Erzbischof

Anselm, daß sie kein Gelübde als Nonne abgelegt hatte. Sie gebar Heinrich I. nur zwei lebende Kinder: das erste, Mathilde, wurde im Jahre 1102 geboren, im darauffolgenden Jahr folgte ein Sohn, der nach seinem Großvater Wilhelm hieß. Auch sie war politisch einflußreich. Sie nahm an den Verhandlungen über die Eheschließung zwischen Mathilde und dem Kaiser teil und führte 1110 und dann noch einmal zwischen 1116 und 1118 die Regentschaft in England. Sie war eine großzügige Förderin von Kirchen, deren Schenkungen insbesondere der Stadt London zugute kamen, wo sie als die «Good Queen Maud» in der Erinnerung lebendig blieb. Das Bild ihrer Nachfolgerin Adeliza bleibt dagegen undeutlich. Sie war jünger und kinderlos, ihre Stellung war weniger gefestigt. Obwohl sie ihre ersten Ehejahre am Hof verbrachte, scheint sie keinen politischen Einfluß ausgeübt zu haben.

Am großartigsten von allen war wohl Mathilde III., die Frau von König Stephan. Sie brachte die Grafschaft Boulogne mit in die Ehe, und als Stephans Lage sich verschlechterte, erwies sie sich als kompetente militärische Führerin. Im Jahre 1138 belagerte sie die Burg Dover; im darauffolgenden Jahr reiste sie zu Gesprächen zu ihrem Onkel König David von Schottland und handelte mit ihm den Vertrag von Durham aus; 1140 begleitete sie ihren Sohn Eustace zu seiner Hochzeit mit der Prinzessin Konstanze. Die Fähigkeiten der Königin kamen aber eigentlich erst recht zur Geltung, als Stephan auf dem Schlachtfeld von Lincoln im Jahre 1141 gefangengenommen wurde. Als Stephans Erzfeindin, die Kaiserin, in London Hof hielt und alle mit ihrem arroganten Benehmen brüskierte, rückte die Königin mit einem Heer vom südlichen Themseufer heran. Dies führt dazu, daß die Londoner einen Aufstand machten und die Kaiserin vertrieben, während die Königin deren fliehendes Heer verfolgte. In späteren Jahren gründete sie die Abtei von Faversham in Kent, wo sowohl sie als auch Stephan beigesetzt wurden. Sie förderte die Templer, was sicher sehr viel mit dem Engagement ihrer Familie, der Grafen von Boulogne, in der Kreuzzugsbewegung zu tun hatte. Es läßt sich also sagen, daß die Normannenköniginnen keineswegs farblos waren. Sie leiteten ihre eigene Hofhaltung, übten zum Teil wirklichen politischen Einfluß aus und waren alle bedeutende Förderinnen der Kirche. Seit kurzem erst sind ihre Lebensgeschichten wie auch die Biographien anderer englischer Königinnen Gegenstand wissenschaftlicher Untersuchungen geworden. Diese

Arbeiten sind nicht nur als biographische Zeugnisse der Königinnen wichtig, sondern sie tragen auch dazu bei, das Leben ihrer königlichen Ehemänner in einem größeren Zusammenhang zu sehen.

Die Monarchie Englands, die Wilhelm der Eroberer übernahm, besaß eine tiefverwurzelte Stärke – trotz der unmittelbar vorausgegangenen schwierigen Zeit, als Eduard der Bekenner mit den Söhnen Godwins um die Macht rang. Nach der normannischen Eroberung orientierte sich England in Richtung Frankreich und wandte sich von Skandinavien ab, wodurch sich die Veränderungen im Bereich von Kirche und Kultur schneller vollzogen, als es sonst der Fall gewesen wäre. Wilhelm der Eroberer war bereit, Reformen in der englischen Kirche voranzutreiben, aber nur unter seiner Vorherrschaft. Gegenüber den Forderungen Papst Gregors VII. war er unnachgiebig. Die normannischen Könige waren durch ihre zahlreichen Eroberungen sehr viel reicher als Eduard der Bekenner, weil sie einen großen Teil dieser Ländereien für sich behielten. Sie bauten auf den Errungenschaften der vornormannischen Zeit auf und setzten *sheriffs* und *writs* ein, um das Land unter ihre Kontrolle zu bringen. Normannische Justiz und die Einführung von Recht und Ordnung wurden zur Grundlage des spezifischen Rechtssystems des *English Common Law*. Der Norden Englands wurde mehr als je zuvor ein Teil des Königreichs. Die Kriege der Normannen stellten eine erhebliche finanzielle Belastung dar, aber England war reich, und es gibt keinen Beweis dafür, daß das Land dadurch über Gebühr belastet worden wäre. Die Normannenkönige haben die Verfassungsgrundlage der Königsherrschaft weniger revolutioniert als vielmehr vollendet.

KAPITEL 3

Die ersten Könige aus dem Hause Anjou (1154–1216)

von Martin Aurell

Das angevinische Reich

Heinrich II. war der Sohn Gottfrieds des Schönen Plantagenêt, des Grafen von Anjou, und der ‹Kaiserin› Mathilde. Seine Thronbesteigung im Jahre 1154 brachte nicht nur England und die Normandie wieder zusammen, sondern begründete auch einen weit größeren Herrschaftsraum entlang der französischen Atlantikküste, der von den Historikern als *Plantagenêt Empire* oder Angevinisches Reich bezeichnet wurde: außer dem anglo-normannischen Kerngebiet gehörten die Großgrafschaft Anjou als väterliches Erbe dazu und das Herzogtum Aquitanien, das er 1152 durch seine Heirat mit Eleanore gewonnen hatte; 1155 erhielt er durch geschickte Verhandlungen die Bretagne. In den 1170er Jahren vervollständigte die Eroberung der Osthälfte Irlands durch walisisch-normannische Ritter unter Richard, Earl of Clare, genannt *Strongbow,* das Ganze. Heinrich II. war Herr eines riesigen Raumes, der von Nordhumbrien bis zur Gascogne und von der Mitte Irlands bis zur Auvergne reichte. Kein englischer König vor ihm hätte sich eine solche Machtstellung träumen lassen.

Die Höflinge feierten diese Expansionen mit Lobeshymnen. Der Kleriker Giraldus Cambrensis (Gerald von Barri 1146–1223), der einer hochadeligen normannischen Familie aus Südwales entstammte, schmeichelte ihm mit den Worten: «Eure Siege trotzen den Grenzen der Welt. Ihr, unser Alexander des Westens, habt Euren Arm von den Pyrenäen bis zu den östlichen Küsten des Nordmeeres ausgestreckt.» In der gleichen Weise äußert sich der anonyme Bearbeiter in der *Ballade von Rollo* (*Roman de Rou*), den er im Auftrag Heinrichs II. im französischen Dialekt der anglo-normannischen Herzöge der Normandie schrieb: «Er beherrscht England und alles Land entlang dem Meeresrand von Schottland bis nach Spanien, von Küste zu Küste.»

Schließlich vermerkte der Annalist aus dem Kloster Saint-Serge in Angers zum Jahre 1152, daß der König, der die Schrecken des Krieges besiegte, «von Meer zu Meer herrscht», eine Formulierung, die er einem messianischen Psalm entlehnte (Ps. 73 (71), 8). Die Schriften, die im unmittelbaren Umkreis Heinrichs II. entstanden, waren vom Mythos des Erobererkönigs geprägt und von dem Eifer, seine Herrschaft über diese immensen Territorien zu verherrlichen.

Als unmittelbare Folge dieser Expansionen war der englische König weit mehr als zuvor in die Angelegenheiten des Kontinents verwickelt. Zeit ihres Lebens waren Heinrich II. und seine Nachfolger, seine Söhne Richard Löwenherz (1189–1199) und Johann Ohneland (1199–1216) vor allem damit beschäftigt, sich mit bretonischen, angevinischen und aquitanischen Adeligen herumzuschlagen, außerdem führten sie Krieg gegen ihren Lehnsherrn, den französischen König, wenn es zu Konflikten um ihren Festlandsbesitz kam. Unzweifelhaft war die vermehrte Beschäftigung mit den Angelegenheiten im Süden des Ärmelkanals ein besonders charakteristischer Zug der Politik der ersten angevinischen Könige.

Die Historiographie Frankreichs und Englands

Diese Politik mißfiel sowohl den englischen wie den französischen Historikern der positivistischen wie der romantischen Wissenschaftstradition des 19. Jahrhunderts. Auf der Insel galt sie als ungewisses Abenteuer mit verheerenden Folgen für England: die angevinischen Könige, so heißt es, hätten England vernachlässigt und zudem finanziell enorm belastet. Der Historiker William Stubbs, Bischof von Oxford, frohlockt über die «glückliche Unfähigkeit Johann Ohnelands», die es England erlaubt habe, sich der Normandie zu entledigen; für seine Zeitgenossen galt die sogenannte *splendid isolation*. Zur gleichen Zeit verachtete man in Frankreich das *Empire Anglais* (Jules Michelet) als Schöpfung des «perfiden Albion». Es habe den Aufstieg des entstehenden kapetingischen Staates verzögert, weil Richard Löwenherz sich wie eine fette Bestie Philipp II. August (1180–1223), dem Nationalhelden, in den Weg gestellt habe, dem Schöpfer Frankreichs auf dem Weg zu seinen ewigen Grenzen, das bis dahin in der feudalen Zersplitterung seiner Territorien geschlummert habe. Die Mediävisten des 20. Jahrhunderts sehen das ganz anders. In Großbritannien gibt es bewundernde Studien über Heinrich II. und Richard Löwenherz, während das Benehmen und die Politik des Johann Ohneland kritisiert werden. Diese Arbeiten beruhen auf einer systematischen und vertieften Auswertung der ungeheuer großen Quellenbestände der Zeit. Unter den Mediävisten Frankreichs gibt es nur ein geringes Interesse an England, was vor allem am Fehlen institutioneller Voraussetzungen für Forschungen zur englischen Geschichte liegt. Eine Ausnahme war Jean Boussard: im Jahr 1956 veröffentlichte er seine große Geschichte der Verwaltungseinrichtungen der Plantagenêts, für ihn Zeichen eines «starken Staates», Grundlage des «autoritären Regiments» seiner Herren. Ein Jahr zuvor war der Brite John E. A. Jolliffe mit einer verfeinerten Methode der Quellenanalyse zu einem ganz ähnlichen Urteil gekommen: die Plantagenêts hätten ihre Macht viel autoritärer, ja, viel willkürlicher als ihre Vorgänger ausgeübt. Die Intellektuellen im Umkreis der angevinischen Könige hätten es verstanden, die bezwingend stolze Macht ihrer Herren als etwas Neues herauszustellen; sie war in ihren Augen ganz anders als die erhabene Autorität der Kirche. Macht hat immer eifersüchtig jede Art von Teilung oder Beeinträchtigung abgewehrt, wie es um 1198 der Chronist Richard von Devizes formulierte, ein Benediktiner im Kloster Saint Swithun in Wessex. Unzweifelhaft vergrößerten die angevinischen Könige in all ihren Herrschaftsgebieten ihre eigene Macht auf Kosten von Adel und Kirche.

Quellen

Als Folge dieser Zentralisierungspolitik kam es zu einem bemerkenswerten Anwachsen der schriftlichen Quellen unter ihrer Herrschaft. Der Aufbau des Verwaltungsapparates wurde am Ende des 12. Jahrhunderts durch einen grundlegenden Kulturwandel begünstigt. Er war gleichsam der rote Faden in Michael Clanchys großem Werk über den Übergang von der mündlichen Gedächtniskultur zur Verwaltungsschriftlichkeit, vom Buchwissen als Domäne der Kleriker zur Demokratisierung der Schriftlichkeit, der sich nun Laien und Könige bedienten. Als Folge dieser Entwicklung wurde der Schriftgebrauch am Königshof eine Selbstverständlichkeit. Die Kanzlei der Plantagenêts war unermüdlich tätig. Die Boten brachten Hunderte von Kurzbriefen *(writs)* mit dem Königssiegel zu Empfängern im ganzen Empire. Von ähnlicher Produktivität war das Rechnungswesen des *Exchequer*, der Schriftvermerke über alle eingehenden und ausgehenden Abrechnungen anlegte und aufbewahrte. Richard Löwenherz ist als «Schöpfer der königlichen Diplomatik Englands» bezeichnet worden. Hubert Walter, der unter ihm Erzbischof von Canterbury, dann *Chief Justiciar* und schließlich Kanzler war, hatte die Eintragung der königlichen Briefe in große Pergamentrollen *(Patent Rolls)* systematisiert. Auch die Überlieferungsqualität des englischen Archivmaterials ist bemerkenswert: pro Jahr sind durchschnittlich 120 Schriftstücke Heinrichs II. erhalten, während in Frankreich Ludwig VII. (1137–1180) auf etwa 20 und Philipp II. August auf etwa 60 kommen.

Am englischen Königshof entstanden auch Handbücher zur Verwaltungspraxis. Das berühmteste beschreibt die Abläufe des *Exchequer*, der zentralen Finanzbehörde des Königreichs. Der Hof begünstigte das Entstehen von Heldenliedern; sie verkündeten den Kriegsruhm Heinrichs II. und der Seinen, des Eroberers von Irland und Siegers über den König von Schottland, und von Richard Löwenherz, der zum Kreuzzugshelden wurde, weil Ambroise, ein Spielmann aus dem Gebiet von Evreux, seine Taten verewigte. In Südfrankreich sangen eine Reihe von Troubadouren Lobgesänge auf die neue Dynastie. Kleriker im Umkreis des Königs schrieben theoretische Abhandlungen, wie etwa Johann von Salisbury (1115–1180), seit 1176 Bischof von Chartres, der mit seinem *Policraticus* die erste systematische Studie über das Phänomen des Politischen im lateinischen Mittelalter verfaßte. Von ebenso großer Bedeutung waren die Briefsammlungen der Zeit: der Erzbischof Thomas Becket (1162–1170) sowie die Bischöfe Johann von Salisbury, Gilbert Foliot (1148–1187) und Arnulf von Lisieux (1141–1212), oder Peter von Blois, der Kanzler des Erzbischofs von Canterbury und Archidiakon von London, legten Briefsammlungen an, um ihr politisches Handeln zu rechtfertigen.

Besonders seit etwa 1180 wurde in England eine Vielzahl von Chroniken und lateinischen Annalen geschrieben. Neben Gerald von Barri und Richard von Devizes, die bereits erwähnt wurden, verfaßte der Augustinerchorherr Wilhelm von Newburgh (1136–1198) eine Chronik; er stammte aus Yorkshire und galt als besonders gut informiert. Roger von Howden († um 1201) hatte Heinrich II. und

Richard Löwenherz gedient und war mit Richard sogar auf den Kreuzzug gegangen; im fortgeschrittenen Alter übernahm er eine Pfarrei in Yorkshire und schrieb dort seine Chronik. Auch ein anderer glühender Verehrer Richards, Ralph von Coggeshall, gehört dazu und ebenso Ralph von Diss oder Diceto (1120/1130–1202), Dekan von Saint-Paul's Cathedral in London, der Mönch Gervasius von Canterbury († nach 1210) und der Kleriker William fitz Stephen, der Sekretär von Thomas Becket. Die beste Kennerin auf diesem Gebiet, Antonia Gransden, übertreibt nicht, wenn sie die letzten zwanzig Jahre des 12. Jahrhunderts als das «Goldene Zeitalter der englischen Geschichtsschreibung» bezeichnet. Den genannten Chronisten ging es nicht zuletzt darum, das gesamte *Plantagenêt Empire* einzubeziehen, also den gesamten Westen Europas. Dagegen hatten die Annalen von Klöstern und Kirchen auf dem Kontinent eine im wesentlichen lokale Perspektive, ob es sich nun um die anonymen Mönche und Kleriker aus dem Anjou handelte oder um Gottfried von Breuil († nach 1184), den Prior von Vigeois im Limousin, oder um Robert von Torigni († 1186), den Abt des Klosters Mont-Saint-Michel.

Die kontinuierliche Verkleinerung des Herrschaftsraumes der Plantagenêts

Dank der erwähnten historiographischen Quellen lassen sich die wichtigsten Ereignisse der drei Königsherrschaften genau nachzeichnen. Seit den 1140er Jahren war der noch sehr junge Heinrich II. in England wohl bekannt, denn er griff an der Seite seines Onkels in den Bürgerkrieg ein. Dieser Onkel war der einflußreiche Earl Robert von Gloucester (1090–1147), ein unehelicher Sohn Heinrichs I. Ihr gemeinsamer Gegner war König Stephan von Blois, der aber Heinrich im November 1153 nach dem Vertrag von Wallingford adoptierte, kurz bevor sein eigener Sohn Eustace in noch jungen Jahren starb. König Stephans jüngerer Sohn Wilhelm († 1160) mußte sich mit der Grafschaft Boulogne begnügen. Beim Tode Stephans war Heinrich dann der unbestrittene Nachfolger und wurde am 19. November 1154 zusammen mit seiner Ehefrau Eleonore von Aquitanien in Westminster zum König gekrönt. Die erste Ehe Eleanores mit dem französischen König Ludwig VII. war 1152 annulliert worden, und nur wenige Tage danach hatte sie Heinrich geheiratet. Heinrich II.

war 21 Jahre alt, als er König von England wurde, und damit Herr eines Königreiches sowie eines Konglomerats unterschiedlicher Herzogtümer und Grafschaften.

Zunächst mußte Heinrich seine Stellung konsolidieren. Er schloß Frieden mit Ludwig VII. und wurde in Rouen dessen Lehnsmann für seine kontinentalen Besitzungen. Eine Eheabsprache sollte die Verbindung festigen: Heinrichs ältester Sohn, Heinrich der Jüngere, wurde mit Margarete, der Tochter Ludwigs, verlobt. Das sollte ihm bei der Eheschließung das lange umstrittene normannische Vexin als Mitgift einbringen. An der Loire führte Heinrich derweil Krieg mit seinem Bruder Gottfried um den Besitz von Anjou. Nachdem er dessen Truppen geschlagen hatte, ernannte er ihn zum Grafen von Nantes, wo Graf Höel (1148–1156) durch eine Revolte der Bürger 1155 vertrieben worden war. Knapp drei Jahre später starb Gottfried im Alter von 24 Jahren. Ein anderer Gottfried, sein Neffe, der Sohn Heinrichs II., wurde sein Nachfolger in der Grafschaft Nantes und erhielt dann 1166 das gesamte Herzogtum Bretagne von seinem Schwiegervater Conan V. (1156–1171). Im Süden verfolgte Heinrich seine für die angevinischen Fürsten traditionelle Expansionspolitik in Richtung Toulouse. Mit seinem Kanzler Thomas Becket hob er 1159 starke Truppen aus und belagerte die Stadt, wobei ihn der Graf von Barcelona Raimond Berengar IV. (1131–1162), unterstützte. Aber Ludwig VII. kam seinem Schwager Raimond V. von Toulouse (1148–1194) zu Hilfe. Der König von England zog sich zurück, nicht ohne Cahors und einen Teil von Quercy annektiert zu haben, aber erst 1173 wurde der Graf von Toulouse sein Lehnsmann.

In den 60er Jahren war Heinrich mit zwei Angelegenheiten beschäftigt, die sich im Nachhinein als unheilvoll herausstellen sollten. Zum einen beabsichtigte er in echt angevinischer Tradition seine Besitzungen unter seinen Söhnen aufzuteilen: das anglo-normannische Königreich und Groß-Anjou für Heinrich den Jüngeren, Aquitanien für Richard Löwenherz und die Bretagne für Gottfried. Für die Ausstattung des Jüngsten, Johann Ohneland, der 1166 geboren wurde, standen das Maurienne (Savoyen) durch Heirat, die Grafschaft Mortain und der kurz zuvor eroberte östliche Teil Irlands zur Verfügung. Zum anderen führte Heinrich II. offenen Krieg mit Thomas Becket, seinem früheren Kanzler, den er 1162 zum Erzbischof von Canterbury hatte weihen lassen. Thomas lehnte die Konstitutionen von Clarendon kategorisch ab, mit denen Heinrich mehrere kirchliche Privilegien abschaffen und eine bessere Kontrolle über die Kirche von England erreichen wollte; diese Haltung führte Thomas Becket ins Exil und schließlich 1170 in den Tod. Seine Ermordung in der Kathedrale beschädigte die Autorität Heinrichs II. erheblich.

Diesen Zeitpunkt, 1172, wählten Eleanore von Aquitanien und ihre Söhne, um gegen Heinrich zu rebellieren, denn sie konnten es nicht abwarten, frei über ihr Erbe verfügen zu können. Sie rechneten dabei auf die Unterstützung des Adels in ihren jeweiligen Herrschaftsgebieten, auf die Hilfe des französischen Königs und der Grafen von Blois, Boulogne und Flandern, sowie auf Unterstützung durch Wilhelm den Löwen (1165–1214), König von Schottland. Im Juli 1174 wurde Wilhelm jedoch bei Alnwick gefangen genommen, genau zu dem Zeitpunkt, an dem Heinrich II. seinen Bußgang zum Grab des Thomas Becket unternahm; dies leitete schließlich das Zusammenbrechen des Aufstands ein. Der König versöhnte sich mit seinen Söhnen, unterwarf aber Eleonore von Aquitanien einer langen Haft. Wie hoch sein Ansehen damals in Westeuropa war, beweist seine Vermittlertätigkeit 1177 im Streit zwischen Alfons VIII. von Kastilien (1158–1214) und Sancho VI. von Navarra (1154–1194) sowie zwischen seinem Schwiegersohn Heinrich dem Löwen (1129–1195), dem Herzog von Sachsen und Bayern, und dem Kaiser Friedrich Barbarossa (1152–1190) im Jahr 1182.

Allerdings konnte er nicht verhindern, daß sich seine Kinder erneut gegen ihn erhoben und auch untereinander Krieg führten. 1183 starb Heinrich der Jüngere im Limousin, das er verwüstet hatte, um den Streit mit seinem Vater öffentlich zu machen. Drei Jahre später starb auch Gottfried von der Bretagne in Paris, wo er sich häufig aufhielt, um seine Allianz mit Philipp II. August gegen Heinrich II. offen zu bezeugen. Der neue König von Frankreich machte keinen Hehl aus seinem Wunsch, Heinrich zu bekämpfen, da er die angevinische Herrschaft über die riesigen Besitzungen auf dem Kontinent als größte Bedrohung für die Kapetinger ansah. Im Juli 1188 nahm er die Streitigkeiten gegen ihn wieder auf. Er rechnete dieses Mal auf militärische Unterstützung durch Richard Löwenherz, der im Loiretal erfolgreich gegen seinen Vater stritt. Auch Johann Ohneland beteiligte sich an der Verschwörung. Am 4. Juli 1189 mußte Heinrich II., der seine Unterlegenheit im Abkommen von Azay-le-Rideau anerkannte, Richard zu seinem alleinigen Erben erklären. Zwei Tage später starb er, von allen verlassen, auf seiner Burg Chinon.

Abb. 6: König Heinrich II. von England mit Thomas Becket, Erzbischof von Canterbury und Kanzler Heinrichs II.

Im September des gleichen Jahres wurde Richard Löwenherz zum König von England gekrönt. In diesem Moment kannte er allerdings nur ein einziges Ziel: die Erfüllung seines Kreuzzugsgelübdes, das er zusammen mit Philipp August abgelegt hatte, als sie vom Fall Jerusalems (1187) gehört hatten. Er erhob den sog. Saladin-Zehnten, stellte mächtige Truppen und eine bedeutende Flotte auf. Den gasconischen Adeligen und Raimond V. von Toulouse mißtraute er und schloß deshalb ein Bündnis mit König Sancho VI. von Navarra, der während seiner Abwesenheit seine Untertanen überwachen sollte. Dieser Pakt mündete schließlich in seine Heirat mit Sanchos Tochter Berengaria; sie wurde in Limassol (Zypern) im Mai 1191 gefeiert. Den Winter 1190/1191 verbrachten die Kreuzfahrer auf Sizilien, dort verschlechterten sich die Beziehungen zwischen den Königen von England und Frankreich, weil sie sich um die Führung des Kreuzzugs stritten. Im Frühjahr eroberte Richard Zypern. Im Heiligen Land sicherte er den Lateinern durch seinen Sieg in Arsuf (September 1191) und die Einnahme von Jaffa (August 1192) die Kontrolle über fast den gesamten Küstenstreifen Palästinas.

Aber Philipp August schloß nach seiner Rückkehr nach Frankreich einen Pakt mit Johann Ohneland, der ihm im Austausch gegen die Verwaltung der Herrschaftsgebiete seines Bruders Richard das Vexin, Teile des Berry und der Touraine überließ. Die Situation war um so schwieriger, als in England Richards Justiziar, Wilhelm von Longchamp, die Intrigen eines Teils des Adels kaum in den Griff bekam und schließlich von Gottfried, dem künftigen Bischof von York, einem unehelichen Sohn Heinrichs II., und von Walter von Coutances aus dem Amt vertrieben wurde. Als Richard im September 1192 nach Abschluß eines Waffenstillstandsvertrags mit Saladin (1171–1193) zurückkehrte, wurde er von Leopold von Österreich (1177–1194) gefangen genommen und an Kaiser Heinrich VI. (1190–1197) ausgeliefert. Trotz der Exkommunikation, die Papst Zölestin III. gegen Leopold aussprach, weil er die grundlegenden Rechte der Kreuzfahrer verletzt hatte, dauerte Richards Gefangenschaft mehr als anderthalb Jahre. Heinrich VI. verlangte sogar von Richard, seine Fürstentümer von ihm zu Lehen zu nehmen.

Im angevinischen Reich unterstützte Eleonore von Aquitanien derweil die Opposition gegen Johann, und sie schaffte es, ein enormes Lösegeld für die Freilassung Richards aufzubringen, das so hoch war wie alle Einkünfte Englands während zweier Jahre. Bei seiner Rückkehr im April 1194 vergab der König seinem Bruder. Er führt aber einen erbarmungslosen Krieg gegen Philipp August, seinen früheren Verbündeten, um die verlorenen Territorien zurückzuerobern. Seine Siege bei Fréteval (1194) und bei Issoudun (1195) sowie die Einnahme von Angoulême mit Hilfe seines Schwiegervaters Sancho VI. brachten das Vexin, die Touraine und das Nieder-Berry zurück. Der Vertrag von Louviers von 1196 schrieb diese Situation verbindlich fest. Auch auf diplomatischer Ebene gab es bedeutende Erfolge: die Annäherung an Balduin IX. (1194–1206), den Grafen von Flandern, die Heirat seiner Schwester Johanna mit Raimond VI. (1194–1222), dem Grafen von Toulouse, und schließlich die Kaiserkrönung seines Neffen Otto von Braunschweig (1198–1218).

Dank dieser Erfolge konnte sich Richard nun um Frieden mit dem aquitanischen Adel bemühen. Im März 1199 rief ihn ein neuer Aufstand des Grafen von Angoulême wieder ins Limousin. Bei der

Belagerung der Burg Châlus, die von einem Gefolgsmann des Vizegrafen von Limoges gehalten wurde, traf ihn ein Pfeil aus einer Armbrust. Am 6. April 1199 erlag Richard Löwenherz im Alter von 41 Jahren dem Wundfieber.

Nachfolger wurde sein Bruder Johann. Zunächst sicherte er sich die Neutralität von Philipp August durch den teuer erkauften Frieden von Goulet (22. Mai 1200), wonach er das Land um Evreux, Teile des Vexin und das Nieder-Berry wieder abzutreten hatte. Aber dieser Waffenstillstand war explosiv. Am 24. August 1200 heiratete Johann Isabella, die Erbin von Angoulême, um damit seine Position im Poitou zu stärken. Isabella war jedoch durch ein Eheversprechen an Hugo IX. von Lusignan, den Grafen de la Marche, gebunden; sie war gerade neun Jahre alt, und die Ehe war noch nicht vollzogen. Enkelin mütterlicherseits von Peter von Courtenay, dem Bruder Ludwigs VII., war Isabella außerdem die Cousine von Philipp August. Ihre Heirat mit Johann Ohneland bedeutete das Ende nicht nur der Ansprüche der Lusignans auf das Gebiet um Angoulême, sondern auch des Einflusses der Kapetinger in dieser Region. Philipp August reagierte auf Verlangen Hugos von Lusignan und beschlagnahmte am 28. April 1202 die kontinentalen Besitzungen des englischen Königs. Außerdem unterstützte er die Thronansprüche Arthurs von der Bretagne, Johanns Neffen, der am Hof von Frankreich erzogen worden war. Als Arthur in Anjou einfiel, gelang es dem König von England zwar, ihn im Poitou zu schlagen und im Juli 1202 in Mirebeau gefangen zu nehmen, jedoch brachte ihm das nur einen kurzen Aufschub. Da Johann Ohneland unfähig war, seinen Sieg zu nutzen, stellte sich der Adel seiner Länder gegen ihn. Die Erfolge Philipp Augusts häuften sich und gipfelten 1204 in der Einnahme der Normandie, der Touraine und Anjous. Diese Fürstentümer waren für den König von England für immer verloren.

Johann traf auf ähnliche Schwierigkeiten in Aquitanien, wo der Tod seiner Mutter Eleonore am 1. April 1204 seinen Interessen schadete. Die Städte und der Adel gingen sofort zu Philipp August über. Alfons VIII. von Kastilien besetzte die Gascogne, die er als Mitgift seiner Frau, einer Schwester Johanns, beanspruchte; der Ehevertrag sah die Übergabe nach dem Tod seiner Schwiegermutter vor. Nur dem energischen Einschreiten des Marschalls von Poitou, Savary de Mauléon, und des Erzbischofs von Bordeaux, Elias von Malmort, war es zu verdanken, daß die Lage sich entspannte und ein Teil der örtlichen Elite in das Lager der Plantagenêts zurückkehrte. Im Sommer 1206 kam Johann Ohneland mit einem großen Heer auf den Kontinent und handelte mit Philipp August einen Frieden aus, der ihm Aquitanien garantierte.

Auf der Insel sah sich der König ebenfalls mit großen Problemen konfrontiert. Sein Konflikt mit Stephan Langton, dem Erzbischof von Canterbury, brachte 1208 ein Interdikt über England; die Exkommunikation des Königs folgte 1209. Philipp August war im Begriff, die Insel anzugreifen. Im Februar 1214 setzte Johann Ohneland aber mit seinen Truppen auf den Kontinent über. Es war fraglos seine angevinische und normannische Entourage, die ihn zu diesem zweifelhaften Unternehmen der Rückeroberung drängte, denn sie hatte viel verloren. Zunächst wurde dadurch der Widerstand in England unter Kontrolle gebracht. Jedoch endete dieser Kriegszug am 2. Juli mit der Niederlage von La Roche-aux-Moines. Am 27. Juli wurden auch Johanns kaiserliche Verbündete bei Bouvines geschlagen. Ein Waffenstillstand von fünf Jahren, den Philipp August Johann Ohneland in Chinon gewährte, ließ die Sache einigermaßen glimpflich enden. Johann kehrte nach England zurück, wo ihn ein offener Aufstand erwartete, der schließlich zur Ausfertigung der *Magna Carta* im Juni 1215 führte. Seine Gegner riefen sogar den künftigen französischen König Ludwig VIII. (1223–1226) zu Hilfe, der in Kent landete, den Osten der Insel unterwarf und am 2. Juni 1216 in London einzog. Johanns Tod am 19. Oktober führte dann allerdings zu einer Reaktion zugunsten seines Sohnes Heinrich III., der den Kapetinger von der Insel vertrieb. Der völlig unerwartete Tod des Königs hat sicherlich seine Dynastie gerettet und ihr die Krone Englands erhalten.

Wanderleben: Der König war immer auf Reisen

Ein Blick auf das Leben des angevinischen Königs läßt eines sofort erkennen: er war unaufhörlich auf Reisen, um durch seine bloße physische Anwesenheit seine Herrschaft in allen Fürstentümern des angevinischen Reichs zur Geltung zu bringen. In einem berühmten Brief skizziert Peter von Blois seinen Herrn Heinrich II., den er zunächst mit David, dem König aller Könige des Alten Testaments, vergleicht, der wie er rothaarig war. Dann gibt er folgende Beschreibung: mittlere Größe, runder Kopf, kantiges Gesicht mit wachen Augen, kahlköpfig à la Caesar, hervorstehende Nase… Er hebt seine «Reiterbeine» hervor: «Selbst wenn sie scheußlich geschunden und mit blauen Flecken übersät sind von den häufigen Pferdetritten, setzt er sich nie, es sei denn auf einen Pferderücken oder zu Tisch. Der Körper des Königs ist durch das ständige Reiten gezeichnet. Streitrosse und Pferdeknechte sind seine bevorzugten Begleiter. Im Trott mit seinem Hof oder im Galopp mit seinem Heer, er ist ein ewiger Reiter.»

In einem anderen Brief ist die Bewunderung des Peter von Blois für Heinrich II. jedoch zurückhaltender. Zumindest schien er als Hofgeistlicher Skrupel zu haben, hin- und hergerissen zwischen dem Wunsch, seine Stellung für gute Zwecke zu nutzen, und einem beschaulichen Leben, das zu führen das Hofmilieu mit seinen vielfältigen Versuchungen unmöglich machte. Mit zunehmendem Alter wurde er dem König und dem Hof gegenüber feindlicher; er hatte genug von diesem unablässigen Reisen, das das Gefolge nie zur Ruhe kommen ließ. Er beschreibt die Mühen dieses Lebens in ständiger Bewegung, bei dem sich die Bediensteten ängstlich fragten, welche unvorhergesehene Route ihnen die Laune des Königs als nächstes bescherte. Der Aufbruch wurde immer plötzlich befohlen. Wenn der Troß einmal in Bewegung war, erwartete ein Weg voller Hindernisse diese «weltverliebten Jünger des Hofs, diese Ritter des Hellequin». Das war der Held einer Legende, der seine Seele dem Teufel verschrieb und dann von diesem verurteilt wurde, niemals mehr vom Pferde absteigen zu können; er war der Anführer einer Gruppe von Leidensgenossen, die der Hölle entkommen waren und durch ewiges Umherirren in dieser Welt für ihre Sünden büßten. Peter war traumatisiert vom ruhelosen Umherjagen des Königs und seines Gefolges, die er mit den Gespensterhorden der keltischen Folklore vergleicht. Sein klerikal gefärbter Bericht beschreibt einen Hof, der des Teufels war.

Seine negative Sicht ist sehr stark klassischen rhetorischen Modellen und kirchlichen Vorurteilen über das Hofleben verpflichtet und muß deshalb abgemildert werden. Entgegen seiner Aussage waren die Reiserouten des Königs keineswegs improvisiert. Sie folgten einem zuvor festgelegten Reiseplan, fein abgestimmt und gut durchdacht. Die *Pipe Rolls* des königlichen Rechnungswesen zeigen, daß sie oft sechs Wochen im Vorhinein ausgearbeitet wurden, in Zusammenarbeit mit den Verwaltern der königlichen Güter, die für ausreichenden Proviant zu sorgen hatten. Zudem zogen die Händler mit, und auch die Bauern kamen an die Straße, um Nahrung feil zu bieten. Und schließlich waren die Etappen von ca. fünfunddreißig Kilometern zu Pferd oder mit Wagen alles andere als Gewaltmärsche, und das umso weniger, als ganz besondere Sorgfalt auf ausreichende Geldvorräte gelegt wurde, wie die präzise im *Exchequer* aufgeführten Ausgaben beweisen. Ein Teil des Schatzes wurde auf einem sehr großen Karren, der *longa carreta*, mitgeführt; die Küche auf einem oder zwei einspännigen Pferdekarren, und die Nahrungsmittel auf einem anderen. Die Waffen, das Schmiedematerial und die liturgischen Geräte der Hofkapelle waren auf Pferderücken verpackt. Die Reisen des Hofes waren also gar nicht so beschwerlich, wie Peter von Blois uns glauben machen will.

Im übrigen war die Unterbringung bei diesen ständigen Ortswechseln alles andere als prekär. Sie unterschied sich kaum vom Leben auf der Burg, wo das enge Zusammenleben und das Fehlen jeglichen Intimbereichs das Los aller Bediensteten war. Sogar beim Halt auf freier Strecke konnten der König und seine direkte Umgebung mit einer komfortablen Unterkunft rechnen. Das bevorzugte Geschenk Heinrichs II. an andere Könige war ein kostbares Zelt, so wie es für jeden König auf Reisen unentbehrlich war. 1157 schickte er Friedrich Barbarossa einen regelrechten Pavillon, der mit Flaschenzügen und anderen ausgeklügelten Mechanismen aufgebaut wurde; der Chronist Rahewin (gest. um 1175) beschreibt es als «ein Zelt, das ob seiner herrlichen Dekoration bewundert wurde», aus exotischen Fäden gewebt und übersät mit gestickten Motiven. 1177 war dann auch ein «Seidenzelt» Bestandteil der Aussteuer, die Johanna, die Königstochter, Wilhelm II. von Sizilien mitbrachte.

Das Wanderleben gehörte also zum Regieren im weiten Plantagenêt-Reich. Im Laufe seiner fünfunddreißigjährigen Regierungszeit hat Heinrich II. Weihnachten an vierundzwanzig verschiedenen Orten verlebt, er hat achtundzwanzigmal den Ärmelkanal überquert und ist zweimal nach Irland übergesetzt. Die Zahl der Monate, die er in jeder einzelnen seiner Besitzungen verbrachte, ist sehr aufschlußreich. Er lebte vorzugsweise in der Normandie (vierzehneinhalb Jahre) und in England (dreizehn Jahre), wo seine Macht am besten verankert war und wo seine wichtigsten Steuerquellen flossen. Dagegen verbrachte er in Anjou und Aquitanien nur sieben Jahre, etwa ein Fünftel seiner Regierungszeit. Der Weg des Königs führte häufiger in die nördlichen Gebiete, die willfährig und gut verwaltet waren, als in die aufrührerischen Regionen südlich der Loire. Der Weg erschuf das Reich – als ob der Plantagenêt durch seine physische Anwesenheit seinen Herrschaftsraum sichern wollte. Das Netz feudaler Bindungen beruhte fast ausschließlich auf den Kontakten von Mensch zu Mensch. Eine längere Abwesenheit schwächte seine Stellung; sie begünstigte die Rebellion des Sohnes, dem Heinrich II. ein Fürstentum anvertraute, oder die Unabhängigkeit des lokalen Adels. Für den König beschwor sie Konflikte und Streitigkeiten herauf. Ein mobiler Hof erschien ihm dagegen als Quelle des Rechts, der Herrschaft und des Schutzes. Der eigentliche Sinn des höfischen Wanderlebens war es also, sowohl über den ortsansässigen Adel als auch über die vor Ort tätigen königlichen Beauftragten Kontrolle auszuüben. Der Brief des Peter von Blois sagt das ausdrücklich: «Heinrich II. ruht sich nicht in seinem Palast wie andere Könige aus, sondern reist in seinen Provinzen umher und überprüft jedermanns Tun; vor allem richtet er diejenigen, die er als Richter über andere eingesetzt hat.»

Die Ruhelosigkeit des Angeviners und seines Hofs hing eng mit der Zuverlässigkeit der örtlichen Beamten zusammen und der personale Charakter seiner Herrschaft mit dem Aufbau einer personenunabhängigen Bürokratie.

Der Kampf in der Familie: ein zerrissenes Geschlecht

Neben dem ständigen Umherreisen hatten die ersten Angeviner noch eine andere Besonderheit: die Neigung, sich dauernd zu bekämpfen. Die Plantagenêts waren, so scheint es, mit ihren andauernden internen Kämpfen, die ihr Haus erschütterten und bei denen das Oberhaupt nur mit Mühe seine Autorität wahren konnte, in der damaligen fürstlichen Welt eine Ausnahme. Der ununterbrochene Familienkrieg machte sie zum «verwirrten Ödipus-Geschlecht», wie Richard von Devizes es ausdrückt. Schon im 12. Jahrhundert hatte man nach Gründen für die Revolte der Ehefrau und der Söhne gegen Heinrich II. und für den Kampf zwischen Richard Löwenherz und Johann Ohneland gesucht. Wenn die Chronisten am Plantagenêt-Hof nach den tieferen Gründen der immer wieder neu aufflammenden Streitigkeiten fragten, wählten sie einen Diskurs, in dem sich heidnisch-magisches Denken und christliche Vorsehung unentwirrbar vermischten. So bettete Roger von Howden den letzten Krieg zwischen Heinrich II. und Richard Löwenherz im Jahr 1189 in übernatürliche Zusammenhänge ein: während einer ihrer Zusammenkünfte auf freiem Feld ging ein Blitz aus wolkenlosem Himmel zwischen Vater und Sohn nieder; in dem Augenblick, in dem Richard den Saal der Burg von Chinon betrat, begann die Leiche seines Vaters, die dort aufgebahrt lag, aus der Nase zu bluten, ein Phänomen, das im mittelalterlichen Gottesurteil den Mörder auswies. Bei einem Chronisten wie Roger von Howden, der normalerweise ganz nüchtern berichtet, brach damit plötzlich das Übernatürliche in die familiären Streitereien ein. Er hob damit das Außergewöhnliche an dem bitteren Streit zwischen Vater und Sohn hervor, so als ob ein solcher Streit nur mit Magie erklärt werden konnte.

Tatsächlich bezogen sich dann auch verschiedene Schreiber auf den Ursprungsmythos, um diese Konflikte verstehbar zu machen. Gerald von Barri erinnerte daran, daß die Angeviner von einer bösen Fee abstammten, die sich in den Lüften auflöste, als sie von ihrem Gatten gezwungen wurde, einer Messe beizuwohnen, was sie stets verweigert hatte. Caesarius (~ 1180–1240), der aus Köln stammte und dann Prior des Zisterzienserklosters Heisterbach in der Nähe seiner Heimatstadt wurde, bezog sich auf diese Legende, wenn er die englischen Könige mit Merlin verglich, der wie sie britannisch und von dämonischer Abstammung gewesen sei, denn auch «sie hätten ein Fabelwesen zur Stammutter» gehabt. Gerald von Barri behauptete, Richard Löwenherz habe, um die Kämpfe in seiner Familie zu erklären, die Legende mit dem Ausspruch kommentiert: «Wir, die wir vom Teufel kommen, gehen zum Teufel.» Derselbe Schreiber ließ denn auch Gottfried von der Bretagne, dessen Sohn Arthur später von seinem Bruder Johann Ohneland ermordet werden sollte, Gottfried von Lucy, dem späteren Bischof von Winchester (1189 – 1204) antworten, als dieser ihn bat, sich mit seinem Vater zu versöhnen: «Sie wissen genau, daß bei uns von Natur aus und sozusagen als Erbteil, das uns unsere Ahnen hinterlassen und eingeprägt haben, keiner von uns den anderen liebt, daß der Bruder immer den Bruder bekämpft und der Sohn den Vater nach allen Kräften, deren er fähig ist. Versuchen Sie erst gar nicht, uns unser

Erbe streitig zu machen, Sie bemühen sich vergeblich, gegen die Natur anzugehen.» Aus den mythischen Zeiten der Gründung des Hauses Anjou wurde also die verderbliche Verbindung mit einem diabolischen Weib für die blutigen Auseinandersetzungen der Nachkommen verantwortlich gemacht.

Merlins Prophezeiungen waren nicht gelehrt und kirchlich, sondern gehörten zur Laienkultur und zum Volksglauben und sie wurden benutzt, um den Familienhaß im Nachhinein zu rechtfertigen. Trotz seiner diabolischen Herkunft wollte Merlin Gutes tun, vor allem für sein Mündel Artus, den König der Bretonen: sein magisches Wissen hatte er durch Abstammung von einem gefallenen Engel erlangt, und das erlaubte ihm, die Zukunft zu sehen. Diese Weissagungen wurden von Gottfried von Monmouth, dem Bischof von Sankt-Asaph (Llanelwy), entweder erfunden oder waren von ihm nach einem walisischen Original übersetzt und überarbeitet worden; er schrieb sie zum ersten Mal in den *Prophezeiungen Merlins* (1134) nieder und übernahm sie anschließend in den dritten Teil seiner *Geschichte der Könige der Briten* (1138), einem der am meisten verbreiteten Werke des Mittelalters. Darin war von einem Vertragsbruch des Adlers die Rede, von seiner Freude über die Brut der dritten Generation und vom Aufstand der Nachkommen des brüllenden Tieres. Die Chronisten Ralph von Diss, Richard von Poitou und Roger von Howden wandten die Prophezeiungen auf die abscheulichen Beziehungen zwischen Heinrich II. und seinen Söhnen an. Nach dem Zeugnis des Gerald von Barri ließ der König in seinem Palast in Winchester ein Fresko anbringen, um sich mit seinen aufsässigen Nachkommen darzustellen. Es zeigt einen großen Adler, der von vier Adlerjungen angegriffen wird. Dieses Bild erinnert an die beiden vorhin genannten Prophezeiungen. Walter Map (gegen 1140–1209), auch er ein Schriftsteller im Dienst Heinrichs II., wurde vom König ausdrücklich beauftragt, diese Legenden aufzuschreiben, zog allerdings folgendes Orakel vor: «Der überall einbrechende Luchs droht damit, seine eigene Rasse auszulöschen.» Das bezog er auf das Verhalten Heinrichs des Jüngeren, den er in seinem Tun gegen seinen Vater mit Absalon verglich und dessen Tod im Alter von nur siebenundzwanzig Jahren er als gerechte Strafe Gottes für seinen Aufstand ansah. Die Plantagenêts und ihr Gefolge griffen also spontan auf die Weissagungen Merlins zurück, um ihre internen Kriege zu entschuldigen. Mit übermenschlichem Determinismus, der etwas geradezu Prometheisches hatte, setzten die Plantagenêts die christliche Moral, das Wohl der Familie und das politische Gleichgewicht aufs Spiel.

Die nächste Umgebung der Angeviner bemühte folklorisches Wunderdenken, um zu begreifen, warum diese sich gegenseitig so verabscheuten, verzichteten aber auch nicht auf Erklärungen, die man eher orthodox nennen könnte. Sie analysierten die Ehen, die zeitlich näher lagen als die der Gräfin mit ihrem Abscheu vor der Eucharistie. Aber auch sie entsprachen nicht der christlichen Moral und waren genau so unheilbringend wie die der Fee des Ursprungsmythos. Die Türen des Hauses Anjou wurden Frauen geöffnet, die genauso viel Verderben brachten wie die Ahnherrin. Für die Nachfahren konnten sie deshalb nur furchtbare Konsequenzen haben. Ob sie aus der Normandie oder dem Poitou stammten, sie waren eine Quelle des Unheils. Zum einen war die profitable Verbindung der Angeviner mit den Herzögen der Normandie, die ihnen die englische Krone bescherte, von Anfang an lasterhaft. Gottfried von Vigeois, Roger von Howden und Walter Map behaupteten, Kaiser Heinrich V., der Gatte der Kaiserin Mathilde, sei nicht tot, sondern habe seine Frau heimlich verlassen. Gerald von Barri ließ ihn als Einsiedler in der Nähe von Chester hausen, wo er inkognito für seine Sünden büßte; folglich beschuldigte er Mathilde der Bigamie, als sie mit Gottfried dem Schönen von Anjou die Ehe schloß, und warf ihr vor, Heinrich II. im Ehebruch gezeugt zu haben. Zum andern – und auch das überliefern Geschichtsschreiber, die den Plantagênets nahe standen – war die aquitanische Verbindung genauso entartet wie die normannische, vielleicht sogar noch mehr. Nicht allzu lange vorher hatten Verfehlungen dem Haus Poitou ähnliche Schrecken gebracht wie Heinrich II. Wilhelm IX. von Aquitanien, der Troubadour, ein notorischer Ehebrecher, wie Chronisten des 12. Jahrhunderts übereinstimmend rügen, habe seine legitime Ehefrau, so Ralph von Diss, zugunsten der Maubergeonne verlassen; zur Vergeltung habe sein Sohn Wilhelm X. sieben Jahre lang Krieg gegen ihn geführt, bevor er auf einer Wallfahrt nach Santiago de Compostela starb, weit entfernt von der Familiengruft, in der sein Leichnam zur Strafe für seinen Aufstand nie ruhen durfte.

Auf seiner Suche nach den Gründen für den Familienzwist im Hause Plantagenêt griff auch Gerald von Barri das Thema der ehebrecherischen Liebe des Herzogs von Aquitanien zu der Vizegräfin von Châtellerault auf, die er aber nicht Wilhelm IX. sondern Wilhelm X., dem Vater der Eleonore, zuschrieb, so als ob er glaubte, die Ehefrau Heinrichs II. durch ihre nächsten Verwandten noch stärker diskreditieren zu müssen. Es war vor allem diese Frau, die den Skandal heraufbeschwor. Ihre Ehe mit Heinrich II. war es – nach Prophezeiungen, die der heilige Hugo von Avalon († um 1200), Kartäuser und Bischof von Lincoln, auf seinem Sterbebett ausgesprochen haben soll –, die den bevorstehenden Fall der Angeviner herbeiführen würde. Diese Ehe, unter verabscheuungswürdigen Bedingungen geschlossen, konnte dem König von England nur einen feindseligen Erstgeborenen bescheren, den er dann auch bekam. Tatsächlich schrieben die meisten Geschichtsschreiber die Revolte von 1173 gegen Heinrich II. den Intrigen der Eleonore zu; sie war es, die ihre Söhne dem Vater entfremdet hatte, und das erkannte der Geschichtsschreiber Robert von Torigny schon in ihrem Namen, indem er Eleonore von *alienare* ‹entfremden› ableitete. Im Mittelalter wurde das Bild jeder Ehefrau fürstlichen Ranges am Hof ihres Mannes von ihrer fremdländischen Herkunft überschattet, die sie zu einer Unbekannten machte, mit unbekannter Vergangenheit und Verwandtschaft, und die zudem nicht selten einem feindlichen Haus entstammte, wobei die Heirat oft nur vorübergehende Ruhe brachte. In den Augen der geistlichen Chronisten war der Fall Eleonore aber viel schlimmer. Ihre zweite Heirat hätte nie stattfinden dürfen, denn sie war zugleich Bigamie, Inzest und Lehnsfrevel. Zunächst behaupteten Wilhelm von Newburgh, Gervais von Canterbury und der Pariser Moraltheologe Robert von Courson ohne alle Beweise, daß die Nichtigkeitserklärung ihrer Ehe mit Ludwig VII. illegal gewesen sei. Des weiteren bestand die Blutsverwandtschaft, mit der die Annullierung begründet worden war, genauso auch in der zweiten Ehe, da Eleonore mit Heinrich II. im fünften Grad verwandt war, das heißt, genau in demselben Grad wie seinerzeit mit Ludwig VII. Einem Gerücht am Hofe zufolge, das Walter Map und sein Nachahmer Gerald von Barri verbreiteten, sollte sie sogar, bevor sie den Sohn heiratete, mit Gottfried dem Schönen geschlafen und damit einen noch schlimmeren Inzest begangen haben. Schließlich hatte Heinrich II. die Frau seines Lehnsherrn geehelicht, um ihn umso mehr zu bekämpfen, eine der unwürdigsten frevlerischen Handlungen, die ein Vasall begehen konnte. Ehebrecherisch, blutsverwandt und treulos – die Ehe des Grafen von Anjou und der Herzogin von Aquitanien stand unter keinem guten Stern.

Sie enttäuschte Heinrich II. denn auch sehr schnell, und er hielt sich zahlreiche Maitressen. Das war allerdings nichts Außergewöhnliches, denn in der Dynastie der normannischen Herzöge wurde die Heirat *more danico* lange beibehalten, und diese institutionalisierte Bigamie räumte den Söhnen der Konkubinen volle Rechte ein. Wilhelm von Newburgh bemerkte, daß Heinrich II. in der ehelichen Untreue seinem Großvater mütterlicherseits nacheiferte, wenn er auch jenem die größere Zügellosigkeit attestierte. Diese Behauptung wurde durch moderne Forschungen bestätigt, die für Heinrich I. mindestens neunzehn uneheliche Söhne ausfindig gemacht haben. Für Gerald von Barri war jedoch die Untreue Heinrichs II. Eleonore gegenüber einer der vielen Gründe für die Söhne, ihn zu hassen. Er betonte, daß die Untreue beider, von Heinrichs II. Mutter wie von Eleonores Vater, das Unglück über die daraus hervorgehenden Generationen gebracht habe, und beruft sich dabei auf die Prophezeiung eines Eremiten aus dem Poitou, die von Hugo von Avalon oft zitiert wurde. Sein Hagiograph Adam von Eynsham legte dem sterbenden Bischof die Prophezeiung in den Mund, daß das englische Königtum anders als das der Kapetinger zugrunde gehen werde, eben wegen dieser gesetzeswidrigen Ehe Heinrichs II. und Eleonores: «Die Sprößlinge der Unehelichkeit schlagen keine tiefen Wurzeln ... die Saat aus ehebrecherischem Bett wird ausgetilgt.» Hugo war dem anglo-normannischen Geschlecht genau so wenig gewogen wie dessen Begründer, Wilhelm dem Eroberer, der aus einer Verbindung stammte, die auch nicht der christlichen Ehemoral entsprach. Der Glaube, daß es einen Zusammenhang gibt zwischen der Zuchtlosigkeit und dem Niedergang von Familien, ja, der gesamten Gesellschaft, war ebenso alt wie weitverbreitet.

Die Erklärungen der heutigen Mediävisten bewegen sich, wie nicht anders zu erwarten, auf einer ganz anderen Ebene. Sie analysieren die internen Kämpfe des Hauses Anjou in bezug auf die psychologischen, familiären und erziehungsmäßigen Bedingungen. Sie führen die endlosen Bösartigkeiten der Söhne Heinrichs II. auf ihre Kindheit zurück, als der König ständig auf Reisen war und wenig Anteil an ihrer Erziehung nahm. Die pädagogische Rolle Eleonores, die oft nach Aquitanien gerufen wurde, war kaum weniger

Abb. 7: Grabmal Richards I. Löwenherz (1189–1199)

eingeschränkt. Ammen waren an jedem Hof unentbehrlich und ersetzten die Mutter. Richard Löwenherz war einer seiner Ammen mit Namen Hodierne besonders zugetan und überschüttete sie mit Geld und Ehren. Eine andere, Agathe, in deren Obhut der spätere Johann Ohneland war, profitierte von Eleonores Großzügigkeit. Einige Autoren vermuten mit Berufung auf psychoanalytische Studien, daß Eleonore einzig für Richard Löwenherz mütterliche Zuneigung empfunden hat und auch die erst von der Zeit an, als er zum Herzog von Aquitanien ernannt worden war. Das veranlaßt Elizabeth A.R. Brown zu der Bemerkung, die Königin sei in ihrem Verhalten gegenüber ihren Söhnen eher ‹Herrin› als ‹Ernährerin› gewesen. Hinzu kommt, daß Heinrich II. nach Johanns Geburt und Eleanores Menopause ganz offen die junge Rosamunde Clifford zur Maitresse nahm. Nach diesen Theorien waren Heinrichs Eskapaden, die Eifersucht seiner Frau sowie der Mangel an Zuneigung und Erziehung die Gründe für den Generationenkonflikt, für die späteren Kämpfe der Kinder und für deren Traumata, besonders offenkundig – wie es scheint – bei Johann Ohneland, dem Paranoia, Verfolgungswahn, Unsicherheit und autokratisches Verhalten vorgeworfen wurde. Diese Thesen enthalten sicherlich ein Fünkchen Wahrheit. Die englischen Mediävisten sind beispielsweise in jüngster Zeit wieder auf die alte Idee zurückgekommen, wonach König Johann unter Persönlichkeitsstörungen gelitten habe, die ihn unbeliebt und den Adel seiner Fürstentümer zu Gegnern gemacht habe. Deshalb habe er 1204 keinen Erfolg gehabt, obwohl die Einnahmen des englischen Steuerwesens zu diesem Zeitpunkt höher als die französischen waren. Jedoch machen es sich diese Theorien der individuell-psychologischen Ursachenforschung zu leicht, zumal sie bei acht Jahrhunderten Distanz und einem sozialen und mentalen Kontext, der sich fundamental von dem unsrigen unterscheidet, nicht überprüfbar sind.

Es erscheint sinnvoller, den Blick von der Einzelperson mit ihren nie abschätzbaren Äußerungen individueller Freiheit zu lösen und auf die Gesellschaft mit ihren kollektiven Verhaltensweisen zu lenken, bei denen es eine gewisse Regelhaftigkeit gibt oder bei denen sich zumindest so etwas wie Rationalität erkennen läßt. Wir sollten die Gründe für diese Familienkriege im Politischen suchen und vor allem den heterogenen Charakter der immensen Räume berücksichtigen, die unter Heinrichs II. Kontrolle standen. Diese hatten keine gemeinsame Geschichte und Tradition, dafür aber eine lange Vergangenheit atavistischer Feindschaften. Das angevinische Reich war von seiner ganzen Anlage her ein teilbares Reich; sein Zusammenhalt war schwach und von starken, zentrifugalen Kräften bedroht. Ein anonymer Biograph läßt Gottfried den Schönen auf dem Sterbebett seinem Sohn und Nachfolger eine Warnung erteilen, die wahrlich scharfsichtig zu nennen ist: er solle nie die Gewohnheiten eines Fürstentums auf ein anderes übertragen, sondern das jeweilige spezifische Recht wahren und jede unnötige Vereinheitlichung vermeiden. Heinrich II. hat sich mit seiner Politik nicht an diesen Rat gehalten und versucht, die verstreuten Territorien unter einer Herrschaft und unter einer gemeinsamen Ideologie gegen den französischen König zu einen, ein Unterfangen, das allzu ehrgeizig, vielleicht sogar irreal war. Richard Löwenherz schlug einen ähnlichen Weg kurz nach seiner Krönung ein. Diese zentralisierende Herrschaft konkretisierte sich in einigen Gesetzen, Verordnungen und Untersuchungen im ganzen anglo-normannischen Königreich, ja im gesamten Plantagenêt Empire. In jedem Herzogtum, in dem ein Sohn herrschte, zeigte sie sich in demütigender und bedrückender Weise durch ständige Befehle und häufige Besuche Heinrichs II. und seines Hofes.

Sie stieß vor allem in Anjou, in Aquitanien und in der Bretagne auf Widerstand von Seiten des lokalen Adels. Um ihre Unabhängigkeit zu wahren, hielten sich diese Herren an den jeweiligen Sohn an der Spitze ihres Fürstentums und machten gegen Heinrich II. Front. Die Briefquellen sagen nichts anderes. Gemäßigter und knapper in ihren Analysen als die Chroniken, die Traktate und der Klatsch der Höflinge, sprechen sie von «schlechten Ratgebern», die die Königssöhne zum Aufruhr aufwiegelten. In seinem Schreiben, das er 1172 wegen der Exkommunikation der Rebellen an Alexander III. schickte, nahm Heinrich II. seine Zuflucht zu einer langen und rhetorisch ausgefeilten Auslegung des Verses Sprüche 17,2: «Ein kluger Knecht wird Herr über einen mißratenen Sohn.» Außerdem wurde die Nachsicht, mit der den rebellierenden Söhnen oder Brüdern königliche Gnade zuteil wurde, in den Quellen mit dem Einfluß von deren Entourage begründet, was ihre Verantwortung erheblich reduzierte. Nach seiner Rückkehr aus der Gefangenschaft traf Richard Löwenherz beim Archidiakon von Lisieux auf Johann Ohneland, der sich ihm zu Füßen warf; er hob ihn auf und sagte: «Johann, hab keine Angst. Du bist bloß ein Kind. Du hast schlechten Umgang gehabt, und Deine Ratgeber werden zahlen.» Danach verspeisten die Brüder zum Zeichen ihrer Versöhnung gemeinsam ein Lachsgericht.

Allerdings war Johann schon siebenundzwanzig Jahre alt. Aber mit dieser frommen Lüge über das Alter erinnerte sich sein Bruder vielleicht daran, daß er selbst fünfzehn war, als er zum ersten Mal gegen Heinrich II. rebellierte. Wenn die Berichte über den Aufstand und die nachfolgende Vergebung so sehr das geringe Alter der Rebellen hervorheben, so sollte das zum einen auf die leichte Beeinflußbarkeit junger Menschen hinweisen, die kaum mehr als Heranwachsende waren; zum andern war ihre Altersklasse, die ‹Jugend› im soziologischen Sinne, besonders geneigt, sich mit dem Vater oder dem älteren Bruder zu streiten. Als *juvenes* zitterten diese Prinzen vor Ungeduld über das ausbleibende Erbe und wählten das nächstliegende Mittel, indem sie die Waffen gegen das Oberhaupt der Dynastie zogen. Der Neid adeliger Kinder auf ihren allmächtigen Erzeuger, der ihrem Drang nach Macht und Erbe im Wege stand, war, so scheint es, im Haus Plantagenêt besonders ausgeprägt, wo der Mord am Vater keineswegs nur symbolisch zu verstehen war.

All das läßt sich so zusammenfassen: Es gab eine radikale Unvereinbarkeit zwischen der modernen Vorstellung von Königsherrschaft und der paternalistischen Vorstellung von Macht, zwischen der Öffentlichkeit des werdenden Staates und der Privatheit der Herrscherdynastie, die paradoxerweise solidarisch darauf bedacht war, den Anspruch der Jungen auf jeden Fall zu wahren. Die archaischen Strukturen des Systems waren nicht weniger drückend, zumal die Adelsaufstände an den Rändern des Reichs der Plantagenêts die häuslichen Querelen der Königsfamilie schürten: Der Hof war kein Epizentrum, dessen Intrigen sich wie konzentrische Wellen nach außen bis in die Provinzen hinein fortsetzten und dort Unheil anrichteten. Im Gegenteil, der Druck von außen zerstörte die Einheit im Zentrum. Die Königssöhne verteidigten die Interessen des Adels in den ihnen übergebenen Herzogtümern gegen den König. Der Einfluß ihrer eigenen Entourage war bedrängend und erwies sich als ein zerstörerisches Element am Hof des Vaters.

Die politische Propaganda: der König als gelehrter Ritter

Die Plantagenêts wußten, wie man Propaganda macht. Sie förderten literarische Werke und besoldeten fahrende Sänger, damit diese schmeichelhafte Lieder über sie in Umlauf brachten. Das Bild, das sie von sich verbreitet sehen wollten, behandelte zwei Themen: das Wissen und den Krieg. Der Herrscher vereinte in seiner Person die perfekte Synthese des Gelehrten und des Ritters. In Anjou schrieb

Johann von Noirmoutier über Gottfried den Schönen: «Er übt sich im Waffengang, aber auch in den freien Künsten.» Auf der Insel unterstrich Gerald von Barri ebenfalls, daß sich der König «dem Kriegshandwerk wie dem Recht, den Waffen wie den Wissenschaften» widme. Er war Intellektueller und Krieger und hatte zudem als König durch seine Salbung auf der sakralen Ebene seinen Platz, von wo aus er vielfältige Beziehungen zum Profanen unterhielt.

Die Intellektuellen am Plantagenêt-Hof wiederholten bis zum Überdruß die Maxime «Ein ungebildeter König ist wie ein gekrönter Esel», die oft eine kaum verhüllte Kritik am König von Frankreich darstellte. Weniger prosaisch, aber in ähnlichen Worten, ermutigte Peter von Blois Heinrich II. zu einer sorgfältigen Ausbildung seiner Söhne, indem er ihm schrieb: «Ein König ohne Wissenschaft ist wie ein Boot ohne Ruder und wie ein Vogel ohne Federn.» Die ersten angevinischen Könige verfügten fraglos über ein großes Bücherwissen, wie das Beispiel von Richard Löwenherz zeigt. Der König korrigierte das Latein von Hubert Walter, dem Erzbischof von Canterbury, bei der Anwendung des richtigen Falles nach der Präposition *coram*, was soviel wie ‹bei› bedeutet. Er zeigt sich als erprobter Dichter in der *langue d'oc* und der *langue d'oïl*, d. h. sowohl in der Sprache Süd- wie Nordfrankreichs: zwei seiner politischen Gedichte, die aus Okzitanien stammen, sind erhalten geblieben, und wir wissen auch, daß er auf dem Kreuzzug aus dem Stegreif mit einer Antwort in Versen ein perfides, vom Herzog Hugo von Burgund auf ihn gemünztes Gedicht parierte. Er interessierte sich für Theologie und Exegese. Im sizilischen Messina unterhielt er sich im Winter 1190/91 auf dem Kreuzzug lange, und zwar fraglos auf Latein, mit Joachim von Fiore, dem Zisterzienserabt, der wegen seiner eschatologischen Kommentare der Heiligen Schrift berühmt war; sie sprachen über den Erfolg seiner zukünftigen Kampagnen gegen Saladin, das siebte Haupt des Drachens der Apokalypse, und über das Ende der Zeiten. Richards literarisches Wissen war unbestritten und glich dem seines Vaters und seiner Brüder.

Solche Kultur und wissenschaftliche Neigung der Könige wurden schnell von der Hofkanzlei zum Modell weiser Herrschaft hochstilisiert; Heinrich II. wurde so zum zweiten Salomon, um noch einmal Gerald von Barri zu zitieren. Folglich wurden ihm mehrere theoretische Abhandlungen gewidmet, sein Wissen wurde in den Prologen gerühmt. Das ist in drei Handbüchern der Fall, die direkt mit der Verwaltung zusammenhängen: im *Dialog des Exchequer* des Schatzmeisters Richard fitz Nigel, im Traktat *Über die Gesetze und Gewohnheiten des Königreichs England* (1187–1189), den Juristen des königlichen Gefolges verfaßten, und in der Abhandlung *Die Kunst der Niederschrift*, die vermutlich aus der Feder des Johann von Tilbury stammt. Andere Werke waren weniger auf das Praktische ausgerichtet, so daß sie der Herrscher nicht unmittelbar brauchen konnte. In seinem *Lehrbuch des Astrolab* (1149–1150) lobt der berühmte Adelard von Bath (um 1091–1160) die Qualitäten des zukünftigen Königs Heinrich II. und weist auf den Gewinn hin, den er aus der Kenntnis der orientalischen Astronomie ziehen kann: «Ich weiß, daß du, Heinrich, Enkel des Königs, dich in allen Feldern der Philosophie auskennst. Man sagt ja, daß der Staat glücklich ist, der von Philosophen regiert wird oder wenn seine Regenten der Philosophie folgen (…) Deshalb solltest du nicht nur lateinische Texte kennen, sondern auch das, was die Araber uns über den Sphärengang und den Lauf der Sterne lehren können.»

Ganz ähnlich äußert sich Robert von Cricklade (um 1140–1174), der Prior des Klosters Sankt Frideswide in Oxford, im Vorwort seiner Sammlung von Textstellen aus der *Geschichte der Natur* von Plinius dem Jüngeren, die er für Heinrich herstellte. Auch Eleanore von Aquitanien erhielt eine solche Widmung in einer Handschrift des *Bestiarium* (1121–1139) des Philipp von Thaon, so als ob sie durch die Zugehörigkeit zum Thron ihres Mannes ebenfalls der Weisheit teilhaftig sei, die zum Regieren gehörte. Schließlich soll nach einem späten Zeugnis des Kanonikers Daude von Prades († 1282) aus Rodez Heinrich II. der Verfasser eines Buches über die Falkenjagd sein, das aber keine Spuren hinterlassen hat; die Besonderheit dieses Buches soll, wenn man Daude Glauben schenken darf, darin liegen, daß seine Aussagen ganz auf Experimenten beruhen.

Daß die Nachwelt Heinrich zutraute, ein solches Buch zu schreiben, liegt nicht nur an seiner Vogel- und Tierliebe, die ihn, wie die Quellen bezeugen, eine eigene Menagerie halten ließ. Die Kenntnis der Natur gehörte in viel größere Zusammenhänge, wenn es um einen König ging. Sie war in der Vorstellung verankert, daß ein König zum guten Herrschen wissenschaftliche Kenntnisse brauchte, die er durch Studien und durch den Umgang mit Wissenschaftlern erwarb. In der mittelalterlichen Christenheit orientierte sich die Vorstellung von der Weisheit der Fürsten an den Lehrbüchern des Alten Testaments und an der Person des Königs Salomon, der vermutlich die ‹Sprüche› verfaßt hat, aber auch an griechischem und römischem Gedankengut. Aber es gab eine viel originellere Ansicht, die am Ende des 12. Jahrhunderts noch in den Anfängen stand, daß nämlich ein König Kenntnisse der Naturwissenschaft, ja, empirisches Wissen durch Experimente erwerben sollte. Das liegt ein halbes Jahrhundert vor dem Bild, das Kaiser Friedrich II. (1212–1250) und Alfons X. von Kastilien (1254–1284), genannt ‹der Weise›, beides Könige aus dem Mittelmeerraum, der Nachwelt von sich hinterlassen wollten. Die Idee eines allwissenden Herrschers war vielleicht der Vorfahr des aufgeklärten Despoten der Moderne, den ein großes Wissen auf Kosten des Klerus zum Absolutismus trieb, da dessen theologische Kenntnisse im Vergleich zur königlichen Gelehrsamkeit, die im Konkreten gründete, sich für die Herrschaftspraxis als recht ungeeignet erwies. Natürlich waren Heinrich II. und die Seinen in ihren politischen Reflexionen nicht bis dahin gelangt. Dennoch bleibt festzuhalten, daß sie zu den ersten im mittelalterlichen Westen gehören, die eine Vorstellung vom wissenschaftlich gebildeten König entwickelten.

Dem gleichen Propagandaunternehmen ist auch die Manipulation der historischen Erinnerung im Dienste der Dynastie zuzuschreiben. Heinrich beauftragte Wace (um 1110–nach 1174), einen aus Jersey gebürtigen Hofkleriker, den *Roman de Rou (Ballade über Rollo)* zu verfassen, eine Versdichtung über die Heldentaten der normannischen Herzöge in französischer Sprache; zur Belohnung erhielt er 1169 eine Pfründe in Bayeux. Weil Wace während seiner Arbeit 1174 bei Heinrich in Ungnade fiel, wurde er durch Benedikt von Sainte-Maure ersetzt, den Autor des *Romans von Troya* (gegen 1165); Benedikt führte das Werk von Wace zum Ruhm der mütterlichen Vorfahren des Königs fort. Es war das ausdrückliche Ziel dieser Neubearbeitung der alten normannischen Chroniken, die Plantagenêts enger mit der Normandie zu verbinden und dadurch ihre Rechte in der englischen Erbfolge zu rechtfertigen. Wace und Benedikt betonen deshalb deren Abstammung von den Wikingern und die glorreiche Eroberung Englands durch Wilhelm, ‹den Bastard›, ihren Ahnherrn.

Wace schrieb 1155, als er noch im Dienst der Plantagenêts stand, den *Brutus-Roman*, der die Heldentaten von Brutus, dem Enkel des Trojaners Aeneas und Lieblingsahn aller großen ‹britannischen›

Adelsfamilien, in achtsilbigen Versen rühmt. Von ihm stammten alle keltischen Stammesfürsten ab, die mit Waffengewalt die Invasion der Sachsen aufhalten wollten. In dem Gedicht wurde Arthur, der «tugendreiche, tapfere, ruhmreiche Ritter» verehrt. In der kollektiven Erinnerung, die man nach allen Regeln der Kunst zu lenken versuchte, war es ein zumindest ehrenvoller Kampf, in dem sich Arthur und Karl der Große gegenüberstanden, die zu Gründern des englischen und des französischen Königshauses avancierten. Der Hofkleriker Andreas von Coutances, ein unbeirrbarer Anhänger Heinrichs II., ging so weit, Arthur glorreich Paris erobern zu lassen. Als es 1191 opportun erschien, untermauerte die Auffindung der ‹Reliquien› Arthurs und Guineveres im Kloster Glastonbury, das für diesen Anlaß zur Insel Avalon wurde, die Arthur-Abkunft der angevinischen Dynastie – auf Kosten der Ausbeutung dieser Legende durch den bretonischen Irredentismus. Richard Löwenherz besaß Exkalibur, das Schwert seines mythischen Ahnherrn, und Johann Ohneland trug die Schwertscheide Tristans, eines der Ritter der Tafelrunde, bei seiner Krönung. Schließlich könnte auch der Verehrung des Heiligen Blutes in der Abtei Fécamp, einer der Familiengrablegen, die gleiche Auswertung keltischer Themen zugrundeliegen, denn ein treibender Feigenbaum *(ficus campi),* so will es die Legende, hatte auf wunderbare Weise den Gral über das Mittelmeer und den Atlantik dorthin gebracht. Diese literarischen Themen waren im Plantagenêt-Reich weit verbreitet und wurden vermutlich von der regierenden Dynastie gefördert. Heinrich II. und Eleonore gewannen zusätzliches Prestige durch Arthur und Guinevere, die zu ihren Vorfahren geworden waren und die sie durch ihre Taten sozusagen verkörperten, während ihre Krieger in vielem den Rittern der Tafelrunde glichen.

Ende des 12. Jahrhunderts endete nach aristokratischer Logik ein Streit nur allzu häufig, indem man zu den Waffen griff. In den Jahren 1154–1216 war die Liste der Kriege, die Könige, Territorialfürsten und Kastellane gegeneinander führten, zu lang, als daß wir sie noch einmal aufstellen könnten. In diesem kampfeslustigen Milieu stellten sich die Angeviner ihren Untertanen und ihren Gegnern bewußt als unermüdliche und unbesiegbare Krieger dar. Einige von ihnen waren augenscheinlich auf dem Schlachtfeld besonders talentiert, wo sie sich als tapfere Ritter, gute Strategen und von ihren Mannen geschätzte Führer erwiesen. Zumindest zeichneten diejenigen Chronisten und Dichter, die ihnen wohlgesonnen waren, dieses Bild von ihnen mit dem durchaus propagandistischen Ziel, es möge weite Verbreitung finden.

Wie ihre mythischen Vorfahren präsentierten sich einige Glieder des Hauses Anjou eher als Einzelkämpfer, die die große Heldentat und den persönlichen Waffenruhm suchten, denn als Könige aus altem Geschlecht, die geschickt jedes militärische Mittel einsetzten, um konkrete politische Ziele im Dienst ihres Volkes zu erreichen. Der Inbegriff eines heldenhaften Königs war natürlich Richard Löwenherz, dessen außergewöhnliche Fähigkeiten als Kämpfer und Kreuzritter die Dichter und Chronisten in geradezu unterwürfiger Weise preisen. *Rex bellicosus,* kriegerischer König, nennt ihn sein Biograph, der Zisterzienser Ralph von Coggeshall, voll Bewunderung über die Erstürmung von Jaffa (1192), wo Richard I. mit nur sechs seiner Ritter dreitausend Sarazenen in die Flucht geschlagen haben soll. Die Propaganda hat seinen Ruf als Bester aller Kriegshelden seiner Zeit verewigt: kühn, tapfer, groß.

Der Spielmann Ambroise beschreibt den Angriff auf die Mauern Jaffas, wo Richard gegenüber den Verteidigern in der absoluten Minderheit war: «Er war ein Riese in der Schlacht, er war überall (...) Sein Schwert glänzte wie ein Blitz, und viele Türken spürten seine Klinge. Manche wurden gezweiteilt, vom Helm bis zu den Zähnen (...) Er hielt Ernte unter den Männern, so wie die Bauern mit ihrer Sichel ernten. Wer einen Hieb empfing, brauchte keinen zweiten. Er war Achilles, Alexander und Roland in einer Person.»

Wie bei Richard, seinem jüngeren Bruder, haben viele Schreiber auch das militärische Talent Heinrichs des Jüngeren gepriesen. Sie machen aus ihm einen Krieger ohnegleichen, durchdrungen von ritterlichen Idealen. Wenn der Chronist Ralph von Diss von Heinrichs zügellosem Hang zu Turnieren spricht, geht er so weit, ihm vorzuwerfen, daß er «seine königliche Würde beiseite läßt und nur mehr ein Haudegen ist». Diese Teilnahme an Wettkämpfen handelte ihm in der Tat den Ruf eines Kämpfers ein, was manch einer für unvereinbar mit der Ausübung der Königsherrschaft hielt. Walter Map sieht das positiver und lobt ihn wegen seines Beitrags zum Ritterdasein: «Er war ein einfallsreicher Kriegsmann, der dieses gleichsam schlummernde Handwerk erweckte und es zur Blüte brachte.»

Es ist wahr, sein Rebellieren gegen seinen Vater brachte ihm keineswegs den Ruf eines Aufrührers ein, sondern erschien seinen

Standesgenossen ganz normal. Sie empfanden es als durchaus verständlich, daß ein *juvenis,* ein Junggeselle aus guter Familie, der mittellos war und auf sein Erbe wartete, mit seiner Bande räubernd kreuz und quer durch die Lande zog auf der Suche nach Ruhm, Abenteuern und Beute. In seiner *plangh* oder Elegie zum Ruhm des so früh verstorbenen Königssohns macht Bertran de Born aus Heinrich sogar «den Vater der Jugend». Indem er seinen Vater bekämpfte, wurde Heinrich der Jüngere letztlich zum fürstlichen Prototyp eines jugendlichen Ritters; dasselbe gilt für seine Brüder. Wie diese verkörperte er in reiner Form die kriegerischen Werte, die vom zeitgenössischen Adel auf das Höchste geschätzt wurden.

Das Krönungsritual wurde unter den Plantagenêts in der Regel auf das Prächtigste ausgestaltet. Wenn die Krönungszeremonie Heinrichs II. von den Chronisten kaum beschrieben wurde, dann deshalb, weil sie nicht mit großartigem Pomp begangen wurde. Dagegen gibt Roger von Howden in allen Einzelheiten einen ausführlichen Bericht über den Schwur, die Salbung und die Krönung von Richard Löwenherz in Westminster, die am 13. September 1189 in spektakulärer Weise zelebriert wurden: Die höchsten Würdenträger, Kleriker wie Laien, wohnten der Zeremonie bei, bei der es lange Akklamationen für den König gab. Richard war zuvor in Rouen gewesen, wo er in der Kathedrale das Schwert der normannischen Herzöge in Empfang genommen hatte. Dabei hat es sich vielleicht um Exkalibur gehandelt, das er später – wie Roger von Howden schreibt – dem König von Sizilien schenkte. In seiner Eigenschaft als Herzog von Aquitanien hatte er schon als Jüngling die Lanze und die Fahne in Poitiers erhalten und den Ring der Heiligen Valerie in Limoges. Diese Zeremonien verliehen ihm vielleicht wunderbare Kräfte, aber der Brief des Peter von Blois, der das erwähnt, ist in letzter Zeit stark kritisiert worden. Jedoch blieb der König menschlich durch den Vertrag, den er bei seiner Krönung durch Eid besiegelte: zum einen mit der Kirche, die zu schützen er sich verpflichtete, und zum anderen mit dem Volk, dem er schwor, Gerechtigkeit üben und alle schlechten Gesetze und Gewohnheiten abschaffen zu wollen.

Außer der Krönung waren es die feudalen Riten von Homagium und Treueid, die den König in seiner Macht bestätigten. Heinrich II. gebot den Fürsten von Wales, Schottland und Irland, zu ihm zu kommen und die Waffen niederzulegen. Er zeigte jedoch wenig

Neigung, in gleicher Weise seine Abhängigkeit vom französischen König förmlich zu demonstrieren, obwohl er doch sein Lehnsmann für seine kontinentalen Besitzungen war. Darum huldigte er ihm nur ‹am Rande›, auf freiem Feld, vor allem im Vexin, unter der Ulme von Gisors, oder in anderen territorialen Grenzgebieten, nie in Paris. Im April 1200 ließ sich der gerade gekrönte Johann Ohneland bei dieser Zeremonie in Tours von Eleonore vertreten. Das ersparte ihm das Demütigende dieser Handlung und wahrte ihm gegebenenfalls größere Handlungsfreiheit gegenüber dem französischen König, dem er sich nicht persönlich unterworfen hatte. Die Beziehungen zu den Kapetingern waren meistens von freundschaftlichen Riten geprägt, die jeden Anschein von Untertänigkeit vermieden: Zusammen an einem Tisch essen, in einem Bett schlafen, offen nach außen Zuneigung zeigen – aus der Sicht der Adeligen des 12. Jahrhunderts waren diese sehr konventionellen Zeichen einer Allianz zwischen Philipp August und Richard Löwenherz keineswegs anstößig, sondern dienten dazu, das Einvernehmen zwischen dem englischen und dem französischen König zu bezeugen.

Manche Texte schildern uns einen Umgang des Königs mit Adeligen oder mit dem gemeinen Volk, der sich mit der königlichen Würde nicht recht vertragen will. William fitz Stephen erzählt, wie Heinrich II., einfach gekleidet, Thomas Becket lachend den Pelzmantel entriß und ihn einem Londoner Bettler schenkte, wobei er ihm scherzend Vorwürfe wegen seines Hangs zum Luxus machte. Vor der Menge vergaß der König jede Etikette, und der Hof wußte kaum, wie er ihn abschirmen sollte. Wenn man Walter Map glauben darf, war Heinrichs Verhältnis zu den Leuten ungewöhnlich herzlich: «Jedesmal, wenn er ausging, hat ihn die Menge umringt und dahin gebracht, wohin er gar nicht wollte. Dabei war es wirklich erstaunlich, daß er jedem geduldig zuhörte, und trotz der Schreie der Leute, die ihn bedrängten, beschuldigte er niemanden und zeigte kein Zeichen von Unmut.» Des weiteren berichtet Adam von Eynsham, daß der König Hugo von Lincoln, dem er wegen der Exkommunikation eines königlichen Forstmeisters zürnte, nach Woodstock rufen ließ. Bei seiner Ankunft sagte Hugo ohne Umschweife: «Wie du doch deinen Vettern aus Falaise gleichst» – eine offene Anspielung auf die uneheliche Herkunft von Heinrichs Vorfahren. Wider Erwarten brach der König in schallendes Gelächter aus. Diese Heiterkeit steht in schroffem Gegensatz zu der ungeheuren Empfindlichkeit, die er zeigte, wenn es um seine Ehre als König ging. Dafür gibt es eine Erklärung. Hier war es die Antwort auf eine freche Bemerkung, die auf den ersten Blick unverschämt war, in Wahrheit aber die Legitimität des Angeviners auf den Thron der Normandie bekräftigte. Wichtiger noch, sie diente als ein zumindest provisorisches Mittel, um zu starke Spannungen zu entschärfen. Indem er das Ganze ins Lächerliche zog, stieg der König quasi von seinem Sockel herab und näherte sich seinem Volk. Er stand jetzt nicht mehr außerhalb, war nicht mehr isoliert. Die Plantagenêts kannten den Formalismus und die majestätische Distanz des Spätmittelalters noch nicht. Sie waren eine Monarchie des Übergangs.

KAPITEL 4

Heinrich III. (1216–1272)

von Nicholas Vincent

Der Nachruhm des Königs

Heinrich III. ist einer jener unglücklichen Herrscher, die weder als Bösewichte bekannt sind noch für ihre Milde gerühmt wurden. Dante, der bereits weniger als 50 Jahre nach Heinrichs Tod über den König schrieb, hielt den Herrscher zwar für würdig genug, ihn in seiner Dichtung *Die Göttliche Komödie* auftreten zu lassen, allerdings nur als Nebendarsteller im Purgatorium, also in der dritten Klasse der «Spätbereuer». In der *Göttlichen Komödie* ist Heinrich von England «der König des einfachen Lebens», der mehr durch die Nachwelt als durch seine eigenen Taten dargestellt ist. Dreihundert Jahre später zeigte Shakespeare wenig Interesse an der Person Heinrichs III. So ließ er Heinrich in der Tragödie *König Johann* lediglich in einer einzigen Szene auftreten. Der noch junge Heinrich, der seinem Vater König Johann am Sterbebett beisteht, wird mehr als der Weinende denn als der Sprechende dargestellt. Dante und Shakespeare teilten beide den Standpunkt, den auch die meisten späteren Historiker einnahmen, die sich mit Heinrich beschäftigt haben: Im Vergleich zu seinem Vater, dem ‹bösen› Johann Ohneland, oder zu Heinrichs Sohn, dem ‹guten› König Eduard, sei er, Heinrich III., eher bedeutungslos gewesen.

Selbst zu Lebzeiten wurde Heinrich nie so bewundert wie sein Vater oder sein eigener Sohn. Betrachtet man die Länge der Zeit, die er herrschte, so verwundert sein geringer Bekanntheitsgrad. Sechsundfünfzig lange Jahre regierte er in England, eine Zeitspanne, die nur von König Georg III. (1760–1820) und Königin Victoria (1837–1901) übertroffen werden sollte. Kein zeitgenössischer Chronist schrieb über Heinrich eine Biographie, obwohl Heinrich zur selben Zeit herrschte wie zwei der schillerndsten Herrscher des Mittelalters – der deutsche Kaiser Friedrich II. und Ludwig IX., der heilige König von Frankreich. Statt dessen müssen sein Leben, seine

Abb. 8: Grabmal Heinrichs III. (1216–1272)

Politik (wenn er denn eine verfolgte) und sein Charakter aus einer unbefriedigenden Mischung von Chronistenberichten und Verwaltungsunterlagen zusammengestellt werden. Diese betonen seine ‹Politik› mehr als seinen Charakter. Der Umstand, daß kein Chronist eine Biographie Heinrichs verfaßte, ist aber nicht untypisch für die Geschichtsschreibung anderer früherer regierender Plantagenêtkönige. Dem Aspekt der Geschichtsschreibung werde ich mich später ausgiebiger widmen. Daß Heinrich einer der unbekanntesten mittelalterlichen Könige Englands geblieben ist, mag auch daran liegen, daß er wohl keine laute, durchdringende Stimme hatte und seine Worte inmitten des Lärms und der Unruhe am Hofe regelrecht untergingen. Wie es Sellar und Yeatman in ihrem lustigen Meisterwerk *1066 and All That* gelungen dargestellt und – die alte, simple Schullehre nachahmend – ausgedrückt haben, war Heinrich weder gut noch schlecht, sondern einfach «a confused sort of king».

Zu dem gleichen Ergebnis gelangte im 16. Jahrhundert der Historiker Holinshed, der eine wichtige Quelle für die historischen Dramen William Shakespeares darstellt. Trotz einer Vielzahl von Aussagen über Heinrichs Regierungszeit, die von unzähligen Höflingen, Baronen und Bischöfen in reichhaltigen, detaillierten, verblüffenden und manchmal schlichtweg falschen Darstellungen über ihren König berichteten, schrieb Holinshed nur einige wenige Passagen über den König selbst. Auch bei Holinshed finden wir das Bild eines ‹schwachen› Königs, eines Königs, der nicht nur von seinem Vater und seinem Sohn, sondern auch von vielen mächtigen Männern und sogar Frauen an seinem Hofe überschattet wurde. Kein Wunder also, daß Heinrich III. nur eine winzige Rolle im politischen Geschehen der Zeit spielte.

Überblick über die lange Regierungszeit

Da Heinrichs Regierungszeit außerhalb eines kleinen Kreises von Fachleuten ziemlich unbekannt geblieben ist, lohnt es, diese mit einem kurzen Überblick über die wichtigsten Ereignisse zu beleuchten. Danach können wir uns mit den verschiedenen Interpretationen der Zeit beschäftigen.

Geboren in Winchester am 1. Oktober 1207 und kaum neun Jahre alt, als sein Vater verstarb, wurde Heinrich auf dem Höhepunkt des Bürgerkriegs zum Thronerben. London und größere Teile Südenglands waren in den Händen der rebellierenden Barone oder des französischen Heeres, das unter der Führung des französischen Thronerben in England gelandet war. In der Abtei von Gloucester wurde am 28. Oktober 1216 unter großem Zeitdruck eine Krönung vorbereitet. Die königlichen Insignien Englands waren entweder verloren, verpfändet oder in französischer Hand. Angeblich krönte der erfinderische päpstliche Legat Guala den neuen König lediglich mit einem Kranz aus Blumen. England hatte seit langem keinen Minderjährigen mehr gekrönt. Seit der normannischen Eroberung wurde England ausschließlich von erwachsenen Männern regiert, von Männern also, die auch in der Lage waren, Kämpfe zu bestreiten und ihre Politik durchzusetzen. Als Kind war Heinrich natürlich weder in der Lage zu kämpfen noch zu herrschen. An seiner Stelle gewann der alternde Regent, William Marshal, im Mai 1217 eine Schlacht gegen die Aufständischen bei Lincoln. Einige Monate später suchte Ludwig von Frankreich Frieden mit dem Regenten. Die *Magna Carta* wurde zum zweiten Mal seit 1215 bestätigt und diente als königliche Garantie für gute Herrschaft. Im Mai 1220 wurde Heinrich zum zweiten Mal gekrönt, diesmal in der Westminsterabtei, seit 1066 der traditionelle Krönungsort. Diese Krönung sollte alle Erinnerungen an das Chaos des Jahres 1216 auslöschen. Heinrich durfte aber noch nicht herrschen. Innerhalb des Konrats, der während der Zeit von Heinrichs Minderjährigkeit regierte, entfalteten sich bittere Rivalitäten, vor allem zwischen Peter des Roches, dem in Frankreich geborenen Bischof von Winchester, und Hubert de Burgh aus Norfolk. Beide hatten schon König Johann in zahlreichen Ämtern gedient.

Im Jahre 1223 versuchte des Roches den Papst zu zwingen, die Minderjährigkeit des Königs vorzeitig für beendet zu erklären; sein Versuch scheiterte. Statt dessen konnte de Burgh seinen Widersacher des Roches entmachten, der jedoch 1232 zurückkehrte. Diese Feindseligkeiten bekam der junge Heinrich am eigenen Leib zu spüren: De Burgh behandelte Heinrich immer noch wie ein Kind und drohte ihm einmal sogar mit einer Ohrfeige. Des Roches konnte durch Hofintrigen die Verhaftung seines Rivalen erreichen. Von 1232 bis 1234 hatte er freie Hand, eine Herrschaft wiederherzustellen, die an die übelsten Regierungszeiten unter König Johann erinnerte. Landgüter, deren Besitzrechte durch königliche Urkunden garantiert waren, wurden konfisziert und an des Roches' Partei übergeben. Ein maßlos teurer Feldzug wurde organisiert, um die Verbündeten der Engländer in Frankreich zu unterstützen. Das Ergebnis war ein erneuter Aufstand der Barone, diesmal unter der Führung von Richard Marshal, dem jüngeren Sohn und Erben des königlichen Regenten William Marshal. Im Jahre 1234 wurde des Roches gestürzt.

Jetzt endlich, zum ersten Mal seit seinem Regierungsantritt, hatte Heinrich die Chance, seine Macht ungehindert auszuüben. Die Art und Weise dieser Machtausübung zeigte aber sowohl seine eigene Schwäche wie auch den Einfluß seiner ehemaligen Lehrer. Im Jahre 1236 heiratete er Eleonore, Tochter des Grafen der Provence und durch ihre Mutter mit dem Herrscherhaus von Savoyen verwandt, ein Reich, das ungefähr das Gebiet der heutigen Westschweiz und Nordwestitaliens umfaßte. Zuerst entledigte sich der junge Herrscher seiner übermächtigen Berater und berief neue, ihm passende Männer, ab 1236 die drei Onkel der Königin aus Savoyen, Wilhelm, Thomas und Peter. Letzterer wurde zum Grafen von Richmond ernannt, während ein anderer Onkel der Königin, Bonifatius von Savoyen, sogar zum Erzbischof von Canterbury erhoben wurde. Diese Verwandten füllten das drohende Machtvakuum aus.

Die Jahre zwischen 1236 und 1258 sind dadurch gekennezeichnet, daß Heinrich seine politischen Geschäfte immer in die Hände derjenigen legte, denen er in der jeweiligen Situation gerade am meisten Vertrauen schenkte. Zunächst stützte er sich auf die Savoyarden und auch auf seinen jüngeren Bruder, Richard von Cornwall. Nach 1247 begann er jedoch, auch seine Halbbrüder aus Poitou am Hofe zu begünstigen und an der Macht zu beteiligen. Diese Halbbrüder entstammten der Verbindung seiner Mutter Isabella von Angoulême mit Hugo von Lusignan, dem Herrn von La Marche. Nach dem Tod König Johanns hatte sich Heinrichs Mutter nach Frankreich zurückgezogen und dort erneut geheiratet. Diese Lusignan-Halbbrüder, vor allem Wilhelm von Valence (später Graf von Pembroke) und Aymer von Lusignan (später Bischof von Winchester) konkurrierten bald mit dem Geschlecht der Savoyarden und anderen Gruppen am Hof. Ihr Konkurrenzverhältnis betraf in erster Linie Patronage und Einfluß über den Königssohn Eduard, der ab 1250 zunehmend unabhängiger wurde. Die Lusignaner waren aber durch ihre Arroganz unbeliebt geworden – verstärkt durch eine zeitweilige Finanzkrise, die Hof und Land verunsicherte.

Generell läßt sich sagen, daß England ein reiches Land war und Heinrich III. erheblich höhere Einkünfte als seine Nachbarn erzielen konnte. Jedoch oblag ihm auch die Verpflichtung, die Normandie, Anjou, Maine und Poitou – Gebiete, die sein Vater verloren hatte – wieder zurückzuerobern. Ab den 1220er Jahren entstand ein Abkommen zwischen dem König, seinen Baronen und der Kirche. Man vereinbarte, Steuern zu bewilligen, die *Magna Carta* einzuhalten und eine gerechte Regierung im Konsens mit dem Adel zu führen. Das bewilligte Geld wurde jedoch meistens in erfolglosen Feldzügen in Frankreich ausgegeben. Durch die militärische Unfähigkeit des Königs und die Unzuverlässigkeit seiner französischen Verbündeten waren diese Unternehmungen von Anfang an zum Scheitern verurteilt. Dank der Einkünfte aus der Krondomäne und den Lehnsabgaben, die dem Veto der Barone nicht unterlagen, konnte Heinrich zwei weitere Feldzüge in der Gascogne und in Poitou führen. Beide erwiesen sich als äußerst kostspielig. Beim Feldzug im Jahre

1242 fiel Heinrich fast in die Hände seines Gegners, des Königs Ludwig IX. von Frankreich.

Heinrichs Neigung, mehr Geld auszugeben, als er eigentlich zur Verfügung hatte, steigerte den Wettbewerb unter den Höflingen nur noch. Hinzu kam, daß die Savoyarden und die Lusignaner entweder als Franzosen oder Franco-Italiener angesehen wurden und so traditionell ein Haßobjekt der mißmutigen und unzufriedenen Barone Englands waren. Der König konnte mit dieser Welle der Verachtung nicht umgehen. Er begann, den letzten angelsächsischen König, Eduard den Bekenner, immer mehr als Vorbild und Hausheiligen zu verehren. Eduard faszinierte Heinrich aufgrund seiner englischen Herkunft, seiner Frömmigkeit und Weisheit. Wie Heinrich war auch er nach dem frühen Tod seines Vaters als Waise aufgewachsen. Eduard war ebenfalls von seiner dominanten Mutter im Stich gelassen worden. Heinrich gab den Auftrag, die Geschichte von Eduards Herrschaft in einer neuen, ausgewogenen und gottesfürchtigen Version abzufassen. Ab 1245 ließ er auch Eduards große Stiftung, die Abtei von Westminster, neu errichten.

Heinrichs Herrschaft wäre besser verlaufen, wenn sich seine territorialen Expansionsträume auf England beschränkt hätten. In den frühen 1250er Jahren schien dies auch noch der Fall zu sein. Verhandlungen mit König Ludwig IX. von Frankreich wurden aufgenommen, und Heinrich versprach, seinen bedeutungslos gewordenen Titel als Herzog der Normandie und als Graf von Anjou gegen die französische Anerkennung seiner Ansprüche in der Gascogne aufzugeben. Unglücklicherweise ließ sich Heinrich zu diesem Zeitpunkt auf eines der unsinnigsten Unternehmen ein, das je ein englischer König begonnen hat: Seit Jahren versuchte der Papst vergeblich, einen Käufer für das Königreich Sizilien zu finden. Formal war es vom großen Feind Roms, von Kaiser Friedrich II. konfisziert worden, praktisch aber stand es immer noch unter der Herrschaft von Friedrichs unehelichen Söhnen. Der Preis, den der Papst verlangte, war mehr als absurd: Nicht nur, daß der Käufer das Königreich erst zu unterwerfen hatte, nein, er mußte sich auch verpflichten, die angeblichen Aufwendungen zurückzuzahlen, die dem Papst im Laufe der Zeit entstanden waren. Diese betrugen 135 000 Silbermark, erheblich mehr als Heinrichs jährliche Einkünfte. Trotzdem ließ sich Heinrich auf das päpstliche Angebot ein, zum Teil aus dem Ehrgeiz heraus, ein Königreich für seinen jüngeren Sohn Edmund zu erwerben, zum Teil auch unter dem Einfluß der savoyardischen Verwandten am Hof, die Heinrich gerne mit einem hohen Einsatz in die Politik Italiens verwickelt sehen wollten.

Der Ausgang war vorauszusehen. Trotz der noch härteren Durchsetzung der königlichen Lehns- und Steueransprüche mit entsprechend wachsendem Mißmut der Barone war das Geld, das der König dem Papst versprochen hatte, einfach nicht zu erheben. Die englischen Barone leisteten beharrlich Widerstand gegen alle Hilferufe, ob finanzieller oder militärischer Art. Die Wut über die königliche Gunst, die die ausländischen Höflinge und Verwandten weiterhin genossen, stieg. So traten im Jahre 1258 nach einigen gewalttätigen, von den Lusignans inszenierten Auseinandersetzungen Vertreter der Barone, geführt vom Grafen von Norfolk, in der Westminster Hall vor den König und verlangten Veränderungen: Die Lusignaner müßten das Land sofort verlassen, die königlichen Finanzen sollten von Grund auf erneuert, ungerechtfertigte Traditionen abgeschafft und die Regierung selbst unter Vormundschaft gestellt werden. Eine Versammlung, die aus oppositionellen Adligen und Anhängern der königlichen Partei bestand, wurde zusammengerufen, um Rechte und Privilegien, die der König besessen hatte, auszuüben. Es blieb Heinrich nichts anderes übrig, als sich darauf einzulassen. Eine Reihe politischer Neuerungen erfolgte. Hierbei trat völlig unerwartet ein Mann hervor, Simon de Montfort, der Schwager des Königs, und zwar als Verfechter der Interessen sowohl der Engländer wie auch der oppositionellen Barone. Dies war um so überraschender, als Simon nicht nur ein ehemaliger mittelloser Höfling war, der Eleonore, die Schwester des Königs, geheiratet hatte, sondern – in Frankreich geboren und aufgewachsen – zweifelsfrei ein Franzose. Vor der Herrschaft und Person Heinrichs hatte er überhaupt keine Achtung. So soll er während des königlichen Feldzugs in Poitou 1242 gesagt haben, der König sei ein Idiot, den man seiner eigenen wie der anderer Leute Sicherheit zuliebe wegsperren müßte, genau wie man es mit dem beschränkten Karolinger Karl dem Einfältigen einst getan hatte. Wie Heinrich war Simon ein religiöser Fanatiker, der die Juden haßte. Aber im Gegensatz zu Heinrich war er ein kompetenter Feldherr.

Als Heinrich im Jahre 1263 versuchte, seine persönliche Autorität wiederherzustellen, bestand Simon darauf, die Auseinandersetzungen zwischen dem König und seinen Baronen König Ludwig IX.

von Frankreich zur Schlichtung vorzulegen. Ludwig fällte aber ein Urteil zugunsten Heinrichs – da rief Simon seine Anhänger zum Krieg auf. Nahe der Stadt Lewes (Sussex) schlug er den König am 14. Mai 1264 und nahm ihn selbst, seinen Bruder Richard und seinen ältesten Sohn Eduard gefangen. Für die nächsten zwölf Monate herrschte Simon praktisch als ‹Protektor Englands›. Das Mißtrauen seiner Verbündeten und die drohenden Gegenangriffe seitens der Freunde des Königs im Ausland zwangen ihn schließlich, ein *Parliament* einzuberufen, an dem nicht nur der Adel, sondern auch Vertreter der Grafschaften und Städte teilnahmen. Große Ständeversammlungen hatten sich – in ähnlicher Zusammensetzung und gelegentlich auch unter Bezeichnung *Parliament* – in England längst eingebürgert. Das Parlament des Jahres 1265 tat wenig, um den wütenden Gang des Bürgerkriegs zu bremsen. Immerhin war es das erste Mal, daß die Einladung an die Städte und Grafschaften die Grundlage für die Einbeziehung des dritten Standes bildete. Dieser Entwicklung entsprang allmählich die Idee eines Unterhauses (*House of Commons*), das mit dem König und seinem Kronrat zusammentreffen sollte.

Nach dieser Parlamentsversammlung ritt Simon de Montfort in der Schlacht bei Evesham seinem Tod entgegen. Eduard, der Sohn des Königs, war nämlich der Gefangenschaft in Gloucester entkommen und hatte ein Heer zusammengerufen. Heinrich wurde aus der Gefangenschaft befreit. In den folgenden Monaten besetzten die Männer des Königs in einer Racheorgie alle Landgüter derer, die angeblich de Montforts Regime unterstützt hatten. Dessen überlebenden Anhängern blieb nicht anderes übrig, als den Aufstand fortzusetzen. Im Oktober 1266 hielt sich König Heinrich, fünfzig Jahre nach seinen Thronantritt, im Feldlager vor der Burg von Kenilworth (Warwickshire) auf. Möglicherweise einigte man sich über ein Friedensabkommen, das den Rebellen gestattete, ihre Länder zurückzukaufen.

Bis zu seinem Tode am 16. November 1272 setzte der König seine Herrschaft fort und ging seinen religiösen und zeremoniellen Verpflichtungen nach. Die letzten Jahre seines Lebens und seiner Regierungszeit verbrachte er damit, die Auseinandersetzungen, die durch den Bürgerkrieg entstanden waren, zu beenden und genug Geld aufzutreiben, um seinen Sohn Eduard auf den Kreuzzug in das Heilige Land zu schicken. Viele Jahre früher hatte Heinrich selbst den Kreuzzugseid geschworen, aber es ist bezeichnend, daß es sein Sohn und nicht Heinrich selbst war, der diese Verpflichtung einzulösen hatte.

Die Herausbildung einer politischen Identität Englands

Zum besseren Veständnis der Herrschaft Heinrichs III. haben sowohl Holinshed als auch moderne Historiker drei Hauptthemen ausgewählt, um die fast unüberschaubaren Mengen an Daten, Persönlichkeiten und politischen Krisen einzuordnen.

Schon Holinshed war bewußt, daß es vor allem für die Engländer problematisch war, die Besetzung der Normandie durch die Franzosen hinzunehmen und die daraus folgende neue Ordnung Englands zu akzeptieren. Jetzt bildete nämlich England und nicht dessen kontinentale Besitzungen den Kern der Herrschaft, hier hielt sich der König auf, hier befand sich die Hauptbühne der politischen Ideen und Debatten. Im 12. Jahrhundert, während der Regierungszeit Heinrichs II. und seiner Söhne, hatten meistens weltoffene und in Frankreich ausgebildete Theologen wie Johann von Salisbury und Stephen Langton solche Debatten geführt. Sie waren dank ihrer Ausbildung an der Universität von Paris in Frankreich genauso wie in Italien oder England zu Hause. Als Folge ihrer theologischen Ausbildung hatten sie nach biblischem Vorbild einen schlechten König als Tyrannen und nicht als Gegner eines ‹nationalen› Willens gesehen. Bis in die sechziger Jahre des 13. Jahrhunderts hinein behauptete jedoch der Verfasser des *Song of Lewes* – den man mit einem englischen Franziskaner identifiziert –, daß durch Heinrichs Niederlage in der Schlacht von Lewes, «die Stolzen gefallen seien und die Gläubigen froh sind. Jetzt könne England wieder aufatmen und auf Freiheit hoffen und Gottes Gnade sollte auch wieder Wohlstand bringen.» (*Gens elata labitur, fideles letantur. Iam respirat Anglia sperans libertatem. Cui Dei gratia det prosperitatem.*)

Die Regierungszeit Heinrichs gilt bis heute als bedeutend für die Herausbildung einer politischen Identität Englands, die mit den europäischen, halbimperialen Träumen von Heinrichs normannischen und Plantagenêt-Vorfahren scharf kontrastierte. Ein großer Teil der politischen Umwälzungen des 13. Jahrhunderts läßt sich entweder als Widerstand gegenüber ausländischen Abenteurern oder als Folge der fatalen königlichen Vorliebe für ausländische Höflinge interpretieren: Die verhaßten ‹Fremden›, ob aus Poitou, Savoyen oder aus der römischen Kurie, sollten – so hoffte Heinrich – bei seinen ehrgeizigen Plänen auf dem Kontinent dienlich sein. So schreibt der *Song of Lewes*: «Die Engländer wurden mit Hunden gleichgestellt und waren verpönt, aber jetzt haben sie ihre Köpfe über ihre niedergeschlagenen Feinde erhoben.» Die Kriege der Barone in den 1260er Jahren wurden vorwiegend zwischen englischen Baronen und einem in England geborenen König ausgefochten. Selbst wenn Simon de Montfort, der Führer der Aufständischen, als Franzose gelten muß, bestand seine eigene Gefolgschaft fast ausschließlich aus Engländern. Deswegen steht der Aufstand von 1264 in starkem Kontrast zu den früheren Aufständen von 1173/74 oder 1215–1217. Damals stützten sich die oppositionellen englischen oder anglonormannischen Barone auf ausländische Verbündete, vorwiegend auf die Kapetingerkönige Frankreichs. Auch hatten die Barone damals aktive Angriffe französischer Heere in England unterstützt.

Das zweite zentrale Thema sind die finanziellen Probleme des Königs. Als Erbe der Plantagenêts startete Heinrich III. immer wieder erfolglose Versuche, die Besitzungen in Frankreich zurückzuerobern, die sein Vater an die Kapetinger verloren hatte. Dafür mußte er enorme Geldsummen durch Steuern aufbringen und immer wieder Heere aufstellen. Wie wir gesehen haben, mißbilligte der Adel diese Politik, und im Laufe der Zeit wurde seine Unzufriedenheit durch die Forderung nach Verfassungsreformen deutlich. Ohne die Bestätigung der *Magna Carta* erhielt Heinrich von ihnen schlicht nichts mehr, und ab den vierziger Jahren erfolgten Versuche, den König durch eine institutionalisierte Beratung zu bremsen. Damit sind wir beim dritten Hauptthema in Bezug auf Heinrichs Regierungszeit: Historiker haben diese interessanten politischen Experimente als den wahren Anfang von Englands konstitutioneller Monarchie in Einklang mit dem Parlament gesehen. Zwar war es Heinrichs Vater, König Johann, gewesen, der ursprünglich die *Magna Carta* akzeptiert hatte, aber sie wäre ein totgeborenes Kind geblieben, wenn sie nicht unter Heinrich III. wiederholt und sowohl vom König als auch von den Baronen zitiert und als Verhandlungsbasis verwendet worden wäre. Dabei erreichte die *Magna Carta* eine fast sakrale Bedeutung. Im Jahre 1216 schien die Idee, daß man den König durch ein schriftliches Gesetz kontrollieren könnte, sicher aussichtslos. Im Jahre 1272 jedoch konnte es sich kein König von England mehr leisten, gegen die *Magna Carta* vorzugehen, ohne eine sofortige Gegenreaktion befürchten zu müssen.

Probleme Heinrichs III.

Diese drei Themen, die Besinnung auf England, die Fragen der königlichen Finanzen und die Frage des Parlaments und der Verfassung haben alle späteren Debatten über die Regierung Heinrichs III. beherrscht – auch die der englischen Historiker des 16. und 17. Jahrhunderts. Allerdings geben diese nicht unbedingt die Realität des 13. Jahrhunderts wieder. Holinshed zum Beispiel, der nach der Reformation schrieb, war von Heinrichs Politik gegenüber Rom sowie von der Opposition gegen Ausländer und die päpstliche Besteuerung Englands fasziniert. Er sah Heinrich III. als einen papsttreuen König, dessen Hinwendung zu Rom und zu ausländischen Herrschern in England zu einem nationalen Widerstand gegen die finanziellen Exzesse der römischen Kirche führte. Samuel Daniel und Sir Robert Cotton, Autoren des frühen 17. Jahrhunderts, waren von den damaligen finanziellen und konstitutionellen Krisen der Stuart-Dynastie geprägt. Sie betrachteten Heinrichs Herrschaft als die Geschichte des Kampfes des Königs gegen die Barone im Parlament, eines Kampfes, der den Bürgerkrieg Englands der 1640er Jahre vorwegnahm. Für sie lagen ähnliche Gründe dafür vor, zum einen die Verschwendungspolitik des Königs, zum anderen der ‹nationale› Widerstand gegen die Besteuerung. Cotton, der an die unpopulären Zwangsdarlehen und an die Verhaftung des Herzogs von Buckingham dachte, schrieb über Henrichs Steuern: «Taten, die dazu dienen, den königlichen Schatz zu füllen, führen immer zum Ruin ihrer Erfinder: schlechte Zeiten korrumpieren guten Rat und die besten Minister weichen vor der Gier der Fürsten.» Samuel Daniel, der vorsichtiger formulierte, schrieb im Jahre 1634, nur wenige Jahre bevor König Karl I. ein Heer gegen die Armee des Parlaments einberief, daß die Regierungszeit Heinrichs III. zu dem «ersten Krieg der Barone Englands» geführt habe: ein Krieg, in dem beide Seiten nur verlieren konnten, aber der durch die Verschwendung des Königs und das Eigeninteresse der Barone zu Mißgunst führte, «wie das ja bei solchen Auseinandersetzungen der Fall ist.»

Von Holinshed, Cotton und Samuel Daniel läßt sich eine durchgehende Linie über die *History* des Philosophen David Hume zur konstitutionellen Tradition der großen Whig-Historiker des 19. Jahrhunderts ziehen. Diese Historiker haben auch das heutige Bild Heinrichs III. geprägt: Er gilt als inkompetenter Autokrat, der schon 400 Jahre vor den Stuartkönigen Jakob I. und Karl I. an das *Divine Right of Kings* glaubte – ein großzügiger Förderer übler ausländischer Günstlinge, der sich dem Willen der englischen Barone widersetzte, die eigentlich nichts anderes als «Whigs in Ritterrüstung» waren. Einer der am meisten gelesenen Historiker des 19. Jahrhunderts, John Richard Green, schrieb über Heinrich III. und seine Politik:

«Verschwenderisch, wechselhaft, sowohl im Gutem wie im Bösen ungebremst, in Laune und Aussage undiszipliniert, in Beleidigung und Scherz unkontrolliert, übte Heinrich sich in leerer und verschwenderischer Repräsentation und im Protz, sein einziges Herrschaftskonzept war die unbeschränkte Machtausübung. Leichtsinnig wie er aber war, hielt er, wie so oft bei schwachen Herrschern, stur an seiner Politik fest. Er träumte davon, seinen verlorenen kontinentalen Besitz wiederzugewinnen, glaubte an die absolute Macht der Krone und hielt die Paragraphen der *Magna Carta* für zwangsweise abgerungene Versprechen, die er durch Gewalt wieder rückgängig machen könnte. Der französische Anspruch auf eine von Gott geleitete und absolute Autorität legitimierte für Heinrich seinen Anspruch auf unbeschränkte Macht, die seine Favoriten im königlichen Rat noch unterstrichen.»

Selbst in seinem absoluten Herrschaftsanspruch wurde Heinrich nur als blasser Schatten seines Vorbilds Ludwig IX. gesehen. Für William Stubbs, den größten Verfassungshistoriker des 19. Jahrhunderts, stand Heinrich III. aufgrund eines skrupellosen Despotismus der Verfassungsfreiheit und dem natürlichen Fortschritt Englands im Wege. Zur Unfähigkeit der Barone in den 1250er Jahren, ihre Reformen durchzusetzen, bemerkte der Historiker: «Nie zuvor war der Kampf für Freiheit so stark aus den Augen verloren worden. … Aus der verzweifelten Niederlage des Königreichs kam als Reaktion die Rettung.» Wie früher Dante und Shakespeare, verglich auch Stubbs Heinrich mit seinem Vater und seinem Sohn und wies auf die Unfähigkeit des Königs hin: «Als Mittelfigur zwischen dem schlimmsten und dem besten unserer Könige muß er mitschuldig für die Missetaten seines Vaters und verantwortlich für die disziplinierte Ausbildung seines genialen Sohns gemacht werden.» Disziplin war allerdings für Stubbs nicht genug, um Heinrichs Ruf zu retten: «So wurde er durch seinen blassen, wachsigen Charakter und eine gewisse feminine Sturheit überschattet, die man nicht als Flexibilität bezeichnen darf.»

In der einfacheren Sprache der populären Historikerin Mary Calcott, deren Buch *Little Arthur's History of England* vielen Generationen englischer Schulkinder verhaßt war, bestand die Regierung lediglich aus dem Bürgerkrieg, der das Ergebnis der Reaktion auf Heinrichs Verschwendung und Besteuerung war. Nach Lady Calcott hatte Heinrich einen intelligenten Vormund, den Grafen von Pembroke, der vielerlei tat, um die Untaten König Johanns wiedergutzumachen. «Leider starb der gute Mann bald, und kurz darauf benahm sich der König auf so unhaltbare Weise, daß sein restliches Leben nur noch aus Kämpfen und Querelen bestand.» Holinshed und seine Nachfolger hatten gute Arbeit geleistet – solche Vorurteile und teleologischen Annahmen blieben 300 Jahre lang der Maßstab in der Geschichtsschreibung. Calcott schloß ihre Darstellung über Heinrich III. mit der Bemerkung ab: «Leider ist dieser ein sehr langweiliger Zeitgenosse, glücklicherweise ist seine Biographie kurz.»

Heinrichs einziger Biograph: Sir Maurice Powicke

Als langweilig, aber kaum als kurz könnte man auch die einzige Biographie Heinrichs beschreiben, die im 20. Jahrhundert erschienen ist: Das umfangreiche, 800 Seiten umfassende Werk von Sir Maurice Powicke, *Henry III and the Lord Edward,* erschien im Jahr 1947. Powicke wurde 1879 geboren und vertrat eine Generation von Historikern, die vor dem Ersten Weltkrieg in Oxford und Manchester ausgebildet wurden. Seine Arbeit ist in das Feuer der Kritik vieler späterer, weniger kompetenter Historiker geraten, vor allem wegen seiner überwiegenden Verarbeitung von gedruckten statt von Archivquellen. Das Buch wurde kurz nach seinem Erscheinen bereits als altmodisch beurteilt. Heute ist es eines der am häufigsten gelesenen Standardwerke der englischen Geschichte. Es ist sehr lang und manchmal ist es auch langatmig. Powickes Interesse an Parlament und Verfassung, das er mit den Whig-Historikern gemeinsam hatte, scheint heutzutage geradezu anachronistisch. Der Untertitel *The Community of the Realm in the Thirteenth Century* unterstreicht, daß Powicke mehr als eine reine Biographie schreiben wollte und daß seine Interessen vorwiegend England und der Verfassung galten. Im Jahre 1947 waren England und die besondere Art der englischen Freiheit natürlich von Interesse, sowohl für Powicke wie auch für seine Leser. Jedoch ist die Mischung aus pompösem Stil und detaillierter Darstellung alles andere als leichte Kost. Auf den ersten drei Seiten treffen wir auf fast zwanzig Höflinge oder politische Akteure. Eine verblüffende Anzahl von Namen taucht auf, während der König selbst kaum erwähnt wird. Selbst Powickes Verehrer waren zurückhaltend mit Lob. Sir Richard Southern ist hierbei vielleicht noch der freundlichste und um Präzision bemühte. Er beschrieb Powickes Arbeit als «ein merkwürdiges, sehr charakteristisches und persönliches Werk» und gab gleichzeitig zu, daß «jegliche Handlung fehle». Der Leser wird auf zahlreichen Umwegen durch die Geschichte Englands zwischen 1216 und 1272 geführt; im Kern der Darstellung steht Heinrich, aber er ist nichts weiter als ein alter nörgelnder Herr.

Powicke wurde vorgeworfen, zu umständlich zu schreiben und zu sehr der nicht mehr zeitgemäßen Whigschen Verfassungsgeschichte verpflichtet zu sein; gerade dieser Schwerpunkt auf der Verfassung war jedoch nicht so stark ausgeprägt, wie es ihm seine Kritiker nachsagten. Als Powicke seine Biographie schrieb, war das Bild der 1250er und 60er Jahre als der Zeit der Verfassungskonflikte – man schrieb es Stubbs zu, obwohl es viel älter war – schon veraltet und abgelegt. Seit den 1920er Jahren hatten die Historiker E. F. Jacob, R. F. Treharne und der Franzose Charles Bémont die Reformvorschläge der Barone aus dem Jahre 1258 genau analysiert und sie waren zu dem Schluß gekommen, daß diese keineswegs ein klares, zusammenhängendes Verfassungsprogramm darstellten, sondern stark von persönlichen Motiven geleitet waren. Nach den Erkenntnissen dieser Historiker handelten die Barone oft gegeneinander, gelegentlich sogar in Einklang mit dem König. Bémont hatte auch nachgewiesen, daß Simon de Montfort eben nicht als Führer der Opposition und Gründer der parlamentarischen Demokratie anzusehen ist und daß er weder repräsentativ für mehr als eine kleine Minderheit der Opposition noch besonders am Gemeinwohl interessiert war. Weder war er der «Vater des Parlaments» noch beim «Volk beliebt», wie Lady Calcott und andere geschrieben hatten. De Montfort war als Franzose ebenso ein Außenseiter wie die ausländischen Vertrauten des Königs. Er war ein erbitterter Feind der Juden und ein Mensch, der seine eigenen finanziellen und dynastischen Anliegen verfolgte und sich wenig um die Interessen anderer scherte. Leider wurde auch Powicke durch die Forschungen seiner Vorgänger in die Irre geführt. Doch seine Kritiker werfen ihm zu Unrecht eine Vernachlässigung der Primärquellen vor, vielmehr ist seine Arbeit wohl gerade wegen der Benutzung der Primärquellen so unübersichtlich und kompliziert aufgebaut.

Die zeitgenössischen Quellen

Die Qualität der zeitgenössischen Quellen hat es den Historikern nicht leicht gemacht, fundiert über den König und seine Herrschaft zu schreiben. Seit dem Zeitalter Heinrichs II. (1154–1189), dem ersten König aus dem Haus Plantagenêt, fehlte ein Werk, das als Vorbild für eine Königsbiographie hätte dienen können. Während in Frankreich Loblieder auf den König gesungen wurden, eine Tradition, die von Sueton über Einhard und Suger bis hin zu den Chronisten des kapetingischen Königshofs reichte, war eine derartige Tradition am englischen Königshof unbekannt. Es gab sehr viel mehr englische Chronisten und sie arbeiteten genauer als die französischen. Sie schrieben eher im Stil der universalen Chronisten – wie Eusebius oder Beda – und berichteten nicht nur über Ereignisse in England und am englischen Hof, sondern je nach Informationsstand und Interesse auch über Frankreich oder andere Reiche im christlichen Westen. Dies ist wohl auch dadurch zu erklären, daß ab 1066 die englischen Könige nicht nur über England, sondern auch über weiter entfernte Territorien in Teilen Frankreichs, in Wales oder Irland herrschten. Der Chronist Roger von Howden, Diener sowohl Heinrichs II. als auch Richards I., befaßte sich – wie andere auch – in seinen Werken nicht nur mit England, sondern auch mit dem Heiligen Land, Aquitanien und Irland. Nur ein kleiner Teil von Howdens riesigem Werk hat mit der Person oder den Taten Heinrichs II. selbst zu tun. Der Titel, den er für die erste Ausgabe seiner Arbeit wählte, *Gesta Henrici Secundi,* ist allerdings irreführend. Passender ist der Titel seiner zweiten Version: *Historia Anglorum sive Saxonum post venerabilem Bedam*, obwohl auch dieser kaum auf seine weitere Beschäftigung mit europäischen Themen hinweist. Howden nutzte seine Stellung am Hof, um sich Zugang zu königlichen Unterlagen – Briefen, Urkunden und Verträgen – zu verschaffen. Dank dieser Materialfülle geht seine Arbeit über eine Biographie im herkömmlichen Sinn hinaus und ist eher mit den Biographien vergleichbar, die Sallust, Livius oder gar Prokop zur Zeit des Römischen Reiches geschrieben haben. Wie diese Vorbilder weist seine Reichschronik keinerlei Ähnlichkeit mit den Lobeshymnen oder satirischen Biographien klassischer Schriftsteller auf.

Diese universale Tradition wurde von den Chronisten, die einige Generationen später über Heinrich III. schrieben, weitergeführt. Hierbei werden die zwei Chronisten der Abtei von St. Albans (Hertforshire) von heutigen Historikern oft zu hoch eingeschätzt: Roger von Wendover, der eine Chronik Heinrichs III. bis zum Jahre 1234 verfaßte, und Matthew Paris, der die Chronik Wendovers bis in die 1250er Jahre hinein fortsetzte. In den Ausgaben des 19. Jahrhunderts haben die beiden fast ein Dutzend dicke Bände gefüllt. Soweit wir wissen, hatte Wendover wenig Kontakt zum König oder zum Königshof, während Paris häufiger an den Hof geladen und sogar von Heinrich III. gebeten wurde, bestimmte Ereignisse niederzuschreiben. Beide hatten sowohl Zugang zu offiziellen Quellen wie auch zu einer unerschöpflichen Quelle – dem Hofklatsch. Beide waren allerdings weder offizielle Historiographen noch Biographen und sie schrieben auch keine Loblieder auf den König. Beide haben die Taten der englischen Könige sehr umfassend dargestellt. Beiden diente Beda, vielleicht auch Eusebius – nicht, wie fälschlich behauptet wurde, Einhard oder Suger – als Vorbild. Ihre beiden Chroniken sind von größter Bedeutung, nicht nur für das England des 13. Jahrhunderts, sondern auch für Ereignisse in Frankreich, Italien, Deutschland oder im Heiligen Land. Als Mönche von St. Albans bewunderten Wendover und Paris – wie andere monastische Chronisten – weder die Könige noch die königliche Verwaltung. Sie akzeptierten die königliche Erbfolge, merkten jedoch an, daß sie schlechte Könige wie einst im biblischen Palästina hervorbrachte. Der Verwaltung, die sich gerade zu dieser Zeit immer feingliedriger entwickelte, standen sie distanziert gegenüber. Einerseits vermochte sie eine reiche, oligarchische und sehr unabhängige Stiftung wie St.

Albans zu schützen, andererseits lag darin auch die Gefahr der Rivalität und eine potentielle Bedrohung für die Klöster und ihre Heiligen. Sowohl Paris' wie auch Wendovers Einstellung zum Königshaus war eher kritisch als bewundernd. Wenn sie auch stolz auf die bedeutenden Beziehungen ihres Hauses zum König waren, so blieben sie letztendlich aber beide Diener des heiligen Alban und des heiligen Benedikt und eben nicht des Königs. Außerdem entsprachen viele Aspekte von Heinrichs Politik – so die Förderung ausländischer Vertrauter als Brücke zum verlorenen Besitz auf dem Kontinent, die Besteuerung für Feldzüge in Frankreich, vor allem aber die Wahrung seiner guten Beziehungen zum Papst, die zur päpstlichen Besteuerung des Klerus führte – nicht den Interessen der monastischen Chronisten.

Da Holinshed Paris und Wendover als Hauptquellen verwendete, übernahm er von beiden Chronisten auch deren Standpunkte. So habe Heinrich III. angeblich die vielen Ausländer nach England geholt, die nur darauf warteten, die Reichtümer des Königreichs zu plündern. Von den beiden Chronisten erfuhr Holinshed (wie seine Nachfolger) von Themen wie der päpstlichen Besteuerung, von den Intrigen am Hofe und von der wiederholten Forderung, die *Magna Carta* zu bestätigen und so die königliche Macht zu beschränken. Ob diese Themen für Zeitgenossen so wichtig waren, wie sie später erschienen, ist unklar, dies spielt aber letztendlich keine zentrale Rolle. Da sich die Chronisten von St. Albans mit diesen Themen beschäftigt hatten, wurden sie Bestandteil der traditionellen Geschichtsschreibung der späteren Zeit. Wendover und Paris verabscheuten und fürchteten die ausländischen Günstlinge des Königs und die päpstlichen Steuereintreiber und hatten wenig Sympathie für Heinrichs ehrgeizige kontinentale Pläne. Kein Wunder, daß diese Chronisten, die gegen Ausländer, gegen den Papst und letztendlich gegen den König waren, von den Historikern des 17. Jahrhunderts so sehr geschätzt wurden, hatten diese doch genau die gleichen Vorurteile – sie lassen sich in der englischen Geschichtsschreibung bis hin zu Stubbs verfolgen.

Dies war auch Powicke bewußt. Als er an seiner Biographie schrieb, standen neu entdeckte Quellen zur Verfügung, die eigentlich hätten dazu dienen können, die Vorurteile der Chronisten zu revidieren – etwa die vielen detaillierten und umfangreichen Verwaltungsakten, die die Plantagenêt-Regierung ab den neunziger

Jahren des 12. Jahrhunderts einsetzte und aufbewahrte. Ein Beispiel hierfür sind die *Exchequer-Rolls*, die seit 1130 überliefert sind. Außerdem sind Kopien von zahlreichen Briefen, Urteilen, Schlichtungen des Königsgerichts sowie viele lokale Informationen aus Urkunden und Kartularen erhalten. Ab 1216 verfügte das Land über das umfassendste europäische Archiv, das umfangreicher als das des Papstes war. Englands mit den Jahrhunderten ständig anwachsende Archive sind uns heute zum größten Teil, wenn nicht vollständig, überliefert.

Erst im 19. Jahrhundert begannen die Historiker, die wertvollen Quellen zu edieren, ab 1900 erschienen Standardausgaben der bedeutendsten Reihen der *Rolls*, die vom *Public Record Office* in London veröffentlicht wurden: *Patent Rolls, Close Rolls, Charter Rolls, Curia Regis Rolls* u.a. werden heute von allen ernsthaften Historikern bei der Bearbeitung der Geschichte Englands im Mittelalter ausgewertet. Grob geschätzt gibt es ungefähr 100 000 gedruckte Quellenseiten für die Monarchie des 13. Jahrhunderts. Selbst dies ist aber nur ein Bruchteil der Quellen, die immer noch unveröffentlicht im *Public Record Office* liegen. Von vielen *Rolls* sind bisher nur kurze englische Zusammenfassungen erschienen. Nur ein kleiner Anteil der unentbehrlichen *Fine Rolls* für die Regierungszeit Heinrichs III. ist veröffentlicht worden. Die veröffentlichten *Pipe Rolls*, die zentrale Quelle für die Einkünfte und Ausgaben des Königs, enthalten nur die ersten sechs der 56 Regierungsjahre Heinrichs III. Andere Quellen wie die Haushaltsbücher, die Gerichtsrollen (ab 1250) der *Originalia* und *Memoranda Rolls* und viele Briefe der Kanzlei und des *Exchequer* sind nur auszugsweise veröffentlicht worden und stehen lediglich als Manuskripte zur Verfügung. Dennoch macht schon das bisher veröffentlichte Material deutlich, welch reiches Archiv, besonders im Vergleich mit Heinrichs Zeitgenossen Ludwig IX. oder Friedrich II., in England erhalten geblieben ist.

Auch wenn Powicke nur halbherzig auf ungedruckte Quellen zurückgriff, bereicherten sie dennoch seine Bücher insofern, als er mit ihrer Hilfe die Aussagen der Chronisten – wie Wendover und Paris – kritischer beurteilen konnte. Allerdings erschweren die zahlreichen angeführten Quellen die Lektüre seines Werkes noch weiter. Zudem bargen die Verwaltungsunterlagen, obwohl gerade sie frei von den Vorurteilen der Chronisten sind, dennoch auch ihre eigenen Vorurteile. Neuere Arbeiten über Heinrich, insbesondere von David Carpenter, entlarven solche Geheimnisse. Er weist zum Beispiel nach, daß die *Charter Roll* von 1236 zu einem kritischen Zeitpunkt in der Beziehung zwischen Heinrich und seinem Justitiar Hubert de Burgh nachkorrigiert wurde, und macht somit das wahre Ausmaß der Krise am Hof erst klar.

Geschichtsschreibung in England und in Europa

Es gibt einen wesentlichen Unterschied zwischen den Geschichtsdarstellungen Englands und des übrigen Europa: Für England lassen sich nicht nur der Tagesverlauf und die Alltagsgeschäfte des Königs rekonstruieren, sondern auch Alltag und Alltägliches von Tausenden von Männern am Hof prosopographisch verfolgen, von den ‹Großen› bis hin zum Diener am Tisch, zum Weinlieferanten, Kirchenbauer, Falkner und Hundehalter. Freilich erfahren wir kaum etwas über ihren Charakter. Gelegentlich taucht ein ungewöhnlicher Eintrag in den Rollen auf. So ließ der König den Befehl erteilen, alle männlichen Mitglieder des Hofes sollten ihre Haare kurz schneiden lassen. Meistens erfahren wir nur, wer welches Amt innehatte, wer über welchen Grundbesitz verfügte, wer mit wem einen Prozeß führte oder wer wem welche Dienste zu leisten hatte. Im Vergleich zu allen anderen Fürsten Europas sind diese Unterlagen dennoch außergewöhnlich. Deutsche oder französische Historiker mögen vielleicht solche Archivquellen mit neidvollem Blick betrachten, es bleibt ihnen aber auch die Verwirrung und Verzweiflung erspart, die solche Quellen bei Historikern stiften können. In Frankreich, teils als Folge der Tradition der Biographie der Kapetinger, teils als Folge der Heiligsprechung König Ludwig IX. und der mangelnden Verwaltungstätigkeit, lernen wir vergleichsweise mehr über den König als über seine Minister oder andere führende Personen am Hof. Über viele Höflinge Ludwigs wissen wir nicht mehr als über die englischen Diener König Knuts 300 Jahre zuvor. Im Deutschen Reich ist die Geschichte des Kaisers Friedrich II. auch leichter erzählt als die seiner Diener, Barone oder sogar seiner Rivalen. Dieser Quellenmangel kann für den Historiker durchaus hilfreich sein. Es ist sicher kein Zufall, daß Friedrich, obwohl er fast keine Verwaltungsunterlagen hinterlassen hat, in den letzten 50 Jahren Gegenstand vieler Biographien gewesen ist, nicht aber seine Gegner, die Päpste Gregor IX. und Innozenz IV., deren Briefe Bände füllen. Im Deutschen Reich fehlt uns ein zentralisiertes Archiv, statt dessen haben wir eine reiche Tradition von Lobliedern und Polemiken für bzw. gegen den Kaiser. Das schönste Beispiel hierfür sind die Briefe des Petrus de Vinea, etwas Vergleichbares gab es am Hofe Ludwigs oder Heinrichs nicht.

In England haben die Historiker die Qual der Wahl: Entweder ahmen sie ihre europäischen Kollegen nach, stützen sich vorwiegend auf die Chronisten und setzen ihren gesunden Menschenverstand ein, um Objektivität zu gewährleisten; dies kann aber dazu führen, daß sie ein sehr vereinfachtes Bild erstellen. Wählen sie dagegen den mühevollen und langwierigen Weg durch die unzähligen Reihen der ungedruckten *Rolls*, dann laufen sie Gefahr, in einer regelrechten Flut von Quellen zu ertrinken, die dazu noch etwa den Reiz von englischen Telefonbüchern oder von einem Bündel Stroh besitzen. An diesem Zwiespalt leidet Powickes Arbeit. Er war weder bereit, den Chronisten zu trauen, noch war er in der Lage, die ungedruckten Quellen zu durchforsten. Hinzu kommt noch, daß seine Biographie ein fast pathologisches Desinteresse an seinem Hauptakteur zeigt, so daß das Werk etwa wie Hamlet ohne den Prinzen von Dänemark wirkt. Er spiegelt hier die Problematik der Quellen wider, nämlich das Desinteresse der Chronisten an Heinrich und eine Unmenge bürokratischer Unterlagen, die den König fast verdecken. Selbst wichtige Einzelheiten, z. B. wie der König aussah, sich benahm, sich kleidete, wie er die Leute ansprach oder auftrat, sind weitgehend unbekannt.

Wesenszüge Heinrichs III.: Frömmigkeit und Familienliebe

In den mehr als 50 Jahren seit Powicke haben verschiedene Versuche stattgefunden, diese Mängel zu beseitigen und gelegentlich sogar ein neues Licht auf Heinrichs Herrschaft zu werfen. Bisher erschienene Biographien von Heinrichs Zeitgenossen und Hauptkontrahenten bearbeiten einige Probleme. Sowohl John Maddicotts Biographie von Simon de Montfort wie auch David Crouchs Arbeit über William Marshal zeigen bildhaft, wie die Macht im Lande ausgeübt wurde und wie der Ehrgeiz die Akteure zu der einen oder zur anderen Partei trieb. Andere Werke haben sich auf Aspekte der Verwaltung konzentriert. Robert Stacey behandelt z.B. die königlichen Finanzen während der 1230er und 40er Jahre, während Paul Brand sich der Reformgesetzgebung der 50er und 60er Jahre widmet, in der Hoffnung, dadurch den Charakter des Königs besser verstehen zu können. Brand wurde durch einen Aufsatz von Michael Clanchy inspiriert, der die Frage gestellt hatte, ob Heinrich III. tatsächlich jemals eine bestimmte Politik verfolgte. Clanchy machte auf eine Reihe von Ordnungen und Reden aufmerksam, die entweder bei Matthew Paris oder in den *Exchequer Memoranda Rolls* erschienen; sie zeigen, daß der König sehr wohl an Fragen seiner eigenen Würde und seiner Pflicht als Beschützer der Witwen und Waisen und der treuen Christen interessiert war. Offensichtlich ahmte Heinrich bewußt biblische Vorbilder nach. Es wird auch deutlich, daß die königlichen Berater mit dem römischen Recht vertraut waren. So zeigen Heinrichs ‹Proklamationen› immerhin, wie er gesehen werden wollte, auch wenn diese Sicht nicht unbedingt der seiner Zeitgenossen entsprach. Clanchys These ist neuerdings von David Carpenter weitergeführt worden. Er versucht zu beweisen, daß es Heinrichs Ziel nach 1234 war, im Einvernehmen mit seinen Baronen und nach dem Vorbild seines Lieblingsheiligen Eduard dem Bekenner zu herrschen.

Sowohl Matthew Paris wie auch die Quellen der königlichen Verwaltung enthalten durchaus Informationen, die das Bild der Person Heinrichs bereichern. Paris z.B. schildert, daß der König unter Angst vor Gewittern litt. Tatsächlich finden wir in den *Exchequer Rolls* die Bezahlung eines Talismans, der gegen Gewitter schützen sollte. Paris bietet auch reichlich Beispiele für die Frömmigkeit des Königs: er besuchte eifrig die Messe und versorgte mit fast fanatischem Einsatz die Armen mit Nahrung. Die Archive bestätigen dies mit zusätzlichem Material über die riesige Reliquiensammlung des Königs, seinen Kirchgang und seine Verehrung gewisser Heiliger, insbesondere Eduards des Bekenners, eventuell auch der Jungfrau Maria. Eine besondere Reliquie aus der königlichen Sammlung ist das Blut von Christus am Kreuz, das der König 1247 der Westminsterabtei stiftete. Eine Untersuchung zeigt, daß er bestrebt war, die Frömmigkeit seines Zeitgenossen, des Heiligen Ludwig, zu erreichen oder vielleicht sogar zu übertreffen. Dies drückt sich nicht nur in persönlicher Frömmigkeit, sondern auch in seiner Rolle als Mäzen von Kunst und Kirche und in seiner Kreuznahme aus.

Heinrich versagte jedoch sowohl als Kreuzfahrer als auch als Vorbild eines christlichen Herrschers. Seine sakralen Handlungen wirkten für die Zeitgenossen nicht so überzeugend wie die des Heiligen Ludwig, der für Heiligkeit und Verehrung geradezu prädestiniert war und damit das Königshaus der Kapetinger weit über seine Untertanen erhob. Heinrich wurde zwar in einer schreinartigen Grabstätte in der Westminsterabtei beigesetzt, diese konnte sich aber nie zur Kultstätte entwickeln. Kurz nach seinem Tode behauptete ein Bettler aus der Nachbarschaft, daß er von Blindheit geheilt wurde, nachdem er am Grab Heinrichs gebetet hatte. Heinrichs Witwe neigte dazu, diese Geschichte zu glauben, und eine Zeitlang schien es, als ob Heinrichs Grab zu einem Schrein würde. Heinrichs eigener Sohn allerdings machte dieser Entwicklung ein Ende. So soll Eduard gesagt haben, daß der Bettler ein Krimineller gewesen sei, den Heinrich nicht geheilt, sondern gehängt haben würde. Eduard hielt seinen Vater zwar für einen guten Menschen, keineswegs aber für einen Heiligen. Er war ein ungewöhnlich frommer König, dem es trotzdem nicht gelang, in Einklang mit seinen Untertanen zu leben.

Seine jugendliche Keuschheit brachte ihm wenig Respekt, im Gegenteil: Sie führte zu Gerüchten, daß er impotent, schwach und, «eher eine Frau als ein Mann» sei. Nach seiner Eheschließung im fortgeschrittenem Alter von 29 Jahren wurde auch seine Braut Eleonore von der Provence unbeliebt. Sie wurde beschuldigt, ihre ehrgeizigen savoyardischen Onkel zu unterstützen und dazu noch eine Gruppe fremder Höflinge zu protegieren, die für Unruhe sorgten. Auch die Ehe selbst, anscheinend eine der erfolgreichsten in einer Familie, die eher für das Gegenteil bekannt war, hatte einen negativen Ruf. Obwohl Heinrich einer der wenigen englischen Könige war, der keine unehelichen Kinder zeugte, und obwohl seine Zuneigung sowohl zu seinen Kindern als auch zu seiner Frau aufrichtig gewesen zu sein scheint, sahen Zeitgenossen die Treue des Königs eher als Zeichen der Schwäche.

Der König als Kunstmäzen

Heinrichs Frömmigkeit und Familienliebe führen uns zu einem weiteren Bereich, über den die Forschung neue Einsichten über den König und seine Herrschaft gewinnen könnte. Man weiß seit langem, daß Heinrich einer der größten europäischen Kunstförderer des 13. Jahrhunderts war. In England war er wahrscheinlich der großzügigste königliche Mäzen bis zu Karl I. (1625–1649). Ein Vergleich mit Karl verdeutlicht, daß Heinrichs Mäzenatentum nicht nur ästhetische Selbstbefriedigung war, sondern seine tiefe Religiosität und seine eigene Vorstellung von Königsherrschaft widerspiegelt. In einem Zeitalter, in dem die Könige Europas darin konkurrierten, ihre Frömmigkeit zu beweisen und sich repräsentativ darzustellen, liegt Heinrich klar vorn, wenn es um Geldausgaben für Gebäude und Kunstwerke geht. Die *Liberate Rolls* sind eine reiche Quelle für die fast tägliche Auflistung der königlichen Ausgaben für Bauarbeiten, Renovierung der vielen königlichen Residenzen, für Bilder, Reliquien und Skulpturen. Vor allem profitierten die Abtei und der Palast von Westminster von Heinrichs Geld und seinen Interessen. Ein großer Teil der heutigen Abtei zeugt von Heinrichs ausgezeichnetem Geschmack. Unter seiner Herrschaft erreichte der Westminsterpalast, früher nur eines von vielen Verwaltungszentren der Plantagenêts in Frankreich und England, die nicht mehr in Frage gestellte Position, die er bis heute als Sitz des Staatsoberhauptes einnimmt. Ähnliches hatte Philipp August in Paris geleistet.

Selbst diese Leistung Heinrichs wird allerdings von einigen Historikern bezweifelt. Zwar wurde, vor allem von Paul Binski, der gute Geschmack des Königs gelobt, allerdings zugleich auch auf die beschränkte Originalität und den mangelnden Erfolg hingewiesen, Westminster zu einem Statussymbol werden zu lassen. Die Abtei selbst mit ihrem großen Schrein von Eduard dem Bekenner war die bewußte Kopie eines älteren großzügigen Entwurfs Ludwigs IX. für die Sainte-Chapelle. Sie wurde nie zu einem bedeutenden Pilgerort, sondern blieb lediglich eine königliche Grablege. Für die meisten Engländer war Canterbury mit dem Kult des heiligen Thomas nach wie vor das beliebteste Pilgerziel. Heinrichs Großvater wurde von vielen des Mordes beschuldigt, die Kritik richtete sich aber eher gegen das Königshaus allgemein. Heinrichs enorme Ausgaben, die dem König den Weg in den Himmel bahnen und zugleich seine Macht darstellen sollten, führten zum Krieg mit den Baronen. Vielleicht wäre seine Regierung friedlicher verlaufen, wenn er weniger Geld für Bauten und mehr für politische Zwecke ausgegeben hätte. Hinzu kam, daß er Westminster London gegenüber vorzog und den Londonern die Rechte und Privilegien nicht zugestand, die sie selbst für rechtmäßig hielten. Westminster war sozusagen Heinrichs Versailles. Die Bevorzugung Westminsters führte verständlicherweise zu großem Neid und Mißmut in der Hauptstadt. Als Folge entwikkelte sich die Stadt wie einst unter König Johann zum Herzen der Opposition im Land, jederzeit bereit, den aufständischen Baronen unter die Arme zu greifen.

Von Westminster lassen sich neue Forschungsperspektiven entwickeln. Hier lag der Königshof, der aber für das 13. Jahrhundert nie eingehend untersucht worden ist, obwohl solche Untersuchungen sowohl für das Früh- wie auch das Spätmittelalter so ergiebig und erfolgreich waren. Abgesehen von einer unveröffentlichten Abhandlung über den Militärhaushalt und von den Biographien einiger Höflinge hat sich bisher niemand eingehend mit dem Hof Heinrichs III. beschäftigt. Die Annahme, daß die Königshöfe ähnlich waren und der Hauptunterschied lediglich zeitlich bedingt war, ist nicht zutreffend: Der Hof Heinrichs II. zum Beispiel war in ständiger Bewegung; häufig wurden Reisen über den Kanal unternommen. Heinrich III. verbrachte die Hälfte seiner Regierungszeit in Westminster. Der Hof Heinrichs II. brachte verschiedene literarische Werke hervor, von den skurrilen Geschichten Walter Maps bis hin zu den gelehrten Briefen des Peter von Blois. Diese Briefe stehen als Zeugnis dafür, daß der Geist eher heroisch als fromm und eher weltlich und ritterlich als religiös war. Der Hof Heinrichs III. brachte wenige literarische Werke hervor, etwa die Gedichte Heinrichs von Avranches oder die Heiligenleben von Matthew Paris, die in einem vorwiegend religiösen Ton gehalten sind. Während Heinrich II. einen Großteil seiner Zeit auf dem Pferd verbrachte – entweder reiste er, war auf der Jagd oder führte Krieg –, lag sein Enkel Heinrich III. anscheinend die meiste Zeit auf Knien in der Kirche.

Neue Forschungsansätze

Um ein vollständigeres Bild von Heinrich und seiner Herrschaft zu erhalten, könnten vergleichende Untersuchungen hier hilfreich sein. Zunächst müßte man die Zeit seiner Vorfahren aus dem Haus Plantagenêt und noch früherer Ahnen heranziehen. Die Theorie, die Kantorowicz lange verbreitete, nämlich daß für die Art und Weise der Königsherrschaft ungefähr das Jahr 1100 eine Scheidelinie bildet, bedarf der Revision. Vor 1100 hatten die Könige Elemente sakraler Attribute ihrer frühmittelalterlichen Vorgänger zelebriert. Als Folge des Investiturstreits war die Königsherrschaft nach 1100 weitestgehend säkularisiert worden; der König durfte nach der Weisheit Salomons oder der Kraft Davids streben, aber wehe, er versuchte, die heilige Majestät Christi nachzuahmen.

Kantorowicz weist jedoch auch darauf hin, daß die meisten sakralen Handlungen Heinrichs unter seinen angelsächsischen Vorgängern bekannt gewesen sind oder sie sogar übertrafen. Seine Salbung mit dem heiligen Chrisam, seine Reliquiensammlung, seine Armenspeisungen und sein Anspruch auf die Titel *Vicarius Dei in Terris, Imago Dei, Vicarius summi regis* oder *Magister dominus noster* (die er von den theokratischen römischen Kaisern übernommen hatte), deuten nicht auf König Heinrich III. als Kriegsherrn oder Administrator hin. Wie im Frankreich der Kapetinger stellte der König den Beschützer seines Volkes dar, außerdem die Brücke zwischen Gott und seinem Reich. Damit war er mächtiger als alle anderen, selbst als die größten Magnaten. Obwohl Heinrich diese Einstellung kaum durchsetzen konnte, führte allein das Streben danach zu Verbitterung und trug zum Aufstand der Magnaten in den 1260er Jahren bei. Eine direkt von Gott geleitete Herrschaft bedeutete für die Barone, daß der König ohne jegliche Einschränkung, nur kraft seines Willens herrschen konnte. Wenn der König in einem huldvollen Akt die *Magna Carta* bestätigte, konnte man annehmen, daß er als sein eigener Berater die besten Entscheidungen traf. Wenn er dies verweigerte oder – wie in den 60er Jahren – den Papst oder den König von Frankreich als Schlichter anrief (die natürlich gemeinsame Interessen an einer uneingeschränkten Königsherrschaft hatten), wurden die Forderungen der Barone abgelehnt. Die Folge war der Bürgerkrieg. Selbst im Jahre 1264, als Heinrich der Gefangene Simons de Montfort war, blieb er theoretisch die höchste Autorität im Land. Erst als die Barone mit Aufstand und Königsmord drohten, konnten sie den unbeugsamen Heinrich zwingen, sich ihrem Willen zu unterwerfen. Später sollten Königsabsetzung und Königsmord häufiger vorkommen, im 13. Jahrhundert waren diese Mittel kaum als praktisch durchführbare Lösung denkbar. Es waren die Rebellenführer – Richard Marshal in den 30er Jahren und Simon de Montfort 1265 –, die in Schlachten mit ihrem Leben bezahlen mußten. Sie waren die beiden ersten Opfer einer wachsenden politischen Gewalt, die unter Eduard I. zur ersten Hinrichtung rebellischer Grafen seit der normannischen Eroberung führen sollte. Sechzig Jahre nach der Schlacht von Lewes steigerten sich die Gewaltakte noch, als Heinrichs Enkel Eduard II. nicht nur abgesetzt, sondern auch ermordet wurde. Der Aufstand der Barone spricht weniger für die Effektivität einer Rebellion, um Zugeständnisse des Königs zu gewinnen, als vielmehr dafür, daß die Ansprüche der Krone so enorm waren, daß die Rebellion nur durch die Vernichtung einer der beiden Parteien beendet werden konnte. So gesehen trugen die Auseinandersetzungen des 13. Jahrhunderts nichts zur Einführung der parlamentarischen Demokratie bei, sondern verschärften die Animositäten und Spannungen zwischen dem König und seinen Baronen. Der Aufstand war nicht nur durch Heinrichs persönliche Schwäche, sondern auch durch die Stärke seiner Stellung als Herrscher verursacht worden.

Beim Vergleich von Heinrichs Herrschaft mit zeitgenössischen europäischen Herrschern ist man bisher nicht weit gekommen, da weder englische Historiker sich sonderlich für europäische historische Traditionen interessierten, noch europäische, insbesondere französische Historiker Begeisterung für die langweilige und verstaubte Welt der englischen politischen Geschichte empfanden. Jedoch müssen selbst die engstirnigsten Engländer anerkennen, daß Heinrich III. eine wahrhaft europäische Figur war, dessen Außenpolitik eine wichtige Rolle für Frankreich, Sizilien, Spanien, für das Papsttum und das Deutsche Reich spielte, ja sogar für die christliche Welt im allgemeinen. Powicke hat dies bereits richtig erkannt und dargestellt. Selbst entfernte Ereignisse wie der Albingenserkreuzzug oder das Schicksal der norwegischen Könige wurden durch Heinrich mitbeeinflußt; seine Bedeutung für Frankreich beginnt selbstverständlich erst in den 1240er Jahren. Durch seine Ehe mit Eleonore von der Provence wurde er auch in die Politik von Savoyen verwickelt, zu der Zeit, als Graf Amadeus den Lehnseid für eine Reihe von Städten und Burgen in den Alpen leistete. Schon ein Jahrzehnt früher, nachdem Kaiser Friedrich II. sich mit Heinrichs Schwester Isabella vermählt hatte, ermöglichte die finanzielle und militärische Unterstützung Englands dem Staufer, seine Italienzüge zu finanzieren. So überwies Heinrich zwischen 1235 und 1238 seinem Schwager immerhin mindestens 40 000 Silbermark. Außerdem bezahlte Heinrich Renten an kaiserliche Beamte (wie Petrus de Vinea), ganz zu schweigen von den riesigen Summen, die Peter des Roches 1238 ausgab, um den gemeinsamen Krieg von Papst und Kaiser gegen die Kommune von Rom zu unterstützen. Einst hatte die englische Mitgift an Kaiser Heinrich V. im Jahre 1120 und später das englische Lösegeld von 1194 an den Kaiser Heinrich VI. (für die Befreiung von König Richard Löwenherz) den deutschen Kaisern die nötigen Mittel gegeben, ihre Italienpolitik zu führen. Nun finanzierte England also Friedrichs Italienzüge. So überrascht es nicht, daß im Jahre 1257 nach dem Untergang der Staufer die deutschen Kurfürsten Richard von Cornwall die Krone anboten, angeblich auch wegen seines Reichtums.

Mit Blick auf den europäischen Vergleich finden sich auch durchaus Parallelen zwischen Heinrich und seinen Zeitgenossen auf dem Kontinent. Seine Minderjährigkeit bei der Thronbesteigung hat er mit Friedrich II. oder mit den frühen Jahren Ludwigs IX. gemeinsam. Auch Heinrichs Frömmigkeit läßt sich mit der Ludwigs vergleichen, die Reliquienverehrung ist bei beiden Herrschern ebenfalls vergleichbar ausgeprägt. Vielleicht ahmte Heinrich Ludwig nach, als er die Juden schlecht behandelte. Wie Robert Stacey gezeigt hat, lagen hinter einigen Reformmaßnahmen der fünfziger Jahre Kenntnisse der *enquêts* der französischen Regierung, die Ludwig nach der Rückkehr von seinen ersten erfolglosen Kreuzzügen Jahre zuvor durchgeführt hatte.

Unterscheidet sich nun unser Bild Heinrichs vom orthodoxen Bild unserer Vorgänger, nachdem wir neue Einsichten gewonnen, Vergleiche gezogen und unsere Quellen neu sortiert haben? Es zeigt sich, daß die Geschichtswissenschaft durchaus Moden unterworfen ist und alte abgenutzte Begriffe regelmäßig wieder in neuem Glanz erstrahlen. Aber unsere Thesen reichen bis zu Holinshed und Shakespeare, wenn nicht sogar bis zu Matthew Paris zurück, und selbst wenn Holinshed, Cotton und Stubbs sich vielleicht mehr auf Rhetorik als auf Fakten stützten und viele neue Details zutage gefördert wurden – die zentralen Themen sind die gleichen geblieben: ‹Englishness› innerhalb eines europäischen Bewußtseins, die Problematik der Besteuerung als Folge der ausländischen Interventionen und schließlich die innenpolitischen Auseinandersetzungen der 1250er und 60er Jahre. Selbst wenn wir mehr Details über die Persönlichkeit und das Leben des Königs erfahren, werden diese Themen die Debatte über die Regierung Heinrichs III. weiter beherrschen. Dies bedeutet keinen Niedergang der historischen Methodik, sondern deutet lediglich auf die Qualität der vorausgegangenen Historiker-Generationen hin. Holinshed, Stubbs, Powicke und selbst die fürchterliche Lady Calcott haben es trotz aller Schwachpunkte nicht verdient, pauschal als Märchenerzähler verurteilt zu werden.

Hoffen wir, daß eines Tages eine fundierte Biographie Heinrichs III. geschrieben werden wird, etwa von David Carpenter, der bereits ein riesiges Werk über die Minderjährigkeit Heinrichs III. geschrieben hat und dessen Forschungen jetzt schon bis in die 1240er Jahre reichen. Bis dahin hoffe ich gezeigt zu haben, daß Heinrich III. eine viel interessantere Persönlichkeit war, als bisher angenommen wird, daß er nicht nur wie in Shakespeares wenig bedeutendem Theaterstück eine Nebenrolle spielte als ein in Tränen aufgelöster Akteur dritten Ranges.

KAPITEL 5

Die eduardische Epoche (1272–1377)

von Robin Studd

Die Urteile der Historiker

Vor gerade einmal 20 Jahren, als Michael Prestwich seine Publikation *The Three Edwards* veröffentlichte, gab er dieser den Untertitel *War and State in England 1272–1377*. Er interpretierte die einhundertundfünfjährige Epoche der Regierungszeiten Eduards I. (1272–1307), Eduards II. (1307–1327) und Eduards III. (1327–1377) als ein durch Krieg verbundenes Zeitalter. Eine bis heute tragfähige Erklärung: die Herrschaft aller dieser Könige erlebte Kriegszeiten, so gegen die keltischen Länder und gegen Frankreich unter Eduard I., gegen Schottland, Frankreich und in der Heimat England unter Eduard II. und nochmals gegen Frankreich und Schottland während der Regierungszeit Eduards III. Krieg prägte die Gesellschaft und nahm eine zentrale Stelle im Leben der Menschen des späteren 13. und frühen 14. Jahrhunderts ein; Könige mußten nach wie vor ihre Fähigkeit als Heerführer unter Beweis stellen. In einer Hinsicht jedoch unterscheidet sich die Epoche von früheren Zeiten. Es ist sicher bezeichnend, daß sich Eduard I. im Jahre 1272, als er König wurde, nicht in seinem Königreich befand, sondern in der Gascogne auf der Rückkehr vom Kreuzzug. Dies war die erste unangefochtene Thronbesteigung seit der normannischen Eroberung von 1066.

Leitmotiv der Herrschaft: England und seine kontinentalen Besitzungen

Wenn wir ein Leitmotiv suchen, daß diese Regierungszeiten verbindet, liegt es wohl in dem Versuch, die Beziehung zwischen den englischen und französischen Königreichen nach dem Vertrag von Paris, der im Jahre 1259 zwischen Heinrich III. von England und Ludwig IX. von Frankreich geschlossen wurde, neu zu definieren. Bis zum Streit zwischen Eduard III. und Philipp VI. bei Vironfosse (1338) und bis zu Eduards Sieg auf hoher See bei Sluys (1340), gestaltete sich die Geschichte der englisch-französischen Beziehungen als eine des politischen Aufstiegs der Franzosen und des schwindenden englischen Einflusses auf die internationale Politik Westeuropas.

Aufeinanderfolgende englische Könige versuchten mit ähnlichem Ehrgeiz, aber unterschiedlichem Erfolg, die Schäden des Vertrags von 1259 zu beheben. Eduard I. wollte die Gascogne aus französischer Hand befreien; Eduard II. unterließ mit Absicht die Huldigung, die er den Franzosen für die Gascogne schuldete; für Eduard III. war Krieg die einzige Lösung für die Streitfragen mit Frankreich und Schottland. Allerdings hatte im Jahre 1259 der französische König nicht nur für Aquitanien die Huldigung gefordert, sondern auch für die Gascogne und für andere ehemals angevinische Territorien. Diese Forderung war akzeptiert worden, was ein schweres Erbe für die drei folgenden englischen Könige, die Eduards, darstellte.

In diesem Beitrag sollen aber auch allgemeine, weniger kriegerische Aspekte dieses Zeitalters angesprochen werden, etwa das Hervortreten einer englischen Identität. Dabei werde ich versuchen zu zeigen, wie diese drei Könige normannischer und angevinischer Herkunft aufhörten, sich als Franzosen zu betrachten und allmählich begannen, sich als Engländer zu verstehen. Hierzu müssen allerdings zunächst die politischen und militärischen Rahmenbedingungen des Zeitalters beschrieben werden.

Die Könige dieser Dynastie verband der gemeinsame Name, Eduard. Nachdem Johann Ohneland den Großteil der kontinentalen Besitzungen der englischen Krone verloren hatte, vor allem der Normandie (1204), mußte sein Sohn Heinrich III. einen englischen Schutzheiligen für seine Dynastie finden und wählte Eduard den Bekenner. Dieser war der letzte angelsächsische König, sein Tod im Januar 1066 löste die normannische Eroberung aus. Er war eigentlich kein richtiger Heiliger, aber ein frommer König und Stifter des großen Benediktinerklosters von Westminster und der angesehenste englische Schutzpatron. Es ist deswegen nicht verwunderlich, daß Heinrich seinen erstgeborenen Sohn nach ihm benannte. Damit signalisierte Heinrich die Verschiebung seines Reichskerns vom Kontinent auf die britische Insel.

Abb. 9: Krönung Eduards I. durch Robert Kilwardby, Erzbischof von Canterbury, am 19. August 1274 in Westminster.

Die Eduards sind auch unter dem Namen Plantagenêt bekannt. Dieser Namen ist vom Ginstergewächs abgeleitet (lat. plantagenista). Ein Zweig dieser Pflanze diente dem Grafen Gottfried von Anjou, dem Vater des angevinischen Königs Heinrich II., als Helmabzeichen im Turnier. Betrachtet man die Genealogie, läßt sich erkennen, daß Eduard I. ein Nachfahre Heinrichs III. und Johanns Ohneland war und die Plantagenêtkönige somit ihrer Abstammung nach Angeviner waren. Zahlreiche Ereignisse des 13. Jahrhunderts veränderten diese Ausgangssituation. Philipp II. August, König von Frankreich, forderte nach seiner Eroberung der Normandie, daß alle Barone, die Länder auf beiden Kanalseiten besaßen, entscheiden sollten, ob ihre Loyalität England oder Frankreich galt; außerdem besiegte er König Johann bei Feldzügen in der Normandie und im Poitou. Damit zerstörte er die bisherige politische Konstellation des anglo-französischen Reichs.

Die vernichtende Niederlage der anti-französischen Allianz des Kaisers Otto und des Königs von England in der Schlacht von Bouvines (1214) bedeutete für die Engländer den kompletten Untergang des angevinischen Reichs und den fast vollständigen Verlust der Festlandsterritorien der Plantagenêts. Diese Katastrophe zwang die Könige von England, ihre Politik auf verkleinerter territorialer Grundlage neu zu bestimmen. Johann war der erste der angevinischen Könige, der eine englische Grabstätte suchen mußte, da das angevinische Mausoleum in der Abtei von Fontevrault (eine Gründung Eleonores von Aquitanien) in der nun verlorenen Touraine lag. Johanns Wahl, wahrscheinlich getroffen auf seinem Sterbebett in Newark-on-Trent im Oktober 1216, fiel auf die Kathedrale von Worcester, wo er im selben Jahr zwischen den Schreinen der angelsächsischen Heiligen des 10. und 11. Jahrhunderts (Oswald und Wulfstan) beigesetzt wurde. Diese Verbindung mit zwei angelsächsischen Heiligen war bewußt und symbolisch gewählt; sie versinnbildlichte die Verschiebung des politischen Zentrums auf die britische Insel.

Der Verlust der kontinentalen Territorien setzte sich unter Heinrich III. fort. Er wurde 1216 im Alter von nur neun Jahren König. Als die englische Reisemonarchie zur Seßhaftigkeit überging, baute er direkt am Themseufer einen neuen Palast in Westminster. Außerdem ließ er die dortige Abtei als würdigen Schrein für seinen englischen Schutzheiligen Eduard den Bekenner neu errichten. Die Westminsterabtei in ihrer heutigen Form wurde als Mausoleum für die Plantagenêtkönige gebaut und im Jahre 1269 geweiht. Obwohl im französisch-gotischen Rayonnant-Stil gebaut, zeugt sie dennoch von der wachsenden englischen Identität ihres Stifters.

Als Folge dieser politischen Verschiebung entwickelte sich allmählich ein verfassungspolitisches Denken. Heinrich begann von der Krone *(corona Anglie)* als abstrakter Einheit zu sprechen im Unterschied zum königlichen Territorium: 1254 übergab er dem zukünftigen Eduard I. eine großzügige Apanage. Diese Apanage war aber streng an die Bedingung geknüpft, daß sie ungeschmälert bleiben müsse. Das ganze Land sollte für immer und ewig im Besitz der englischen Krone bleiben. Keiner der Eduards rüttelte an dieser Festsetzung. Ab 1259 kann man annehmen, daß der König, der über England herrschte, vornehmlich als König von England regierte, während seine französischen Territorien eine zweite, nachgeordnete Stelle einnahmen. Vom Regierungsantritt Eduards I. im Jahr 1272 an symbolisierten König und Nation eine Einheit – ohne Rücksicht auf den jeweiligen politischen Zustand des Königreichs.

Die Rolle der keltischen Länder und der kontinentalen Besitzungen bei der Entfaltung der englischen Identität

Andere Faktoren des späten 13. Jahrhunderts trugen zur Entfaltung einer englischen Identität innerhalb der französischsprechenden herrschenden Klasse bei. Eduard I. war ein besonders aggressiver Monarch, entschlossen, seine Macht als englischer König auch über die keltischen Teile Britanniens auszuweiten. Brutal bei der Behandlung seiner Feinde, neigte er auch zuweilen in seiner eigenen Familie zu Gewalttätigkeiten. Seine Herrschaft zeichnete sich jedoch durch eine gut strukturierte Organisation und Selbstdisziplin aus. Während seiner ganzen Regierungszeit war er durch eine Reihe loyaler Adeliger, Bischöfe, Kleriker und am Ende auch Juristen sehr gut beraten. Diese Faktoren bildeten die Grundlage seines guten Rufs als König.

Dank der vielen Statuten, die während seiner Regierung verkündet wurden, ist die Epoche als «bestimmendes Zeitalter» in der Historiographie des späten 19. Jahrhunderts bekannt, während Eduard I. selbst den Titel «englischer Justinian» erhielt. In vielerlei Hinsicht war dies die unvermeidliche Reaktion auf die schlechte Herrschaft seines Vaters Heinrich. Eduard und seine Berater dagegen widmeten ihre Aufmerksamkeit allen Bereichen der Politik.

Die erste militärische Aufgabe wartete auf Eduard in Wales. Der walisische Fürst Llywelyn ap Gruffydd hatte dem Führer der Magnatenopposition, Simon de Montfort, während des Bürgerkriegs beigestanden, der noch unter Eduards Vater stattgefunden hatte. Nach zwei Feldzügen (1277 und zwischen 1282 und 1283) wurden die Waliser unterworfen, und Eduard etablierte mit dem *Statute of Wales* (1284) eine strenge Herrschaft, unter der die Verwaltung von Wales für die Waliser nach völlig fremden anglo-normannischen Richtlinien reformiert wurde.

Danach führte Eduard englische Gepflogenheiten auch in Irland ein, allerdings mit viel geringerem Erfolg. Im Jahre 1285 wurden die Statuten von Gloucester, Mortmain und Westminster auch für Irland in Kraft gesetzt, und eine Regelung für die Reform des irischen Exchequeramtes folgte. Jedoch besuchte Eduard Irland nie, obwohl er dies angeblich beabsichtigt hat. Der englische Einfluß auf die irische Politik blieb so außerhalb von Leinster gering und ließ sich jenseits des Shannon überhaupt nicht mehr wahrnehmen.

Im Jahre 1286 begann Eduards dreijähriger Aufenthalt in der Gascogne. Er hatte das Ziel, die Ordnung in seinem Herzogtum wiederherzustellen. Kurz vor dem Ende seines Aufenthalts verkündete er, daß Aquitanien in Verwaltungsangelegenheiten mit der Gascogne zusammenarbeiten und Regelungen treffen sollte, die sowohl den Bräuchen der Gascogne angepaßt waren, als auch die Wiederherstellung der Autorität Englands in Südwestfrankreich sicherten.

Die Nachteile des Vertrags von Paris im Jahre 1259 wären damit teilweise beseitigt gewesen. Aus den gleichen Gründen verkündete er 1289 Ordnungen für das Agenais und die Saintonge. Hier wollte Eduard auch seine Rolle als König-Herzog konstitutionell untermauern und so eine klare Grundlage für seine Beziehung zum König von Frankreich schaffen. Philipp IV. dagegen versuchte prinzipiell, seine Stellung als Oberlehnsherr zur Geltung zu bringen. Der Krieg mit Frankreich, der 1294 ausbrach, wurde durch solche Reformen verursacht, vor allem durch den Versuch Eduards, sich als oberste Rechtsinstanz in seinen Territorien durchzusetzen. Dies widersprach aber den gleichlaufenden französischen Bestrebungen. Das Ergebnis war, daß Eduard seine Beziehungen zu Frankreich neu überdenken mußte.

In den neunziger Jahren des 13. Jahrhunderts wurde Schottland für Eduard zum Problem. Vor dem Hintergrund alter englischer

Ansprüche der Oberherrschaft versuchte Eduard sein Verhältnis zu Schottland neu zu definieren. Dazu verwandte er für den Bereich der Justiz streng feudale Prinzipien, die im 13. Jahrhundert häufig verwendet wurden. Hierin war das französische Königreich Vorbild, wo unter den Königen Ludwig VI., Ludwig VII. und dem Abt Suger von St. Denis der Feudalismus sozusagen neu erfunden worden war. Ein neues Konzept für die führenden Vasallen des Landes wurde eingeführt, das die Kapetingerkönige fortan systematisch in ihren politischen Beziehungen mit den *grand seigneurs*, den Herzögen, Grafen und Vizegrafen, durchsetzten.

Obwohl der Vertrag von York 1237 zwischen der territorialen Integrität Englands und der Schottlands unterschieden hatte und auch die Grenze zwischen ihnen definierte, versuchte Eduard I., sich als Oberherr von Schottland durchzusetzen. Er wählte persönlich den neuen schottischen König John Balliol aus 13 Kandidaten aus, da die Erbfolge durch den vorzeitigen Tod der kleinen Margarete, der Königin von Norwegen, nicht verbindlich geregelt war. Danach versuchte er bei Balliol, die gleichen Bedingungen der Oberherrschaft durchzusetzen, wie sie der französische König bei Eduard selbst als Herzog von Aquitanien erzwungen hatte. Ohne Zweifel spielte sein Erfolg hierbei eine wichtige Rolle bei der Entwicklung einer englischen Identität. Immerhin konnte Eduard jetzt behaupten, einen König zum Vasallen zu haben.

Wie der französische König von Eduard, so verlangte der englische König die Huldigung des Königs von Schottland – eine Demütigung für den neuen Vasallen. Er mußte nicht nur den Treueid schwören, sondern diesen auch in einer öffentlichen Zeremonie bekräftigen, indem er vor seinem Oberherrn kniete und seine Hände zwischen die seines Herrn legte, um seine Ergebenheit zu zeigen. Als nächstes mußte er *fidelitas* schwören und – unter Drohung der Exkommunikation – versprechen, in jeder nur erwünschten Weise zu dienen. So hatte er an den Gerichtsversammlungen seines Herrn teilzunehmen und, im Falle des Königs von England, als Peer Frankreichs aufzutreten.

Der Ausbruch des Hundertjährigen Krieges und dessen Hintergründe

In den Jahren vor dem Ausbruch des Hundertjährigen Krieges boten sich viele Gelegenheiten, die Engländer durch ihre Huldigungspflicht in Verlegenheit zu bringen, vor allem unter Eduard II. Als der sogenannte Saint-Sardos-Krieg (1324–1347) zwischen England und Frankreich abermals ausbrach, lag dies vorwiegend an der Weigerung Eduards II., seine Huldigungspflicht gegenüber König Karl IV. so ernst zu nehmen, wie der französischer König es wünschte. Unter solch forcierten Bedingungen war eine Huldigung besonders verhaßt. Gemäß dem Vertrag von Paris 1259 war jeder englische Monarch verpflichtet, Huldigung sowohl bei seiner Thronbesteigung wie auch bei der seines Lehnsherrn zu leisten. Folglich wurden in den Jahren 1272 und 1285 Huldigungen von Eduard I. verlangt. Im frühen 14. Jahrhundert gab es nur zwei englische Thronwechsel (1307 und 1327). In Frankreich dagegen fünf in 14 Jahren (zwischen dem Tode Philipps IV. im Jahre 1314 und dem Thronantritt Philipps VI. im Jahre 1328). So ergaben sich viele Gelegenheiten, die Engländer mit lästigen Huldigungsforderungen zu behelligen.

Eduard leistete 1272 und 1285 die Huldigung. Dabei verwendete er Worte, die den vertraglichen Inhalt der Akte betonten und Frankreich deutlich daran erinnerten, daß sein König auch seinerseits verpflichtet war, die Bedingungen der Verträge von Paris (1259) und Amiens (1279) zu erfüllen. Der Widerspruch zwischen dem Wunsch des französischen Königs, durch die Ausübung seiner eigenen Oberherrschaft Eduards politischen Spielraum einzuschränken, und Eduards eigenen Bestrebungen, sich von diesen Kontrollen zu befreien, führte im Juni 1294 zu Eduards förmlichem Ungehorsam. Im gleichen Jahr brach Krieg aus. Die Gascogne wurde von den Franzosen überfallen. Philipp IV. konnte sie nur bis 1303 halten. Nach dem neuen Vertrag von Paris fiel ein Teil der Gascogne, einschließlich der Städte Bordeaux und Bayonne mit ihrem jeweiligen Hinterland, an die englische Krone zurück.

Wie der französische König erreichte auch Eduard seine größten Erfolge auf Kosten des Papstes. Obwohl er nach 1294 keinen Krieg mit Philipp IV. führte, versuchten beide Könige, den Klerus zu besteuern. Beide rechtfertigten dies mit der Begründung, daß der Kle-

Abb. 10: Eduard I. verleiht seinem Sohn Eduard von Caenarvon, dem späteren Eduard II., den Titel eines Prinzen von Wales (1301).

rus auch von der Landesverteidigung profitiere. Papst Bonifaz VIII. verbot die Besteuerung mit der Begründung, daß der Klerus ein Teil der universalen Christenheit sei und nicht doppelt besteuert werden dürfe.

Diese langen und komplexen Ereignisse endeten mit der Gefangennahme des Papstes Bonifaz VIII. in Anagni und seinem Exil in Avignon. Vom englischen Standpunkt aus läßt sich die große Bedeutung dieser Ereignisse dadurch erklären, daß beim Sieg über den Papst beide Könige das Recht gewannen, ihre Untertanen zu besteuern. Hierbei zeigt sich die Verteidigung der nationalen Interessen. Auch wurde der päpstliche Anspruch auf universale Herrschaft so substantiell geschmälert. Nicht nur in England löste dieses englische Selbstbewußtsein einen regelrechten Nationalstolz aus. Zu Beginn des 14. Jahrhunderts aber konnten sich weder Engländer noch Franzosen vollständig durchsetzen. Beide Länder erlitten herbe Niederlagen: In der Schlacht von Kortrijk 1302 verloren die Franzosen gegen die Flamen; die Engländer hatten gegen die Schotten wenig Erfolg. Der Vertrag von Paris mit Frankreich (1303) ermöglichte es Eduard, seine Verwaltungsreformen, die er schon in Aquitanien und Wales durchgesetzt hatte, auch auf Schottland auszuweiten. Er scheiterte jedoch bald daran, so daß sich bis 1306 seine militärische und politische Stellung in Schottland verschlechterte. Seinen Tiefpunkt erreichte das englisch-schottische Verhältnis, als Eduard II. den Thron bestieg. Er brach den schottischen Feldzug seines Vaters ab und kehrte nach Süden zurück. Die Schotten nutzten das politische Vakuum sofort zu ihren Gunsten.

Eduard konnte in Schottland nie englisches Recht durchsetzen, und seine Niederlage bei Bannockburn im Jahre 1314 gab den Schotten ihre Freiheit von englischer Herrschaft. Obwohl Eduard auf Rache sinnend einen Feldzug begann und bis Berwick-on-Tweed kam, mußte er erfolglos zurückkehren. Es dauerte mehr als ein Jahrzehnt, bis ein englischer König wieder sein Kriegsglück in Schottland versuchte.

Die Bedeutung des Hundertjährigen Krieges für die Entfaltung der englischen Identität

Mehr als alle Faktoren trug der Hundertjährige Krieg zum Entstehen der englischen Identität bei. Diese Identität drückte sich weniger in einer Loyalität dem Land gegenüber als in einer Loyalität zum König und zur Krone aus: Das Konzept des Nationalismus faßte in England nur langsam Fuß, entwickelte sich während des 14. Jahrhunderts und entfaltete sich erst im 15. Jahrhundert vollständig. Ihr Erfolg im Hundertjährigen Krieg verlieh den Engländern ihr Selbstbewußtsein. Gott, so meinten sie, sei auf der Seite der Engländer. Wie sonst sollte man denn ihre Siege gegen die Schotten bei Halidon Hill und Neville's Cross erklären, ebenso ihre erfolgreichen Schlachten gegen die Franzosen bei Sluys, Crécy, Auberoche und Poitiers und gegen die mit den Franzosen verbündeten Aragonesen bei Nájera?

Vor allem der Krieg machte die französische Sprache in England unbeliebt. Fortan hörte das Vorbild der französischen Kultur auf, für die Engländer prägend zu sein. Einst im 13. Jahrhundert und bis circa 1330 hatte jeder begüterte Engländer, der es sich leisten konnte, nach französischem Vorbild eine Burg, ein befestigtes Herrenhaus oder eine Kirche gebaut. Als Ausstattung wählte er französische Wandteppiche und am Abend las er französische Bücher, insbesondere die *chansons de gestes*. Noch zu Anfang des 14. Jahrhunderts blieb Französisch als Sprache unentbehrlich für jeden, der Karriere am Hof, in der höheren Gesellschaft, als Jurist oder in der Kirche machen wollte. Alle englischen Könige – bis auf Eduard III. – sprachen als Erstsprache Französisch, und unter allen englischen Königen nach der Eroberung waren die Eduards die ersten, die überhaupt Englisch sprachen. Richard II., Enkel und Nachfolger Eduards III., war der erste König, der wahrscheinlich Englisch als Muttersprache beherrschte, obwohl er wie viele am Hof auch fließend Französisch sprechen konnte. Nach der normannischen Eroberung war er der erste englische König, der mit seinen beiden Eltern, Eduard, dem Schwarzen Prinzen, und Johanna, der Tochter des Grafen von Kent, in England geboren wurde. Es ist bezeichnend, daß im Jahre 1361, ungefähr ein Jahr nach dem Abschluß des angeblich so demütigenden Vertrages von Bretigny-Calais und ein Jahr vor dem katastrophalen Feldzug nach Reims, eine ausländische Braut für Eduard als ungeeignet empfunden werden konnte.

Zu dieser Zeit hatte die französische Sprache selbst am Königshof längst nicht mehr die Monopolstellung wie in früheren Jahrhunderten. Beim Ausbruch des Hundertjährigen Kriegs im Jahre 1337 befahl Eduard III. seinen Landadeligen, ihre Kinder Französisch zu lehren, um die Kriegsführung in Frankreich zu verbessern. Dies deutet darauf hin, daß in diesen Kreisen die französische Sprache aufgegeben und nicht mehr als unentbehrlich für den Karriereaufstieg angesehen wurde. Auch andere Hinweise unterstützen diese Vermutung. Heinrich von Grosmont, Graf von Lancaster, Heerführer des Königs in Aquitanien und 1345 Sieger der Schlacht von Auberoche, entschuldigte sich in der Einleitung zu seinem medizinischen

Traktat *Le Livre de Seyntz Medicines* für sein schlechtes Französisch, da er «ein Engländer» sei.

Die Franzosen amüsierten sich über die so gar nicht französisch klingende Aussprache der Engländer. Geoffrey Chaucer, der in den letzten Jahrzehnten des 14. Jahrhunderts seine berühmten Erzählungen *The Canterbury Tales* verfaßte, beschrieb eine Pilgerin, die Priorin, über die er sich lustig machte:

«Sie sprach französisch recht fein und süß
Nach der Schule von Stratford-atte-Bowe,
Da das Französisch von Paris ihr unbekannt war.»

Der Untergang des Französischen als Hof- und Verwaltungssprache

Am Ende des 14. Jahrhunderts waren Personen wie die Priorin jedoch die Ausnahme, selbst am Hofe beherrschten wenige Leute Französisch. Im Jahr 1393 waren englische Gesandte, die nach Frankreich geschickt wurden, unfähig, die Sprache ihres Gegenübers zu sprechen und zu verstehen. Bezeichnend ist auch, daß zu dieser Zeit häufig Übersetzungen aus dem Französischen in Auftrag gegeben wurden. Johann von Treviso, Mitglied eines Oxforder College und Pfarrer von Berkeley (Gloucestershire), wurde zum Beispiel 1385 von seinem Herrn, Lord Thomas Berkeley, mit einer Übersetzung der Weltgeschichte beauftragt, die zwischen 1320 und 1340 von dem vornehmen Benediktiner-Mönch und Chronisten aus Chester, Ranulph Higden, verfaßt worden war. Treviso selbst war überzeugt, daß die Gründe für den Rückgang der französischen Sprache im Ausbruch der Pest zu suchen waren. Der Schwarze Tod, meinte er, sei so zerstörerisch gewesen, daß die Engländer aufgehört hätten, ihren Kindern Französisch zugunsten von Englisch beizubringen: «Jetzt können Kinder nicht mehr Französisch sprechen als ihre linke Ferse es vermag. Dies schadet ihnen, wenn sie auf den Kontinent, ins Ausland oder in andere fremde Gebiete reisen.» Die Auswirkungen des Schwarzen Todes können nicht völlig nachvollzogen werden, aber die Aussage ist sicher teilweise zutreffend. Ein gewichtigerer Grund, warum Französisch zurückgedrängt wurde, war gewiß die englische Frankophobie als Auswirkung des Krieges.

Daß Englisch sich nicht früher als erste Sprache aller Engländer durchsetzte, lag unter anderem daran, daß es keine einheitliche Sprache war. Es bestand aus drei eng verknüpften Sprachen, wie sie einst ungefähr in den Königreichen der angelsächsischen Epoche – Mercien, Nordhumbrien und Wessex – gesprochen worden waren. Treviso erzählt, daß zu seiner Zeit Menschen, die nördlich des Flusses Humber lebten, Menschen vom südlichen Ufer des Flusses nicht verstehen konnten und umgekehrt.

Zur Mitte der Regierungszeit Eduards III. war Mittelenglisch als herrschende Sprache akzeptiert, da es Elemente des Englischen vom Norden und Süden enthielt und auch die Sprache der Hauptstadt London war. Selbst die konservativsten Gesellschaftsschichten – Beamte und Juristen – begannen sie zu verwenden. Im Jahre 1363 ersetzte Englisch Französisch als die offizielle Sprache der Gerichte, wo – wie man damals sagte – «Leute, die ihre Klagen einreichten und ihre Urteile auf französisch erhielten, großen Schaden erlitten, da die Sprache im Königreich nicht verstanden wurde». Im selben Jahr wurde die Eröffnungsrede des Kanzlers vor dem Parlament zum ersten Mal auf englisch gehalten. Im Jahre 1383 erließ die Stadtbehörde Londons zum ersten Mal englische Ruhestörungsordnungen. Drei Jahre später reichte die Londoner City Company of Mercers die erste englische Petition beim Parlament ein, und aus dem folgenden Jahr ist das älteste englische Testament erhalten.

Die eduardische Epoche als goldenes Zeitalter der englischen Literatur

Die eduardische Zeit wurde zur ersten großartigen Epoche der englischen Literatur, nicht nur in der Hauptstdt London, sondern in allen Regionen Englands. Im Norden und Nordwesten von Eduards Königreich wurden einige der schönsten Werke dieser Zeit verfaßt.

Herausragend ist das anonyme Gedicht *Sir Gawain and the Green Knight,* es enthält eine lebhafte Beschreibung der Landschaften der Penninegebirgskette, woraus sich schließen läßt, das es wahrscheinlich aus der Zelle Swythamley Grange des Zisterzienserklosters Dieulacres in der Nähe von Leek (Staffordshire) stammt. Ein anderes Meisterstück ist *Pearl,* eine allegorische Lyrik von hoher Spiritualität, auch im Dialekt des westlichen Teils Mittelenglands verfaßt. Ein weiteres Meisterwerk dieser Art, *Piers Ploughman*, verbindet soziale Kommentare und religiöse Allegorien. Es wurde kurz nach 1360 von William Langland geschrieben, der aus Malvern stammte, ungefähr siebzig Meilen südlich der Grenze zwischen Cheshire, Staffordshire und Derbyshire, woher auch die anderen Gedichte stammten. Langland beschreibt, wie ihm die Idee für sein Gedicht im Schlaf, an einem Maivormittag in den Bergen von Malvern kam. Ein anderer berühmter Dichter, John Gower, kam aus dem Südwesten, aus Kent; er schrieb oft auch auf Latein und Französisch, sein größtes Werk, *Confessio Amantis*, um 1390 jedoch auf Englisch. Auch aus dem Südosten, der Herkunft nach aber aus London, kam Geoffrey Chaucer, Sohn eines Weinhändlers, der wahrscheinlich in dem Jahre geboren wurde, in dem Eduard III. sich zum König von Frankreich proklamierte. Als Soldat und Diplomat war Chaucer ein welterfahrener Mann, ungewöhnlich weit gereist und politisch einflußreich; er gilt als Verkörperung des England des 14. Jahrhunderts.

Leistungen im Bereich der Kunst und Architektur

Nicht nur im Bereich der Literatur befreite sich die englische Kultur während der Regierungszeit Eduards I. von französischen Vorbildern. Es entstanden hervorragende Skulpturen in einem klar erkennbaren englischen Stil. Einen Anlaß bot der Tod der Königin Eleonore im Jahre 1292, als Eduard zwölf Gedenkkreuze für sie in Auftrag gab. An jedem Übernachtungsplatz, an dem der Leichenzug Halt machte, zwischen Lincoln, wo Eleonore gestorben war, und der Westminsterabtei, wo sie beigesetzt wurde, stellte man ein Kreuz auf. Mindestens vier Bildhauer waren beauftragt: Johann von Battle, der auch beim Bau von Eduards Gründung der Abtei Vale Royal in Cheshire beschäftigt war, stellte mindestens fünf der Gedenkkreuze her. Sein Stil war der traditionelle ‹dekorierte› Stil. Dies gilt auch für den Beitrag Wilhelms von Irland. Ganz anders sah es bei den Werken Alexanders von Abingdon und denen des Goldschmieds Wilhelm Torel aus, der die Kreuze der Abtei Waltham und von Cheapside und Charing Cross in London herstellte. Sie alle betraten künstlerisches Neuland, waren besonders subtil in ihrer Darstellung menschlicher Körper. Den Anfang des englischen Stils markiert die herrliche, vornehm-zurückhaltend gearbeitete Bronzefigur Eleonores auf ihrem Grabstein in der Westminsterabtei.

Sie wirkte nicht nur stilbildend, sie beeinflußte auch die prächtige Grabplastik Eduards II., die sein Sohn Eduard III. für die Kathedrale in Gloucester in Auftrag gab: Stilistisch zurückhaltend, bildete sie einen bewußten Kontrast zum extravaganten dekorierten Stil des 13. Jahrhunderts. Dieses früheste bedeutende Grabmal, das aus reinstem weißen Alabaster gefertigt wurde, angeblich die Grabmale der zeitgenössischen französischen Könige nachahmend, sollte dem Reliquienschrein eines Heiligen ähneln. Es sollte Pilger anlocken und eine wichtige politische Botschaft an die Feinde der Plantagenêtkönige übermitteln. Bald wurde dieses architektonisch ehrgeizigste aller englischen Grabmäler imitiert, zuerst in Warwick, wo der Graf ein Grabmal aus weißem Alabaster vor dem Hochaltar der Pfarrkirche aufstellen ließ. Als Folge solcher adeliger Aufträge entstand sowohl in Nottingham wie auch in London eine berühmte Schule von Alabasterbildhauern. Sie bezogen ihre Rohstoffe aus Steinbrüchen an der Staffordshire-Derbyshire Grenze bei Tutbury und Chellaston.

Johann von Gent, vierter Sohn Eduards III., der als Herzog von Lancaster und Vater des zukünftigen Königs Heinrich IV. die Dynastie Lancaster begründete, ließ schon zu Lebzeiten Grabmale aus Tutbury-Alabaster sowohl für sich wie auch für seine erste Frau herstellen. Sie wurden in der St. Pauls Kathedrale in London aufgestellt, aber leider beim Großen Feuer Londons 1666 zerstört. Wir kennen sie lediglich aus den Holzschnitten Wenceslaus Hollars, die als Abbildungen in Dugdales *History of St. Paul's Cathedral* (1658) erschienen.

Der Stil dieser Grabmale wurde getreulich von Beamten des Hauses Lancaster, zu erkennen an ihren mit einem Doppel-S verzierten Amtsketten, nachgeahmt. Einige Exemplare aus der Regierungszeit König Eduards III. bezeugen die hohe Qualität dieser Arbeiten. Ein Beispiel bieten Grabplastik und Sarkophag des Hugh de Calveley, der in den 1340er Jahren unter Eduard III. in der Bretagne und unter Johann von Gent in Spanien 1367 gedient hatte. Er kam als Heerführer im Armagnac zu Reichtum und konnte sich davon sein teures Grabmal leisten, das er vor dem Hochaltar seiner Gründung Bunbury College in Cheshire aufstellen ließ. Das Arderne-Familiengrabmal in Elford, Staffordshire bietet ein weiteres Beispiel. Stifter dieser Grablege war Sir Thomas Arderne, der mit dem Schwarzen Prinzen in der Schlacht von Poitiers gekämpft hatte. Weitere Beispiele gibt es bei Tong in Wolverhampton und Bathomley (Staffordshire-Cheshire Grenze). Auf dem Kontinent finden wir keine Parallele zu dieser Leistung anonymer englischer Künstler; Alabasterskulpturen blieben so eine typisch englische mittelalterliche Kunstform. Kleine Alabaster-Skulpturen aus der Zeit Eduards III., die religiösen Zwecken dienten, finden wir in weiten Teilen Europas in Privataltären und in Oratorien.

Der Anfang dieser englischen Schule geht auf den Neubau der Kapelle des Heiligen Stephan im königlichen Palast zu Westminster zurück. Eduard wollte die Sainte-Chapelle überbieten, die für Ludwig den Heiligen in den späten 40er Jahren errichtet worden war. Er begann den Neubau im Jahre 1292, mit zwei Stockwerken wie die Sainte-Chapelle konzipiert. Der Kapellenbau war architektonisch ungewöhnlich und stilistisch extravagant, vorherrschend waren vertikale Formen, die Vorläufer des englischen Perpendicular Stils. Die Kapelle bezeugt den Anfang englischer Versuche, sich vom französischen Stil zu befreien, gerade zu dem Zeitpunkt, an dem Eduard I. dabei war, Frankreichs Oberherrschaft über die Gascogne abzuschütteln. Sie hatte eine unglückliche Geschichte unter den drei Eduards – quasi ein Spiegelbild des Schicksals des Königreichs. Unter Eduard II. wurden die Bauarbeiten mindestens viermal eingestellt. Erst im Jahr 1348 wurde die Kapelle von Eduard III. endlich fertiggestellt. Heute existiert von ihr nur noch ein Stockwerk als Kapelle des englischen Parlamentsunterhauses.

Das früheste noch existierende Meisterstück in diesem Stil ist die Abtei des Heiligen Peter, jetzt die Kathedrale von Gloucester. Zu Beginn der Regierungszeit Eduards III. wurde die ganze Ostseite umgebaut, um einen geeigneten Rahmen für das Grabmal zu schaffen, das Eduard für seinen Vater zwischen 1330 und 1331 in Auftrag gegeben hatte. Fast die ganze Höhe des Ostchors der Abtei nimmt das riesige Crécy-Fenster ein, das größte Glasfenster Europas. Entstanden um 1351 zeigen die durch Säulen getrennten Scheiben Figuren und Wappen Adeliger, die unter Eduard III. an der Schlacht von Crécy teilnahmen, darunter Sir Maurice von Berkeley, der die Schlacht überlebte, kurz darauf bei der Belagerung von Calais aber fiel. Das Fenster ist höchstwahrscheinlich die Leistung des Hofmaurers William von Ramsey, der zuvor das neue Kapitel der St. Paul's Cathedral gebaut hatte. Dieser von einem erfolgreichen und geliebten König bevorzugte Stil verbreitete sich, beginnend mit dem eindrucksvollen Westfenster der Kathedrale von Winchester, im ganzen Land. Bis zur Reformation findet man ihn in den meisten englischen Kirchen, nur wenige englische Pfarrkirchen wurden nicht teilweise oder ganz in diesem Stil umgebaut. Außerdem bietet der Kreuzgang der Kathedrale zu Gloucester eine weitere architektonische Neuigkeit, Fächergewölbe, die zum ersten Mal 1351 ausgeführt wurden.

Propaganda und Fremdenfeindlichkeit

Wie erklärt man dieses neue englische Selbstbewußtsein? Es hat viel mit Propaganda zu tun. Während Frankreich seine im römischen Recht an den Schulen von Montpellier und Orléans gebildeten Juristen hatte, blieb England bis zur Regierungszeit Eduards I. rückständig. Keine Domschule führte ein *studium generale* ein. Die einzige Universität Englands in Oxford lehrte Theologie, aber kein Römisches Recht. Bei den Auseinandersetzungen mit Papst Bonifaz VIII. über die Besteuerung des Klerus und mit Philipp IV. von Frankreich über die Gascogne wurde es schließlich für Eduard notwendig, professionelle Juristen wie Philipp Martel zu beschäftigen. Erst Anfang des 14. Jahrhunderts konnte der englische König juristische Strategien und Propaganda effektiv einsetzen, wie sein französischer Gegner es längst getan hatte. Die Propagandisten der drei Eduards hatten die wichtige Funktion, englische Ansprüche gegen die französische Krone zu rechtfertigen und mit ihrem Wissen in den Grafschaftsgerichten Begeisterung für die Sache des Königs zu erzeugen. Inoffizielle Propagandisten, Chronisten, Dichter und Troubadoure schlossen sich an.

Für den anonymen Autor von *An Invective against France* war Eduard ein Heldenkönig, der ohne Rücksicht auf sich selbst England gegen die bösen Franzosen verteidigte: «Wir schlafen in Sicherheit, während er selten zur Ruhe kommt», hieß es. Dieses konventionelle propagandistische Motiv wurde über die Jahrhunderte immer wieder verwendet, ja sogar bis zu Mussolini. Der König leidet für sein Volk. Solche Propaganda schuf eine Art nationales Gefühl, ausgedrückt durch Loyalität gegenüber der Krone.

Eduards Feinde wurden als Personifizierung des Bösen gesehen: Die Schotten waren ein unbeschreiblich schreckliches Volk. Auch Philipp VI. wurde nichts Gutes nachgesagt. Da Eduards Anspruch auf den französischen Königsthron 1328 zu Gunsten Philipps von Valois entschieden wurde, erklärten die englischen Propagandisten, daß er den Thron usurpiert habe. Ein Chronist nennt ihn wiederholt *tyrannus rex.* Ein anderer beschreibt ihn als «arrogant, wutanfällig und auf dem Weg in die Hölle». Ein Dritter meint, er sei ein Feigling, da er vom Schlachtfeld in Crécy geflüchtet sei. Das besonders böswillige Gedicht gegen die Franzosen, *An Invective against France*, spiegelt die englische Meinung am besten wider:

France, effeminate, pharasaical, shadow of vigour,
Lynx, viper, foxy, wolvish, Medea,
Sly, siren, heartless, repulsive, proud.

Dies stellt wohl einen Höhepunkt der Fremdenfeindlichkeit dar. Das Gedicht zeigt, daß die Engländer wütend darüber waren, daß die Franzosen die Regeln der feudalen Gesellschaft, die sie selbst erfunden hatten, gebrochen hatten. Der Feudalismus, der die Gesellschaft zusammengehalten hatte, zerfiel. Das Ergebnis war die Entwicklung des schon erwähnten englischen Nationalismus. Das war noch nicht der brutale Nationalismus des späteren Hundertjährigen Krieges, sondern das wachsende Bewußtsein für das gemeinsame englische Erbe und, als Folge des Krieges, der Stolz auf englische Leistungen. Dies drückt sich durch die Einführung des Englischen als offizieller Sprache aus. Eine Begeisterung für römische Legenden und Helden wie Brutus sowie für den britischen König Artus charakterisierte die Epoche. Eduard I. selbst war ein großer Artusanhänger. In Glastonbury baute er einen Schrein für den legendären König und veranstaltete eine Reihe von Festen nach dem Vorbild der Tafelrunde. Im Jahre 1304 veranstaltete er das Schwanenfest, an dem sein Sohn, der zukünftige Eduard II., zusammen mit anderen jungen Adeligen zum Ritter geschlagen wurde. Für seine eigenen politischen Zwecke veranstaltete sein Enkel Eduard III. im Jahre 1344 ein ähnlich großes Fest am Tag des Heiligen Georg. Danach folgte auch eine sogenannte Tafelrunde für die englische Ritterschaft, und Eduard gründete einen Ritterorden «wie Artus ehemaliger König von England es gehalten hat, nämlich mit 300 Rittern». Ziel dieser Zeremonien war die Stärkung des Kampfgeistes der englischen Aristokratie.

Vier Jahre später, nach einer Reihe von englischen Siegen, wurde aus diesem Orden der exklusive Hosenbandorden, eine ritterliche Vereinigung, die aus dem König und 24 Rittern bestand. Jeder schwor

Abb. 11: König Eduard III. von England erhebt seinen Sohn, den Schwarzen Prinzen, zum Fürsten von Aquitanien und Gascogne (1362).

einen Eid zu Ehren Gottes, des Königs von England und des Heiligen Georg. Dieser ist der älteste Ritterorden seiner Art in Europa. Englands früher Erfolg im Hundertjährigen Krieg steigerte das Selbstwertgefühl Eduards gegenüber den Franzosen. Entgegen der Behauptung von Papst Clemens VI. im Jahre 1342, Gott sei französisch, meinte man nun selbstbewußt, daß Gott doch eher auf der Seite der Engländer stehe. Der Papst, nun aus Rom nach Avignon vertrieben, mußte ja nicht Recht haben: «Der Papst ist zwar Franzose, aber Jesus ist Engländer geworden. Wollen wir mal sehen, wer stärker ist.»

Eduard und sein Sohn, der Schwarze Prinz, waren zusammen mit ihren Heerführern in vielen Schlachten erfolgreich: in Auberoche (1345), dann bei Neville's Cross und Crécy (1346), in Calais (1347) Les Espagnols-sur-Mer (1350) und schließlich in der Schlacht von Poitiers, wo Johann II., König von Frankreich, gefangengenommen wurde. Dies alles überzeugte die Engländer davon, unbesiegbar und Gottes neues Volk zu sein: «Ich glaube wirklich, daß Gott nie dieses Land durch große Siege über ihre Feinde geehrt hätte, wenn er es nicht als sein Vermächtnis betrachtete.» Mit diesen patriotischen Worten wandte sich Eduards III. Kanzler an das Parlament von 1376, eines der letzten der Regierungszeit Eduards III. Sie eignen sich als Grabspruch für diese Regierung.

Ausblick

Der Aufstieg des Hauses Plantagenêt näherte sich seinem Ende. Im Jahre 1371 erkrankte Eduard, nach seiner Rüstung «der Schwarze Prinz» genannt, und die militärische Führung ging an seinen jüngeren Bruder, Johann von Gent, Herzog von Lancaster, über. Die folgenden Feldzüge in Frankreich erreichten wenig. Unter dem energischen französischen König Karl V. bewiesen die Franzosen, daß sie die Engländer besiegen konnten. Eduard III. selbst wurde zunehmend senil und überließ die politischen Angelegenheiten einer Maitresse und einer Gruppe skrupelloser Höflinge. Noch schlimmer wurde es, als im Juni 1376 der Schwarze Prinz starb, während sein Vater todkrank in seinem Palast von Eltham in Kent lag. Eduards letzte Jahre waren ruhmlos gewesen, seine großen Leistungen im Krieg bestanden nur noch in der Erinnerung. Es blieb dem Enkel des todkranken Königs, dem zehnjährigen Richard, überlassen, das letzte Parlament der Regierung im Januar 1377 zu eröffnen. Schnell zeichnete sich ab, daß die Magnaten bereit und in der Lage waren, das Machtvakuum unter dem minderjährigen König auszunutzen. Eduard starb in Sheen am 21. Juni 1377; aus dem kleinen Richard wurde König Richard II., der von Anfang an ein Opfer des Ehrgeizes seines mächtigen und unpopulären Onkels, Johann von Gent, Herzog von Lancaster, wurde. Im Jahre 1399 wurde er ermordet und Lancasters eigener Sohn wurde König.

KAPITEL 6

Das Haus Lancaster (1377–1461)

von Karl-Friedrich Krieger

Das englische Königtum im ausgehenden Mittelalter – Konflikte um die königlichen Vorrechte und Unsicherheit über das Thronfolgerecht

Gegen Ende des 14. Jahrhunderts konnte das englische Königtum bereits auf eine lange Tradition zurückblicken. Auf der Grundlage angelsächsischer und normannischer Herrschaftsvorstellungen und -institutionen, begünstigt durch das seit Wilhelm I. in Anspruch genommene und auch von den Zeitgenossen weitgehend anerkannte ‹Recht der Eroberung› (*ius belli*), war im Laufe der Jahrhunderte eine starke Monarchie mit einem hochentwickelten, bereits weitgehend institutionalisierten Ämterwesen entstanden. Der König vereinigte in seiner Person eine beeindruckende Machtfülle. Er galt als gesalbter Herrscher von Gottes Gnaden, ja geradezu als Vikar Christi auf Erden, dessen Person nicht nur unverletzlich, sondern der auch der weltlichen Gerichtsbarkeit grundsätzlich entzogen war. Er allein hatte das Recht, aber auch die Pflicht, den Frieden im Lande zu wahren und ihn gegen Friedensbrecher mit Zwangsmitteln und Strafen durchzusetzen. Er war nicht nur oberster Richter und oberster Heerführer im Krieg, sondern auch oberster Lehnsherr aller Vasallen. Wenn auch das Lehnswesen als Herrschaftssystem im Laufe der spätmittelalterlichen Praxis immer mehr an Bedeutung eingebüßt hatte, so blieb doch das hieraus abgeleitete Prinzip unbestritten, daß nicht nur die königlichen Amtsträger, Kron- und Untervasallen, sondern grundsätzlich alle Landbesitzer dem König im Rahmen eines besonderen, auf ihn bezogenen (ligischen) Pflichtenverhältnisses Treue und Gehorsam schuldeten. Im Gegensatz etwa zur Entwicklung im römisch-deutschen Reich konnten lehnrechtliche Treuepflichtverletzungen des Vasallen gegen den König (Felonie) nicht nur mit der Aberkennung der Lehen geahndet, sondern unter Umständen mit Hilfe eines brutalen Verratsrechts (*law of treason*) in einem Maße kriminalisiert werden, daß dem rebellierenden Vasallen als Hochverräter die Todesstrafe drohte und zudem die ganze Familie Gefahr lief, alle bisher erworbenen Güter und Rechte an die Krone zu verlieren. Obwohl unter König Eduard III. im *Statute of Treason* (1352) die Tatbestände des Verrats auf schwere Angriffe gegen Leib und Leben des Königs und seiner Familie sowie die Rechtsstellung des Königs begrenzt wurden, läßt die Praxis der Folgezeit eher eine diffuse Ausweitung der Strafnorm erkennen, so daß selbst relativ harmlose Formen von Opposition gegen den König für den Betroffenen verhängnisvolle Folgen haben konnten.

Diesem mächtigen König stand jedoch auch ein selbstbewußter Adel gegenüber, der – trotz der bedrohlichen königlichen Disziplinierungsinstrumente – nicht bereit war, seine Herrschaftsinteressen einfach dem königlichen Willen unterzuordnen oder gar den eigenen adligen Besitzstand von der Gnade des Monarchen abhängig zu machen. Bezeichnend für diese Auffassung ist die von einem Chronisten überlieferte Reaktion des alten Earls Johann von Warenne auf die im Namen König Eduards I. durchgeführten sogenannten *Quo warranto*-Verfahren. Hierbei handelte es sich um die Umsetzung des Statuts von Gloucester vom Jahre 1278, in dem die königlichen Reiserichter damit beauftragt wurden, von allen Gerichtsinhabern eine Erklärung darüber einzufordern, aufgrund welchen Rechtstitels (*quo warranto*) sie derartige Rechte ausübten, wobei in aller Regel nur königliche Privilegien als Rechtsgrundlage anerkannt wurden. Auf die entsprechende Frage soll der Earl ein rostiges Schwert hervorgezogen und die erschrockenen Kommissare angeschrieen haben: «Seht, meine Herren, hier ist meine Urkunde. Meine Vorfahren kamen mit König Wilhelm und eroberten ihre Länder mit dem Schwert, und ich werde diese mit dem Schwert gegen jeden verteidigen, der sie mir nehmen will.»

Daß man bereit war, zur Verteidigung der eigenen Rechte und Interessen notfalls auch gegen den König zum Schwert zu greifen, hatten einzelne Adlige oder ganze Adelsgruppen immer wieder bewiesen – zuletzt gegen König Eduard II., der als Ergebnis dieser Auseinandersetzungen sogar abgesetzt, eingekerkert und am Ende wahrscheinlich auch umgebracht wurde.

Das bereits im lehnrechtlichen Prinzip der Wechselseitigkeit vasallitischer Treuepflichten angelegte adlige Widerstandsrecht wurde auch durch den Umstand gestützt, daß es seit Heinrich III. üblich

Abb. 12: Krönung Richards II., König von England (1377–1400)

wurde, zwischen dem König als Person und der ‹Krone Englands› (*corona Anglie*) zu unterscheiden. Nach dieser Vorstellung konnte man behaupten, daß man im Falle der Pflichtenkollision aufgrund des geleisteten Treueids nicht dem König persönlich, sondern nur der ‹Krone› verpflichtet sei und daß man sogar, um die Rechte der

‹Krone› zu schützen, gehalten sei, gegen einen unwürdigen König, der sich über das Recht hinwegsetzte, mit allen Mitteln vorzugehen. Doch wann wurde aus legitimer Königsherrschaft eine tyrannische, zum bewaffneten Widerstand berechtigende Gewaltherrschaft? Gerade die Auseinandersetzungen zur Zeit Johanns, Heinrichs III. und Eduards II. zeigen, daß aus der Sicht der adligen Magnaten dieser Fall regelmäßig dann vorlag, wenn der König durch seine Herrschaftspolitik weniger die Rechte der ‹Krone› als vielmehr wesentliche adlige Interessen bedrohte. Als eine solche Bedrohung wurden nicht nur schwere Eingriffe in adlige Besitzstände, sondern auch das latente Bestreben des Königs empfunden, den im Land ansässigen Hochadel von seinem engsten Beraterkreis zu Gunsten ‹schlechter Berater› fernzuhalten. Bei diesen ‹schlechten Beratern› handelte es sich meist um vom Kontinent stammende, enge persönliche Vertraute des Königs, die, selbst in der Regel von eher mediokrer standesmäßiger Herkunft, mitunter in der Lage waren, die königliche Gunst zu geradezu atemberaubenden Karrieren und damit zum Aufstieg in den Hochadel zu nutzen. Wenn auch in der Rechtstheorie nicht grundsätzlich bestritten wurde, daß der König sich Rat holen könne, von wem er wolle, so wurde doch von Zeitgenossen auch auf das Vorbild des Alten Testaments verwiesen, wonach Israel unter König Salomon in Blüte gestanden habe, da dieser die ‹Ältesten und Weisesten des Landes› zu seinen Ratgebern wählte, während unter seinem Nachfolger Roboam, nachdem dieser die Räte des Vaters entlassen hatte, der Niedergang eingesetzt habe. Noch deutlicher brachte dies der große Staatsrechtslehrer Sir Johann Fortescue um die Mitte des 15. Jahrhunderts zum Ausdruck, indem er bestimmte Personen allein aufgrund ihres Geburtsstandes oder des Amtes, das sie bekleideten, automatisch zu den Mitgliedern des königlichen Rates zählte. Jedenfalls verbarg sich hinter diesem Interessengegensatz zwischen König und Magnaten nach wie vor ein beträchtliches Konfliktpotential, das sich dann auch in der Regierungszeit Richards II. in der Form schwerer Auseinandersetzungen entladen sollte.

Daneben sollte während der Regierungszeit Richards II. noch ein weiterer, bisher vor allem lediglich in der Theorie ausgetragener Konflikt das Verhältnis zwischen König und Hochadel auch in der Praxis überschatten. Dabei ging es um die Frage, inwieweit der König überhaupt an die allgemeinen Gesetze gebunden sei. Gestützt auf die Bestimmungen des römischen Rechts, wonach der Kaiser *legibus solutus*, also von der Einhaltung der (bürgerlichen) Gesetze befreit sei, vertrat z. B. der Rechtslehrer Aegidius Romanus in seinem Fürstenspiegel *De regimine principum* die Ansicht, daß der König als Gesetzgeber nicht nur über dem Gesetz stehe, sondern daß auch die Rechtsgrundlage aller Privilegien und adligen Besitzstände im Königtum zu suchen sei und daß daher jeder Untertan seinem König unbedingten Gehorsam schulde. Das Werk, das im Spätmittelalter an zahlreichen Königs- und Fürstenhöfen verbreitet war, war mit Sicherheit im letzten Viertel des 14. Jahrhunderts auch am englischen Königshof bekannt und scheint die in der Forschung als ‹absolutistisch› bezeichnete Herrschaftspolitik Richards II. und seiner Ratgeber entscheidend beeinflußt zu haben.

Vor dem Hintergrund dieser Auseinandersetzungen hatte inzwischen auch eine Institution zunehmende Bedeutung erlangt, die in der Folgezeit weit über die Grenzen des Landes hinaus berühmt werden sollte: das englische Parlament. Im 13. Jahrhundert aus dem zu besonderen Anlässen zusammentretenden Großen Rat entstanden, wandelte sich die Versammlung im Laufe des 14. Jahrhunderts sowohl von ihrer Zusammensetzung als auch von ihrem Selbstverständnis her zu einer völlig neuen Institution, in der Prälaten und weltliche Magnaten *(Lords)* sowie Grafschaftsritter und Bürger *(Commons)* mit dem Anspruch auftraten, der Krone gegenüber die Gesamtheit des Reiches (*communitas regni, universitas regni*) zu vertreten. Mit dem neuen Selbstverständnis ging eine deutliche Erweiterung des Aufgabenbereiches einher, der neben den Funktionen eines obersten Gerichtshofes auch die Beratung und Entscheidung über bedeutsame politische Fragen, gesetzliche Maßnahmen (*Statute Law*), vor allem aber über die Erhebung besonderer Steuern und Abgaben einschloß. Darüber hinaus bot sich das Parlament den Lords, seit der zweiten Hälfte des 14. Jahrhunderts aber verstärkt auch den Commons als ein neues, bedeutsames Forum an, um die politische Öffentlichkeit des Landes gegen die königliche Politik oder Mißstände am königlichen Hof zu mobilisieren, wobei sich die Agitation weniger gegen den König selbst, als vielmehr gegen dessen hierfür verantwortliche ‹schlechte Berater› richtete. Einen Markstein auf diesem Weg setzte das «Gute Parlament» vom Jahre 1376, das auf eine förmliche Klage der *Commons* im engen Zusammenwirken mit den Lords den Sturz der mächtigen Günstlinge um Alice

Perrers, der Maitresse des inzwischen senil gewordenen Königs Eduard III., erzwang. Wenn auch der jüngere Sohn des Königs, Johann von Gent, bereits wenige Monate später den Widerruf der Schuldsprüche durchsetzen konnte, so war die Präjudizienwirkung für die Zukunft nicht mehr rückgängig zu machen. Das hier praktizierte Vorgehen schuf vielmehr die Grundlage für das sich damit ausbildende *Impeachment*-Verfahren, das von nun an als Waffe gegen mißliebige Berater und Günstlinge des Königs – auch gegen dessen Willen – eingesetzt werden konnte. Dabei wurde das bisher dem König als Disziplinierungsinstrument dienende Verratsrecht (*law of treason*) gegen dessen Vertraute instrumentalisiert, denen nun, obwohl sie im Auftrag des Königs gehandelt hatten, nicht nur die Entfernung aus dem Amt, sondern auch die Todesstrafe wegen Hochverrats gegen die Krone drohte. Allerdings waren das Parlament im ganzen wie auch die Commons im besonderen noch weit davon entfernt, eine konsequente, eigenständige Politik zu betreiben. Vielmehr bot das Parlament des ausgehenden 14. und beginnenden 15. Jahrhunderts nur die Plattform, auf der die Interessengegensätze zwischen den einzelnen Adelsfraktionen oder zwischen Laien und Klerikern ausgetragen wurden.

Im Gegensatz zum römisch-deutschen Königtum hatte sich in der englischen Monarchie der Erb- gegen den Wahlgedanken durchgesetzt, was in der Praxis grundsätzlich ein gewisses Maß an Stabilität und Kontinuität erwarten ließ. Hierfür sprach auch, daß König Eduard III., als er 1377 starb, auch nach dem frühen Tode (1376) seines ältesten Sohnes Eduard immerhin noch vier weitere Söhne (Lionel, Herzog von Clarence; Johann von Gent, Herzog von Lancaster; Edmund, Herzog von York; Thomas, Herzog von Gloucester) als potentielle Thronerben zurückließ. War somit auch die Nachfolge innerhalb der Dynastie Plantagenêt gesichert, so zeigt die spätere Entwicklung doch, daß trotz dieser an sich günstigen Nachfolgesituation schwere Auseinandersetzungen um das Thronfolgerecht in der Zukunft keineswegs ausgeschlossen waren. Zwar hatte sich auch in England die Vorstellung vom Erstgeburtsrecht wenigstens insoweit durchgesetzt, als Eduards III. ältester Sohn, der Schwarze Prinz, zunächst unbestritten als präsumtiver Nachfolger seines Vaters akzeptiert wurde. Jedoch wurde die Nachfolgefrage wieder akut, als dieser noch zu Lebzeiten seines Vaters verstarb, wobei er allerdings einen Leibeserben, den späteren König Richard II., hinterließ. Spätestens nach dem Tode König Eduards III. stellte sich daher die Frage, ob der (noch minderjährige) Enkel Richard, da aus der Primogeniturlinie stammend, oder einer der verbliebenen Söhne des Königs die Nachfolge antreten sollte. Das Präjudiz König Johanns, der seinem erstgeborenen Bruder Richard Löwenherz als König nachgefolgt war, obwohl sein Neffe Arthur als Sohn Gottfrieds von der Bretagne (zweitältester Sohn König Heinrichs II.) nach dem strengen Primogeniturprinzip die besseren Karten hatte, sprach eigentlich für die zweite Alternative. Dennoch entschied man sich noch zu Lebzeiten des Königs für den jungen Richard und somit dafür, das Primogeniturprinzip nicht nur auf die Person des Erstgeborenen, sondern auch auf dessen Linie anzuwenden. Wie sollte man aber verfahren, wenn, was in der Realität auch eingetreten ist, mit dem Tode Richards zugleich die Primogeniturlinie ausstarb? Sollte das Primogeniturprinzip nun auch für das Verhältnis zwischen den verbleibenden Linien gelten? Wenn ja, sollte man der nächstälteren Linie auch dann einen Vorrang vor den nachfolgenden Linien einräumen, wenn hier nur mehr ein Enkel oder Urenkel, in den jüngeren Linien aber noch Söhne König Eduards III. zur Verfügung standen? Und was sollte geschehen, wenn in der nach dem Primogeniturprinzip bevorrechtigten Linie nur mehr ein Kandidat vorhanden war, der seinen Anspruch über eine Tochter oder Enkelin Eduards III. ableitete, während in der nächsten Linie ein Enkel König Eduards III. im Mannesstamm zur Verfügung stand? Während auf dem Kontinent in diesen Fällen in der Regel den Kandidaten aus dem Mannesstamm Vorrang eingeräumt wurde, konnte dies für die englischen Könige nach Eduard III. kaum gelten, da diese ja ihren Anspruch auf die französische Krone auf die weibliche Erbfolge stützten. Die aufgeworfenen Fragen lassen bereits die politische Brisanz und das Konfliktpotential ahnen, das trotz – oder gerade infolge – der reichen Nachkommenschaft Eduards III. dem Lande drohte und das sich nach dem Tode Richards II. in mehreren Aufständen und schließlich im offenen Thronkampf zwischen den Linien Lancaster und York entladen sollte.

Richard II. – ein gescheiterter König

Jugend, Vormundschaft und der englische Bauernaufstand

Als König Eduard III. im Jahre 1377 starb, war Richard gerade zehn Jahre alt. Die Anfänge seines Lebens verbrachte er in Aquitanien, dem Herzogtum seines Vaters, unter der Obhut einheimischer Ammen, so daß er wahrscheinlich mit Französisch als Muttersprache aufwuchs. Obwohl er sicher bereits in seiner Jugend Englisch lernte, war er auch später noch in der Lage, fließend und ohne Mühe Französisch zu sprechen und zu lesen. Überschattet wurde die Kindheit des künftigen Königs durch die tragische Krankheit seines Vaters, des Schwarzen Prinzen, die dieser sich wohl Ende der 1360erJahre während seines Feldzugs in Spanien geholt hatte und die ihn bald zum Invaliden machte. Dies veranlaßte ihn wohl, 1371 die Regierung seines Herzogtums niederzulegen und mit seiner Familie nach England zurückzukehren, um dort als ein von seiner Krankheit bereits schwer Gezeichneter seine letzten Lebensjahre zu verbringen. Obwohl nicht im einzelnen bezeugt, erhielt der junge Richard sicher eine seinem hohen Stande entsprechende sorgfältige Erziehung, die auch Grundkenntnisse in Latein einschloß. Unter seinen Erziehern scheint vor allem Sir Simon Burley den jungen Richard beeinflußt zu haben. Er war ein treuer Gefolgsmann des Schwarzen Prinzen und überzeugter Anhänger eines autokratischen Königtums im Sinne der bereits angesprochenen Schrift des Aegidius Romanus, von der sich ein Exemplar nachweisbar in seinem Besitz befand. Vielleicht weckte er schon damals in Richard die Vorstellung von der Unantastbarkeit der königlichen ‹Prärogative› im Sinne eines nur dem König zustehenden Handlungs- und Rechtsbereiches. Als im Jahre 1376 der Schwarze Prinz starb, trugen wohl zwei Umstände mit dazu bei, daß die (an sich nicht so eindeutige) Nachfolge Richards als Kronprinz gar nicht diskutiert wurde. So forderten die *Commons* im Parlament König und Regierung auf, den jungen Prinzen förmlich als Thronfolger anzuerkennen. Sie befanden sich zu dieser Zeit mit dem dritten (überlebenden) Sohn des Königs, Johann von Gent, im Zusammenhang mit dessen Widerstand gegen die Agitation auf dem «Guten Parlament» in heftigem Streit und argwöhnten (zu Unrecht), daß dieser nach der Krone strebe. Dazu kam, daß der

Schwarze Prinz im gesamten Lande eine geradezu mythische Verehrung nicht nur als siegreicher Feldherr, sondern als die ‹Blüte der Ritterschaft› schlechthin genoß, und daß auch Richards Mutter, Johanna von Kent, nach wie vor im Hintergrund über erheblichen Einfluß am Königshof und in weiten Adelskreisen verfügte. So wurde Richard bereits einige Monate nach dem Tode seines Vaters zum Prinz von Wales erhoben und damit als offizieller Thronfolger anerkannt. Spätestens zu diesem Zeitpunkt wurde ihm ein eigener Haushalt (*household*) mit einem Privat-Siegelamt und einer entsprechenden finanziellen Ausstattung zugewiesen, die es seiner Mutter bzw. auch ihm selbst erlaubte, neben alten Vertrauten des Vaters auch zahlreiche junge befreundete Adlige an seinen Hof zu ziehen. Unter diesen befanden sich nicht nur bedingungslose Anhänger, wie der Earl von Oxford, Robert de Vere, sondern auch Richards Vetter, späterer Todfeind und Nachfolger als König, Heinrich Bolingbroke.

Als König Eduard III. im Juni 1377 starb, wurde also das Nachfolgerecht seines jugendlichen Enkels von niemandem bezweifelt. Bereits elf Tage nach dem feierlichen Leichenbegängnis des Großvaters erfolgte die Krönung des neuen Königs. Dabei setzten dessen Berater als bemerkenswerte Änderung im Zeremoniell durch, daß die Anwesenden zuerst dem neuen König akklamierten und erst dann dessen Krönungseid folgte. Wie sein Großvater mußte wohl auch Richard schwören, nicht nur die Gesetze und Gewohnheiten seiner Vorgänger zu achten, die Kirche und den Klerus zu schützen und Gerechtigkeit gegenüber jedermann zu üben, sondern auch die «Gesetze, die sich das Volk wählen würde», zu repektieren. Der letzte Passus, der dem Parlament im Grunde ein Gesetzgebungsrecht ohne Zustimmung des Königs einräumte, wurde allerdings in seinen Auswirkungen dadurch ‹entschärft›, daß in der offiziellen Beurkundung die entsprechenden Gesetze durch einen Zusatz unter den Vorbehalt gestellt wurden, daß sie «gerecht und vernünftig» (*juste et rationabiliter*) zustande gekommen waren.

Trotz der Minderjährigkeit des neuen Königs wurde offiziell keine Regentschaft eingerichtet. Der Grund lag in der offensichtlichen Unpopularität Johanns von Gent, der konsequent und mit schroffem Nachdruck die Rechte der Krone gegen die Agitation auf dem ‹Guten Parlament› verteidigt hatte, der andererseits aber als der älteste überlebende Sohn des verstorbenen Königs als Regent auch kaum übergangen werden konnte. So verfiel man auf den Ausweg, mit den Alltagsgeschäften den königlichen Rat in wechselnder Zusammensetzung zu betrauen, während im Hintergrund Johann von Gent, aber auch Richards Mutter, Johanna von Kent, ihren Einfluß geltend machten.

Der junge König wurde auf Betreiben der Commons 1380 vorzeitig für volljährig erklärt. Bereits ein Jahr später mußte er mit einer der schwersten sozialpolitischen Krisen, von denen das Land im Laufe des Mittelalters geschüttelt wurde, fertigwerden, dem englischen Bauernaufstand vom Jahre 1381. Nachdem es zwei größeren bewaffneten Kontingenten von Aufständischen gelungen war, mit Hilfe sympathisierender Stadtbürger in die Stadt London einzudringen, war die persönliche Sicherheit des Königs und seiner Berater unmittelbar bedroht, wenn es ihnen auch gelungen war, sich vor den plündernden und mordenden Scharen noch rechtzeitig in den festen Tower in Sicherheit zu bringen. In dieser gefährlichen Situation soll der vierzehnjährige König nach Augenzeugenberichten – im Gegensatz zu den eher ratlosen Lords seiner Umgebung – ein bemerkenswertes Maß an Umsicht, Entschlußkraft und persönlichem Mut bewiesen haben. Um Zeit zu gewinnen und um den bei den Aufständischen besonders verhaßten Beratern die Flucht zu ermöglichen, entschloß er sich, persönlich mit den rebellischen Kontingenten zu verhandeln. Wenn Richard mit dieser Strategie auch nicht verhindern konnte, daß sein Kanzler Simon Sudbury und sein Schatzmeister Robert Hales von einer Gruppe von Aufständischen im Tower ermordet wurden, so gelang es ihm doch, das aus Essex stammende Kontingent in Mile End durch weitreichende, feierlich beurkundete Zugeständnisse, die bis zur völligen Abschaffung der Leibeigenschaft reichten, zunächst zu beruhigen und damit die prekäre Situation etwas zu entspannen. Zu einer dramatischen Szene kam es dann am nächsten Tag, als der junge König mit einer bewaffneten Begleitmannschaft das kentische Rebellenaufgebot in Smithfield traf, um mit dessen Anführer Wat Tyler ebenfalls über die Forderungen der Aufständischen zu verhandeln. Der genaue Ablauf des folgenden Geschehens wird von den zeitgenössischen Chronisten unterschiedlich wiedergegeben, so daß eine gesicherte Rekonstruktion kaum möglich ist. Wie es scheint, ergab sich als Reaktion auf die weitreichenden Forderungen des Rebellenführers ein heftiger Wortwechsel, in dessen Verlauf Wat Tyler den König und seine

Gefolgsleute nicht nur provozierte, sondern mit einer wohl mißverstandenen Geste den Anschein erweckte, als wolle er zur Waffe greifen. Die emotional aufgeheizte Stimmung trug dazu bei, daß in der königlichen Begleitmannschaft William Walworth, der Bürgermeister von London, die Nerven verlor, sein Schwert zog und den Rebellenführer niederschlug. In dieser äußerst kritischen Situation, in der die aufständischen Bauern bereits Anstalten machten, über den König und sein relativ kleines Gefolge herzufallen, behielt der junge Richard einen bemerkenswert kühlen Kopf, indem er allein vor die Menge ritt, diese mit beherzten Worten an ihre Gehorsamspflicht erinnerte und aufforderte, ihm zu folgen. Während so der König an der Spitze des Rebellenaufgebots abzog, ritt Walworth nach London zurück, um dort die Führung einer wohl schon vorher aufgebotenen Truppe von kampfbereiten, der Krone treu ergebenen Stadtbürgern und Mitgliedern der Tower-Besatzung zu übernehmen. Zum militärischen Schlagabtausch kam es jedoch nicht mehr, da die Aufständischen abzogen. In den nächsten Wochen gelang es, auch den noch verbliebenen Widerstand zu brechen und den Aufstand endgültig niederzuschlagen. Wenn auch das Strafgericht, das nun über die Rebellen hereinbrach, relativ maßvoll blieb und sich weitgehend auf die Hauptverantwortlichen beschränkte, so dachte doch Richard nicht daran, die in der Not gemachten Zusagen auch wirklich einzuhalten. Als einige Bauern ihn an sein in Mile End gegebenes Versprechen, die Leibeigenschaft abzuschaffen, erinnerten, soll er ihnen geantwortet haben: «Knechte seid ihr, und Knechte werdet ihr auch bleiben.»

Außenpolitik, Kriegführung, Konflikte mit der Magnatenopposition und Demütigung

Außenpolitisch stellte sich für König Richard und seine Berater nach wie vor die zentrale Aufgabe, den Kriegsgegner Frankreich in die Knie zu zwingen. Da die eigenen militärischen Erfolge auf dem Kontinent ausblieben, lag es nahe, verstärkt auch die Möglichkeiten der Diplomatie einzusetzen und zu versuchen, neue Bundesgenossen zu gewinnen. Gelegenheit hierzu bot das 1378 ausgebrochene Schisma, das mit dem römischen Papst Urban VI. und dem Gegenpapst Clemens VII. in Avignon die abendländische Christenheit in zwei Lager spaltete und damit auch für neue Bündniskonstellationen sorgte. So hatte sich der römisch-deutsche König Wenzel, dessen Vater und Großvater noch in der Schlacht von Crécy (1346) als treue Verbündete Frankreichs gegen die Engländer gekämpft hatten, auf den römischen Papst Urban festgelegt, da er von diesem die Kaiserkrönung erhoffte, während der traditionelle bisherige Bündnispartner der luxemburgischen Dynastie, Frankreich, ebenso entschieden am Gegenpapst festhielt. Umgekehrt bedeutete diese Entscheidung Frankreichs für König Richard und seine Berater schon fast zwangsläufig, daß man sich für den römischen Papst erklärte und nun im römisch-deutschen König einen vielversprechenden politischen und militärischen Bundesgenossen gegen Frankreich gefunden zu haben glaubte. Statt der erhofften engen Militärallianz blieb als mageres Ergebnis der Verhandlungen am Ende allerdings nur ein allgemeiner Freundschaftsvertrag mit einem Eheprojekt übrig, das immerhin dazu führte, daß König Richard zu Beginn des Jahres 1382 die Schwester König Wenzels, Anna von Böhmen, heiratete.

Auch im weiteren blieben Erfolge im Krieg gegen Frankreich und seine Verbündeten aus. Als wenig günstig für die Interessen des Landes erwies sich auch eine militärische Expedition, die Johann von Gent im Jahre 1386 gegen das mit Frankreich verbündete Königreich Kastilien unternahm. Als Schwiegersohn des 1371 von seinem Halbbruder Heinrich Trastamara gestürzten und ermordeten Königs Pedro von Kastilien erhob er selbst Anspruch auf die Nachfolge Pedros, verfolgte also zugleich auch eigene dynastische Interessen mit diesem Unternehmen. Wenn es ihm auch gelang, mit seiner Armee Galizien zu besetzen, mußte er am Ende doch seinen Rivalen Heinrich Trastamara als König anerkennen (Juni/Juli 1387) und ohne greifbares Ergebnis mit den Resten seines Heeres den Rückweg nach England antreten.

Die Stellung König Richards war während der Abwesenheit seines Onkels jedoch vor allem durch die wachsenden Spannungen zwischen Richard und einer mächtigen Magnatengruppe bedroht. Wieder – wie zu den Zeiten Heinrichs III. und Eduards II. – ging es um die Personalpolitik des Königs, der zu seinen engsten Ratgebern und in die traditionellen Staatsämter nicht Angehörige des alten Hochadels, sondern persönliche Günstlinge berief und mit Ehren und Würden überhäufte. Neben einigen jüngeren Vertrauten, wie dem zum Herzog von Irland erhobenen Kämmerer Robert de Vere, handelte es sich dabei vor allem um Michael de la Pole, der, aus einer Kaufmannsfamilie stammend, vom König nicht nur zum Kanzler, sondern auch zum Earl von Suffolk erhoben wurde und schon aus diesem Grund den Haß der opponierenden Magnaten auf sich zog.

Nachdem sich die Lords schon im Jahre 1383 im Parlament darüber beklagt hatten, daß der König nicht mehr in dem Maße, wie er sollte und wie es noch seine Vorgänger praktiziert hätten, ihren Rat einhole, entlud sich im Jahre 1386 die aufgestaute Mißstimmung in einem schweren Konflikt. Der Zeitpunkt war von den Opponenten gut gewählt. Obwohl der junge König unter dem Einfluß seiner Berater seinem Onkel permanent tiefes Mißtrauen entgegengebracht hatte und sogar auf eine obskure Beschuldigung hin verlangt haben soll, ihn ohne Gerichtsverfahren als Hochverräter hinzurichten, steht wohl außer Frage, daß Johann von Gent trotz dieser beschämenden Behandlung die Interessen seines Neffen und die königlichen Rechte loyal vertreten hatte. Erst seine Abwesenheit und das hierdurch entstehende Machtvakuum eröffneten den radikalen Gegnern des Königs die Möglichkeit zum Handeln. Dazu kam, daß die Franzosen als Reaktion auf die ihnen zu Ohren gekommenen Vorbereitungen der Kastilien-Expedition im Frühjahr und Sommer 1386 eine gewaltige Flotte in Flandern zusammenzogen, was in England die Befürchtung weckte, eine Invasion der Insel stünde unmittelbar bevor. Vor diesem Hintergrund hatte das im Herbst 1386 in Westminster tagende Parlament, das später das «Wundervolle Parlament» genannt wurde, wiederum über hohe Geldanforderungen der Regierung zu beraten und zu beschließen. Hier kam es zum Eklat, als der Kanzler Michael de la Pole eine ungewöhnlich hohe Summe einforderte, obwohl bereits ein Jahr vorher beträchtliche Gelder für die Landesverteidigung bewilligt worden waren. In einer erregten Aussprache forderten *Lords* und Commons gemeinsam vom König die Entlassung sowohl des Kanzlers als auch des Schatzmeisters Johann Fordham, Bischof von Durham. Richard lehnte dies zunächst schroff mit der Bemerkung ab, er werde auf ihre Forderung hin noch nicht einmal einen Spüljungen aus seiner Küche entlassen. Als allerdings im Namen des Parlaments Thomas Arundel, Bischof von Ely, sowie der Onkel des Königs, Thomas von Woodstock, Herzog von Gloucester, Richard aufsuchten und ihm unverhohlen mit Absetzung drohten, gab er dann doch zähneknirschend seine Zustimmung zur Entlassung und Inhaftierung der beiden Vertrauten.

An ihre Stelle traten Arundel als neuer Kanzler und Johann Gilbert, Bischof von Hereford, als Schatzmeister. Nun war der Weg frei für ein förmliches *Impeachment*-Verfahren, das allerdings von den Commons nur gegen Michael de la Pole eingeleitet und von den Lords insofern relativ glimpflich entschieden wurde, als der Angeklagte lediglich zu einer Geld- und Gefängnisstrafe verurteilt und bereits kurze Zeit später wieder auf freien Fuß gesetzt wurde. Das «Wundervolle Parlament» begnügte sich jedoch nicht mit diesem Teilerfolg, sondern beschloß darüber hinaus – wiederum offiziell auf Antrag der Commons – dem König ein kontinuierliches, allerdings auf ein Jahr befristetes Rats- und Kontrollgremium zur Seite zu stellen. Es erhielt weitreichende Vollmachten, nämlich das gesamte Finanzgebaren des Königs und seiner Vertrauten, vor allem auch innerhalb des königlichen Haushalts, einschließlich aller Grundstücksvergaben in den letzten zehn Jahren, zu überprüfen. Es war fast vorauszusehen, daß der König, der auf der Schlußsitzung des Parlaments «mit seinem eigenen Munde» feierlich Protest gegen die beschlossenen Maßnahmen einlegte, da sie seine königliche Prärogative verletzten, nicht daran dachte, diese Niederlage auf Dauer hinzunehmen. Mit dem bald aus der Haft entlassenen de la Pole und einigen anderen Vertrauten verließ er im Februar 1387 Westminster, um im Lande Unterstützung gegen seine Widersacher zu finden. Vor allem war Richard und seinen Beratern allerdings daran gelegen, das Vorgehen ihrer Widersacher auf rechtlichem Wege zu diskreditieren. Hierzu wurde im August ein Kollegium von Richtern der königlichen Gerichte nach Shrewsbury und Nottingham einberufen, dem im Namen des Königs eine Anzahl von Fragen über die Rechtmäßigkeit der auf dem «Wundervollen Parlament» beschlossenen Statuten und Maßnahmen sowie überhaupt über den Umfang der königlichen Prärogative vorgelegt wurden. Nachdem die Richter die Nichtigkeit der Beschlüsse und die Rechtswidrigkeit des Verfahrens festgestellt hatten, wurde die Frage gestellt, wie diejenigen zu bestrafen seien, die diese Beschlüsse und Maßnahmen erwirkt hatten. Die Antwort lautete, daß diese wie ‹Verräter› behandelt werden sollten. Natürlich erkannten Richard und seine Berater die Brisanz dieser juristischen Feststellungen, so daß die Teilnehmer durch Eid verpflichtet wurden, über die Fragen und Antworten absolute Verschwiegenheit zu wahren. Dennoch sickerten im Laufe der nächsten zwei Monate Einzelheiten über das Vorgehen des Königs durch und setzten die Opponenten in Alarmstimmung, da sie nun wußten, daß ihnen über kurz oder lang, wenn man den König gewähren ließ, ein Hochverratsverfahren drohte. Die Betroffenen beschlossen daher, ihre Gefolgsleute zu mobilisieren und den König mit Gewalt zu zwingen, sich auch von den verbliebenen «verräterischen» Ratgebern zu trennen. Als sie mit ihrem Aufgebot vor London erschienen, öffneten ihnen die verschreckten oder mit ihnen sympathisierenden Bürger die Tore, so daß der König, der nach London zurückgekehrt war und ein neues Parlament ausgeschrieben hatte, praktisch in ihrer Gewalt war. Zwar hatte inzwischen Richards Kämmerer, Robert de Vere, im Westen des Landes eine kleine Streitmacht aufgeboten, um dem König zu Hilfe zu kommen. Bei Radcot Bridge in Oxfordshire wurde das königliche Aufgebot jedoch von den Magnaten abgefangen und vernichtend geschlagen (Dezember 1387), wobei de Vere allerdings im dichten Nebel die Flucht gelang. Nun war der Weg für die Opponenten frei, auf dem neuen Parlament, das im Februar 1388 zusammentrat und als das «Gnadenlose Parlament» in die Geschichte eingegangen ist, den König ein für alle Mal in seine Schranken zu weisen und mit dessen verhaßten Beratern abzurechnen. In einem neuartigen Verfahren, dem *appealing*, erhoben fünf Lords – Herzog Thomas von Gloucester, die Earls Richard von Arundel und Thomas von Warwick sowie (der spätere König) Heinrich Bolingbroke und Thomas Mowbray, Earl von Nottingham – vor dem Parlament förmliche Anklage gegen fünf Vertraute des Königs wegen Hochverrats, begangen gegen die Krone. Bis auf den ehemaligen Bürgermeister Sir Nicholas Brembre von London, dessen Schuld zudem noch angezweifelt wurde, entzogen sich jedoch alle Angeklagten durch Flucht dem Zugriff ihrer Gegner. Das rechtlich problematische Verfahren, das gegen vier der Beschuldigten in deren Abwesenheit geführt werden mußte und zudem vom *Statute of Treason* von 1352 nicht gedeckt war, endete dennoch für alle Angeklagte mit Schuldsprüchen. Den bitteren Gang zum Schafott mußten indessen nur zwei von ihnen, Nicholas Brembre und der oberste Richter des königlichen Gerichtshofes *The King's Bench*, Robert Tresilian, der nach dem Urteil noch in einer Kirchenfreiung aufgegriffen worden war, antreten. Mit dem *appealing* gegen die Hauptbetroffenen war der Rachedurst der Gegner des Königs jedoch noch nicht befriedigt. In der Form von *Impeachment*-Verfahren ging man nun auch gegen einzelne Ritter im königlichen Haushalt vor, wobei auch hier mehrere Todesurteile verhängt wurden. Zu den Opfern gehörte auch Sir Simon Burley, der Erzieher und enge Vertraute des Königs, der trotz der Fürsprache Richards und der Königin sowie mächtiger Lords im Parlament auf Betreiben Gloucesters und der *Commons* ebenfalls hingerichtet wurde.

Die Demütigung des Königs, der machtlos den Untergang seiner Freunde mitansehen mußte, war kaum noch zu übertreffen, zumal er von den Appellanten um den Jahreswechsel 1387/88 sogar für einige Tage abgesetzt, dann aber – da man sich nicht auf einen Nachfolger einigen konnte – wieder in seine Rechte eingesetzt worden sein soll. Wer Richard kannte, mußte wohl davon ausgehen, daß er den Hauptverantwortlichen dieses Vorgehen nie verzeihen und alles daran setzen würde, sich zu rächen und die ihm entglittene Herrschaftsgewalt wieder an sich zu ziehen.

Rückgewinnung der Macht

Wenn es auch noch eine Weile dauern sollte, bis König Richard dieses Ziel erreichte, so überrascht im Rückblick doch, wie wenig Schwierigkeiten ihm dabei seine Gegner bereiteten, die bald die Erfahrung machen mußten, daß ihre Popularität, die sie noch auf dem «Gnadenlosen Parlament» genossen hatten, dahinschwand. Bereits auf dem nächsten Parlament in Cambridge gewann König Richard an Sympathien, als er sich in der bisher ungewohnten Rolle eines Vermittlers zwischen den Commons und Lords präsentierte. Erstere hatten die mit dem System der *livery and maintenance* einhergehenden Mißbräuche angeprangert, letztere hatten dagegen auf ihre fürstlichen Vorrechte verwiesen. Ein weiteres halbes Jahr später konnte er den ersten entscheidenden Erfolg verbuchen, als er – ohne auf Widerspruch zu stoßen – im Rahmen einer Versammlung des Großen Rats die ihm 1387 aufgezwungenen Amtsträger und Berater, die Bischöfe Arundel von Ely als Kanzler, Gilbert von St. David's als Schatzmeister und Walter von Salisbury als Privatsiegelbewahrer entließ. Dabei machte er allerdings nicht den Fehler, seine geflüchteten ehemaligen Vertrauten aus dem Exil zurückzurufen, sondern begnügte sich damit, die nun vakant gewordenen Ämter an Personen, die in die jüngsten dramatischen Ereignisse nicht involviert waren, zu vergeben. Als im selben Jahr (Dezember 1389) dann auch Johann von Gent nach England zurückkehrte, bedeutete dies zunächst für die innenpolitische Lage eine Konsolidierungsphase, die für die ursprünglichen Appellanten – Gloucester, Arundel und Warwick – eine zunehmende Isolierung brachte, da ihre ehemaligen Mitappellanten auf dem «Gnadenlosen Parlament», (der spätere König) Heinrich Bolingbroke und Thomas Mowbray, sich mittlerweile wieder um die Gunst des Königs bemühten.

Inzwischen war der Krieg mit Frankreich praktisch eingeschlafen. Nach mehrfach verlängerten Waffenstillstandsvereinbarungen wurde Anfang der 90er Jahre ein de-facto-Friedenszustand erreicht, der 1396 – nach dem Tod der Königin Anna von Böhmen (1394) – durch eine zweite Heirat Richards mit der noch jugendlichen Isabella, Tochter des französischen Königs Karl VI., bekräftigt wurde.

Die Beendigung des Kriegszustandes mit Frankreich ermöglichte es Richard, mit einem Heer in Irland einzufallen und die seit der Zeit von Heinrich II. und Johann Ohneland in Verfall geratene englische Herrschaft wieder zu stabilisieren (1394/95). Der erfolgreiche Abschluß des Feldzugs stärkte das Ansehen des Königs, er schien sein Ziel, die königliche Macht gegen seine Widersacher in ihrem von Gott gewollten Umfang wiederherzustellen, erreicht zu haben.

Das gesteigerte Selbstbewußtsein des jungen Monarchen spiegelte sich nicht zuletzt in einer glanzvollen Hofhaltung wider, die auch die Funktion hatte, den eigenen Untertanen wie auch fremden Gesandten und Besuchern gegenüber die Machtfülle, hohe Reputation und sakrale Weihe englischer Königsherrschaft zu demonstrieren. Im Vergleich zu früheren Zeiten unterschied sich der Königshof unter Richard II. in mehrfacher Hinsicht. Wenn auch nach wie vor der königliche Haushalt, bestehend aus Kammer (*chamber*) und Garderobe (*wardrobe*), das organisatorische Rückgrat bildete, war der zahlenmäßige Gesamtumfang des Hofes im Vergleich etwa zur Zeit Heinrichs I. auf das Vierfache, das heißt auf durchschnittlich ca. 400 bis 700 anwesende Personen gestiegen. Unter Richard hatte sich zudem das äußere Erscheinungsbild gegenüber früheren Zeiten entscheidend gewandelt. An die Stelle einer bisher vor allem militärischen Gesichtspunkten Rechnung tragenden Männerdomäne war eine zivile Hofgesellschaft mit urbanem Zuschnitt, einem hohen Frauenanteil und der Tendenz zu einem anspruchsvoll-luxuriösem Lebensstil getreten. Nach Ansicht der neueren Forschung nahm er bereits die spätere Hofkultur der Tudorzeit unter Heinrich VIII.

weitgehend vorweg. Der persönliche Hang des Königs zu Sauberkeit, Hygiene und einer gewissen Ästhetik schlug sich nicht nur in nützlichen, in der damaligen Adelsgesellschaft aber keineswegs immer üblichen Einrichtungen, wie etwa dem Bau von Badehäusern oder dem Gebrauch von Eßbesteck und Taschentüchern, nieder, sondern bewirkte auch eine Verfeinerung der allgemeinen Umgangsformen. Das höfische Zeremoniell spielte eine zentrale Rolle, in seiner Tendenz, den König gegenüber seinen Untertanen zu erhöhen, konnte es mitunter allerdings auch groteske Züge annehmen. So soll Richard bei besonderen Feierlichkeiten angeordnet haben, im Festzimmer einen erhöhten Thron zu errichten, auf dem er nach dem Festmahl im vollen Krönungsornat Platz genommen habe, um von hier aus über mehrere Stunden lang schweigend die einzelnen Teilnehmer zu beobachten. Dabei sei von jedem Anwesenden erwartet worden, immer, wenn der Blick des Königs auf ihn fiel, mit einem Kniefall zu reagieren. Für das alltägliche Erscheinungsbild des Hofes unter König Richard dürfte allerdings wichtiger gewesen sein, daß Richard einen ausgeprägten Sinn für Literatur und Dichtung erkennen ließ. Vor allem in den 90er Jahren wurde sein Hof zu einem bedeutenden geistig-literarischen Zentrum, das nicht nur Englands größtem spätmittelalterlichem Dichter, Geoffrey Chaucer (ca. 1343–1400), sondern auch anderen begabten Literaten wie Johann Gower (ca. 1330–1408), Sir Johann Clanvow († 1399) und Sir Johann Montagu († 1400), eine Wirkungsstätte bot.

Abrechnung mit den Appellanten, Absetzung, Tod und Bilanz

Nach dem Chronisten Thomas Walsingham begann König Richard im Jahre 1397, «sein Volk zu tyrannisieren und mit hohen Anleihen zu belasten». Er hatte erfahren, daß in Deutschland einige Kurfürsten bereit seien, ihn an Stelle König Wenzels zum König und künftigen Kaiser zu wählen, andere allerdings dagegen eingewandt hätten, daß man niemanden wählen könne, der sich noch nicht einmal im eigenen Land gegen seine Untertanen durchsetzen könne. Wenn auch höchst zweifelhaft bleibt, ob und inwieweit derartige Gerüchte Richards Entscheidungen beeinflußten, so steht doch fest, daß er sich im Sommer 1397 stark genug fühlte, mit den drei verhaßten, in seinen Augen für das Desaster von 1388 hauptsächlich verantwortlichen Appellanten, Gloucester, Arundel und Warwick, abzurechnen. Sie wurden ohne Vorwarnung in Haft genommen. Auf dem kommenden, ganz unter dem Einfluß Richards stehenden Parlament in Shrewsbury (1398) wurde zunächst die Nichtigkeit der Beschlüsse des «Gnadenlosen Parlaments» festgestellt, worauf im Wege des Impeachments der damals amtierende Kanzler und Bruder des inhaftierten Earls, Thomas Arundel, inzwischen Erzbischof von Canterbury, als Hochverräter zu dauerndem Exil verurteilt wurde. In den nächsten Tagen folgten die Prozesse gegen die drei Appellanten von 1388 in der Form des damals eingeführten *appealing* wegen Hochverrats, begangen zehn Jahre zuvor gegenüber dem König; alle endeten mit Schuldsprüchen. Nachdem Gloucester bereits vor Prozeßbeginn in Calais, wo er in Haft gehalten wurde, auf ungeklärte Weise ums Leben gekommen war, wurde Warwick nach einer tränenreichen Reuebekundung von Richard zum lebenslangen Exil auf der Insel Man begnadigt. Keine Gnade fand jedoch Richard Arundel: er wurde – trotz eines von Richard erwirkten Amnestieversprechens – nach einem erbitterten Rededuell mit Johann von Gent zum Tode verurteilt und noch am gleichen Tage hingerichtet. Mit den heimgefallenen Gütern der Verurteilten wurden die neuen Anhänger des Königs fürstlich belohnt. Wenn im übrigen auch eine allgemeine Amnestie für alle anderen an den Vorgängen von 1388 Beteiligten erlassen wurde, sollten hiervon diejenigen ausgenommen sein, die sich seinerzeit mit Waffengewalt gegen den König gewandt hatten. Die großzügige Auslegung dieser Bestimmung durch den König und seine beflissenen Helfer sorgte allerdings dafür, daß zahlreiche Grafschaften die Verzeihung des Königs durch massive Geldbußen erkaufen mußten.

Typisch für das sich hierdurch verstärkende Klima von Angst und gegenseitigem Mißtrauen war eine geradezu groteske Episode, die Richard am Ende Thron und Leben kosten sollte. Heinrich Bolingbroke, Sohn und Erbe Johanns von Gent, war zwar einer der Mitappellanten von 1388 gewesen, hatte aber rechtzeitig die Partei gewechselt und war inzwischen wieder zu einem ergebenen Anhänger des Königs geworden, der ihn hierfür mit der Erhebung zum Herzog von Hereford belohnt hatte. Bereits zu Beginn des Jahres 1398 hatte Bolingbroke dem König über ein angebliches Gespräch mit seinem ehemaligen Mitappellanten, Thomas Mowbray, Earl von Nottingham, berichtet. Dieser hatte ebenfalls rechtzeitig wieder die Partei des Königs ergriffen und war mit der Erhebung zum Herzog von Norfolk belohnt worden. Mowbray habe – so Bolingbroke – ihn gewarnt, daß der König mit ihm sicher wegen des militärischen Einsatzes bei Radcot Bridge so verfahren werde wie mit den anderen Appellanten. Da Mowbray, zur Rede gestellt, die ihn belastende Äußerung abstritt und umgekehrt Bolingbroke des Hochverrats beschuldigte, entschied eine Untersuchungskommission, daß der Fall durch einen Zweikampf der Betroffenen auf Leben und Tod entschieden werden sollte. Im letzten Augenblick schaltete sich jedoch der König in das Verfahren ein und verbannte beide außer Landes, Bolingbroke für zehn Jahre und Mowbray auf Lebenszeit, wobei Bolingbroke auch im Exil die finanzielle Nutzung seiner Güter gestattet wurde. Als kurze Zeit später Johann von Gent starb, konnten König Richard und seine Ratgeber jedoch der Versuchung nicht widerstehen, unter einem nichtigen Vorwand die Verbannung Bolingbrokes auf Lebenszeit zu verlängern und das ihm zustehende Lancastererbe für die Krone einzuziehen.

Doch Heinrich Bolingbroke dachte nicht daran, sich mit dieser Entscheidung abzufinden. Als Richard zu einem zweiten Feldzug nach Irland aufbrach, landete er zusammen mit dem ins Exil getriebenen Erzbischof von Canterbury, Thomas Arundel, und einer kleinen Gruppe bewaffneter Anhänger an der Küste von Yorkshire. Sein Appell an die Solidarität seiner Standesgenossen brachte Bolingbroke in kurzer Zeit ungeheuren Zulauf ein, so daß er bald mit einer ansehnlichen Streitmacht in Wales erschien. Richard dagegen, der seinen Feldzug in Irland abgebrochen hatte und an der walisischen Küste gelandet war, mußte erleben, daß sein Heer ihm praktisch davonlief; er zog sich mit seinen wenigen, bei ihm ausharrenden Getreuen in die stark befestigte Burg Conway zurück. Durch die Vermittlung Arundels gelang es Bolingbroke, Richard aus seinem relativ sicheren Zufluchtsort zu locken und ihn als Gefangenen nach London zu bringen. Längst hatten die Sieger beschlossen, den unberechenbaren König nicht nur zur Rückgabe des Lancastervermögens zu zwingen, sondern ihn für immer auszuschalten. Im Tower eingekerkert, wurde Richard genötigt, auf die Königsherrschaft zu verzichten und Bolingbroke zu seinem Nachfolger zu designieren. Das eiligst einberufene Parlament stellte förmlich fest, daß Richard, da er seinen Krönungseid gebrochen und sich über die fundamentalen Gesetze des Landes hinweggesetzt habe, der Krone unwürdig und daher als abgesetzt zu betrachten sei. Er wurde zur weiteren Haft zunächst nach Leeds, dann nach Pontefract überführt, wo er einige Monate später unter ungeklärten Umständen ums Leben kam.

Die Gründe für Richards Scheitern als König sind sicher zunächst in seiner Persönlichkeit und entsprechenden charakterlichen Defiziten zu suchen. Von seinem äußeren Erscheinungsbild kann man sich nach dem überlieferten, um 1395 angefertigten Portrait und den (seltenen) Hinweisen in der zeitgenössischen Chronistik nur eine vage Vorstellung machen: ein junger Mann mit blondem, gelocktem Haar und eher femininen Gesichtszügen, der mit ernstem Blick seine Umwelt betrachtet. Deutlicher wurden von den Zeitgenossen dagegen seine Charaktereigenschaften thematisiert. Je nach politischem Standort des Autors ergibt sich in der Zusammenschau ein widersprüchliches Bild. Von den einen als im Umgang freundlicher, toleranter und gebildeter Monarch gelobt, wurde er von anderen als gemeingefährlicher Neurotiker und größenwahnsinniger Tyrann verdammt. Dabei wurden allerdings bestimmte Eigenschaften immer wieder betont, wie der Hang zur maßlosen Selbstüberschätzung der eigenen Person und zu ebenso maßlosen Reaktionen gegenüber Kritikern und Opponenten sowie die Tendenz zur Mißachtung nicht nur hergebrachter Besitzstände und Verhaltensnormen, sondern auch konkreter Versprechen und Zusagen. Es ist nicht zu verkennen, daß diese brisante Mischung vor allem in seinen letzten Jahren entscheidend dazu beigetragen hat, Richard nicht nur als König, sondern überhaupt als berechenbaren politischen Partner zu disqualifizieren. Andererseits sind aber auch Zweifel angebracht, ob die von Richard aus der juristischen Theorie entlehnte Konzeption einer autokratischen, über den Gesetzen stehenden Königsherrschaft – unabhängig von der Person des Königs – in der englischen Rechtswirklichkeit gegen Ende des 14. Jahrhunderts überhaupt eine Chance hatte. Angesichts des adligen Selbstbewußtseins und der bereits fortgeschrittenen Entwickung des Parlaments wird man dies eher verneinen.

Heinrich IV. – Legitimationszweifel und Selbstbehauptung

Als das Parlament am 30. September 1399 sich in Westminster versammelte, um über die Zukunft des Landes zu entscheiden, bestand kaum ein Zweifel daran, daß der ungeliebte König aus seinem Amt für immer entfernt werden mußte. Offen war allerdings nach der komplizierten Rechtslage, wer neuer König werden sollte. Bei Anwendung des strengen Primogeniturerbrechts auf die einzelnen Linien hatte der junge Edmund Mortimer, Earl von March, gegenüber Heinrich Lancaster den Vorrang. Dies kam allerdings weder in den Augen Lancasters noch seiner Parteigänger in Frage, da angesichts von dessen Unmündigkeit das Risiko bestand, daß Richard mit Hilfe seiner Anhänger die Herrschaft zurückgewinnen und sich an seinen Gegnern blutig rächen könnte. Heinrich stützte daher seinen Thronanspruch auf eine vage Mischung aus Erbrecht, Gottesurteil und Zustimmung des Parlaments, was allerdings dazu führte, daß seine Königsherrschaft von Anfang an mit dem Makel der Usurpation behaftet war. Die bittere Konsequenz war, daß seine Untertanen ihm zeitlebens nie die Achtung und den Respekt entgegenbrachten, den seine Vorgänger im allgemeinen genossen hatten. So kursierte nach seiner Krönung das böse Gerücht, daß das Salbungsöl als offenkundiges Zeichen göttlicher Mißachtung einen Schwarm von Läusen im Haar des Gekrönten hervorgebracht habe. Andererseits brachte der neue König von seiner Persönlichkeit und den in der Jugend gemachten Erfahrungen gute Voraussetzungen mit, sich in dieser schwierigen Lage zu behaupten. Weit gereist und daher gut bekannt an den europäischen Fürstenhöfen, gebildet, kontaktfreudig und im Umgang mit Standesgenossen und Untergebenen unkompliziert, besaß er auch Geduld sowie einen gewissen Hang zum Pragmatismus, der ihn in die Lage versetzte, sich auch mit ehemaligen Gegnern zu verständigen. Dazu verfügte Heinrich über Entschlußkraft und militärische Fähigkeiten, die zur Selbstbehauptung auch vonnöten waren, da er im Laufe seiner Regierung mit mehreren Adelsrevolten konfrontiert wurde. Bereits wenige Monate nach seiner Krönung mußte er eine Erhebung ehemaliger Parteigänger seines abgesetzten Vorgängers niederschlagen. Die Anführer wurden von der empörten Menge gelyncht oder endeten auf dem Schafott. Mit der fehlgeschlagenen Revolte war auch das Schicksal des inhaftierten Königs Richard besiegelt. Kurze Zeit später wurde sein Leichnam in London in einem offenen Sarg mit unbedecktem Gesicht zur Schau gestellt. Wenn auch behauptet wurde, er sei, da er sich geweigert habe, Nahrung zu sich zu nehmen, verhungert, so gingen doch die Zeitgenossen und die Forschung davon aus, daß er wahrscheinlich auf Befehl oder mit Duldung Heinrichs umgebracht wurde.

Weitere Adelsrevolten folgten, getragen vor allem von der mächtigen Percy-Familie im Norden, die Heinrich im Kampf gegen Richard noch maßgeblich unterstützt hatte. Sie nahmen, da sie von einem übergreifenden, schwer zu bekämpfenden national-walisischen Aufstand unter Owain Glyn Dwr überlagert wurden, zum Teil gefährliche Ausmaße an. Doch stets behielt Heinrich gegenüber seinen Widersachern am Ende die Oberhand.

Die Zweifel an seiner Legitimität zwangen den neuen König, sich als Bundesgenossen vor allem auf das Parlament und die Kirche, letztere in erster Linie repräsentiert durch Thomas Arundel, Erzbischof von Canterbury, zu stützen. Für das Parlament bedeutete dies vor allem eine Aufwertung der Commons, die die Ausgabenpolitik des Königs zum Teil heftig kritisierten und zeitweise eine gewisse Kontrolle über den königlichen Haushalt erlangten. Die Zugeständnisse an die Kirche äußerten sich vor allem in einem verschärften Vorgehen gegen die Lollarden (vielleicht von *luller* ‹Leisesinger› abgeleitet), die unter dem Eindruck des 1384 verstorbenen Reformators Johann Wyclif fundamentale Lehrsätze der Kirche in Frage stellten und nun als Ketzer durch die königliche Gesetzgebung mit dem Feuertod bedroht wurden.

Ab dem Jahre 1405 ließen die Kräfte des Königs allmählich nach. Hierfür ursächlich war eine mysteriöse Krankheit, die Heinrich plötzlich befiel und die von weiten Kreisen als göttliche Strafe für ein Sakrileg gesehen wurde, das sich der König kurz zuvor geleistet hatte. Er hatte den Befehl zur Hinrichtung des Erzbischofs von York, Richard Scrope, erteilt, nachdem der Erzbischof zu einem Aufstand gegen ihn als Usurpator aufgerufen hatte, obwohl er 1399 noch selbst an seiner Krönung mitgewirkt hatte. Obwohl sich sein Gesundheitszustand im Winter 1408/9 dramatisch verschlechterte, behielt König Heinrich jedoch die Kontrolle über die königliche Herrschaftsgewalt. Dies gilt nicht nur im Verhältnis zum Parlament, sondern auch gegenüber dem eigenen Sohn und Thronfolger Heinrich, der, als er dem kranken Vater wohl zu deutlich riet, sich aus der Tagespolitik zurückzuziehen, als Vorsitzender des königlichen Rates entlassen wurde. Bald nachdem der König sich wieder mit ihm ausgesöhnt hatte, verstarb er am 20. März 1413. Wunschgemäß fand er im Dom von Canterbury seine letzte Ruhestätte.

Heinrich V. – Integration durch Versöhnung im Innern und Krieg nach außen

Über den neuen König berichtete ein französischer Augenzeuge anläßlich eines Besuchs in Winchester im Jahre 1415, daß Heinrich zwar die vornehme Statur und das Benehmen eines Lords aufweise, aber den Eindruck erwecke, eher für die Kirche als zum Krieg bestimmt zu sein. Dieser Eindruck wird durch das bekannte, in der National Portrait Gallery aufbewahrte zeitgenössische Portrait Heinrichs bestätigt: es zeigt einen ernst drein blickenden, bartlosen jungen Mann mit einem schmalen langen Kopf, langer Nase und braunen Augen, der in der Tat eher an einen Priester als an den Kriegshelden von Azincourt erinnert, als der er dank Shakespeares Drama und dessen beeindruckender Verfilmung auch heute noch einen festen Platz im allgemeinen Geschichtsbewußtsein einnimmt.

Nach einer späteren Überlieferung, die auch von Shakespeare aufgegriffen wurde, soll Heinrich in seiner Jugend ganz und gar nicht dem Lebensstil eines frommen Priesters nachgeeifert, sondern vielmehr seine Tage und Nächte mit Ausschweifungen und Trinkgelagen in schlechter Gesellschaft verbracht haben; erst durch den Tod des Vaters sei aus dem haltlosen Lebemann ein geläuterter und verantwortungsbewußter Monarch geworden. Diese, bereits zur Tradition gewordene Vorstellung von der Jugend des neuen Königs findet jedoch in den unmittelbar zeitgenössischen Quellen kaum eine Stütze. Fest steht vielmehr, daß Heinrich als Enkel des mächtigen und kultivierten Johann von Gent eine für die damalige Zeit bestmögliche Erziehung genossen hatte. Bereits als Prinz von Wales beeindruckte er vor allem den Hochadel durch seine Erfolge im Krieg gegen die Waliser, die 1410 mit der faktischen Niederschlagung des Aufstands unter Owain Glyn Dwr gekrönt wurden. Auch seine Aktivitäten am Königshof als Vorsitzender des königlichen Rates und die sich hieraus ergebenden Spannungen mit dem todkranken Vater lassen eher auf eine ehrgeizige, politisch ambitionierte Persönlichkeit mit festen Zielvorstellungen als einen in den Tag lebenden Leichtfuß schließen.

Als Heinrich sein Amt als König antrat, traf er bessere Voraussetzungen an als seine unmittelbaren Vorgänger: In der letzten Abrechnungsperiode des Schatzamts lagen erstmalig seit langem die Ein-

Abb. 13: Die Absetzung König Richards II. durch das Parlament und die Proklamation Heinrichs IV. zum König, 30. September 1399.

nahmen wieder höher als die Ausgaben, zudem stellte der von bürgerkriegsähnlichen Wirren heimgesuchte Kriegsgegner Frankreich im Augenblick keine Bedrohung dar. Andererseits mußte Heinrich auch die schwere väterliche Hypothek einer mit Usurpation belasteten Königsherrschaft übernehmen, die ihre Schatten auch auf die Legitimität des Nachfolgers zu werfen drohte. Aber Heinrich wurde weder von quälenden Selbstzweifeln und Gewissensbissen geplagt noch hatte er den Hang seines Vaters zu Unsicherheit und grüblerischem Mißtrauen im Umgang mit seiner Umwelt geerbt. Er war von seiner Persönlichkeit her fähig, ein entkrampftes, von gegenseitigem Vertrauen geprägtes Verhältnis zu seinen Untertanen aufzubauen.

Schon wenige Monate nach seinem Regierungsantritt setzte Heinrich bemerkenswerte Zeichen einer neuen Versöhnungspolitik, indem er den vom Vater entthronten Richard II. mit königlichen Ehren in Westminster an der Seite seiner ersten Gemahlin Anna von Böhmen bestatten ließ und zudem einige Angehörige der Familien

York, Mortimer, Percy und Holland, die noch vor wenigen Jahren gegen die Lancasterherrschaft erbittert rebelliert hatten, wieder in ihre Rechte und Güter einsetzte.

Dennoch mußte Heinrich schon bald erkennen, daß die grundsätzliche Versöhnungsbereitschaft allein noch nicht genügte, den Gegnern die Motivation zur Verschwörung und zum bewaffneten Widerstand zu nehmen. Gefahr drohte aber zunächst nicht von hochadligen Opponenten, sondern von der Lollardenbewegung. Dabei hatte mit dem von König und Parlament im Jahre 1401 beschlossenen Statut *De comburendo heretico* noch keineswegs eine allgemeine Verfolgung der Lollarden im Lande eingesetzt. Die erste Hinrichtung seit dem Erlaß des Statuts fand vielmehr erst im Jahre 1410 statt, als ein gewisser Johann Badby, ein Handwerker aus Worcestershire, der sich geweigert hatte, die kirchliche Lehre zur Funktion des Priesters und der Eucharistie anzuerkennen, als Ketzer in Smithfield/London verbrannt wurde. Bemerkenswert war dabei, daß König Heinrich, damals noch Prinz von Wales, versuchte, den Verurteilten zu retten, indem er die bereits begonnene Hinrichtung unterbrechen ließ und dem Delinquenten für den Fall des Widerrufs nicht nur Leben und Freiheit, sondern auch eine Rente für den künftigen Unterhalt in Aussicht stellte. Daß dieser es dann vorzog zu sterben, als seinem Glauben abzuschwören, mag den jungen Prinzen persönlich beeindruckt haben, änderte aber nichts an seiner festen Überzeugung, daß die hier vertretene Lehre nicht nur ketzerisch war, sondern – konsequent umgesetzt – die gesamte Sozialordnung und damit auch die königliche Herrschaft bedrohte.

Initiator der Lollardenverschwörung, mit der Heinrich dann als König konfrontiert wurde, war ausgerechnet ein alter Vertrauter aus der Zeit der Waliserkriege, Sir John Oldcastle. Vor dem geistlichen Gericht wegen Ketzerei angeklagt und nach fruchtlosem Ablauf einer ihm auf Initiative des Königs eingeräumten Bedenkfrist bereits verurteilt, gelang es Oldcastle, aus der Haft zu entkommen. Nun versuchte er, mit Hilfe von Glaubensgenossen und engen Vertrauten einen allgemeinen Lollardenaufstand zu entfesseln. Der Plan der Verschworenen, als ersten Schritt den König und seine Brüder in ihre Gewalt zu bringen, wurde jedoch vor seiner Ausführung verraten, so daß Heinrich keine Mühe hatte, die Verschwörung niederzuschlagen. Oldcastle konnte zunächst entkommen und versuchte aus dem Untergrund, die Rebellion am Leben zu erhalten, wurde dann nach einigen Jahren doch ergiffen und wegen Hochverrats und Ketzerei hingerichtet.

Gefährlicher für Heinrich war die zweite Verschwörung, die im Jahre 1415 von einer Magnatengruppe unter der Führung des von Heinrich kurz zuvor zum Earl von Cambridge erhobenen Richard von Conisburgh angezettelt wurde. Die Verschwörer planten, den König zu ermorden, um an seine Stelle den jungen Edmund Mortimer, Earl von March, auf den Thron zu setzen; dieser machte jedoch das Spiel nicht mit und warnte Heinrich. Die Revolte konnte daher, bevor sie weitere Kreise zog, bereits im Keim erstickt werden; die Hauptverantwortlichen endeten auf dem Schafott.

Nun war der Weg frei für eine neue militärische Kraftanstrengung des Landes, die nicht nur die Regierungszeit des amtierenden Königs, sondern auch die seines Nachfolgers von nun an entscheidend prägen sollte: die Wiederaufnahme des Krieges mit Frankreich.

Obwohl sich die Beziehungen zwischen den beiden Ländern nach der Absetzung Richards II. wieder verschlechtert hatten, wurden die Verhandlungen um eine diplomatische Lösung auch in der Folgezeit fortgesetzt. Die Engländer forderten als Voraussetzung für einen Verzicht auf die französische Krone, den englischen Besitzstand in Frankreich nach dem (nicht ausgeführten) Vertrag von Brétigny wiederherzustellen sowie das anläßlich der Gefangennahme König Johanns vereinbarte Lösegeld, soweit noch nicht geschehen, auszuzahlen. Nach dem Tode seines Vaters scheint Heinrich dann den Druck gegenüber den französischen Verhandlungspartnern weiter erhöht zu haben; nun wurde von den Franzosen praktisch verlangt, der Restauration des gesamten angevinischen Reiches einschließlich der Normandie zuzustimmen. Da es Heinrich und seinen Beratern eigentlich klar sein mußte, daß eine solche Politik der Maximalforderungen nur durch Krieg durchzusetzen war, fragt man sich, warum der englische König gerade jetzt seine Hoffnungen auf eine militärische Lösung setzte, nachdem die letzten Erfahrungen auf diesem Gebiet ja nicht gerade ermutigend gewesen waren.

Für Heinrichs Entscheidung dürften mehrere Gründe ausschlaggebend gewesen sein. Zum einen lud der momentane innenpolitische Schwächezustand Frankreichs, wo sich am Hof des geistesschwachen Königs Karls VI. zwei Fraktionen um den Herzog Karl von Orléans einerseits und den Herzog Johann von Burgund andererseits erbitterte Auseinandersetzungen lieferten, zu einer militärischen Intervention geradezu ein. Zudem fiel Schottland, der «Dauerverbündete» Frankreichs, zu dieser Zeit aus, weil König Jakob I. sich bereits seit 1406 in englischer Gefangenschaft befand. Schließlich dürfte Heinrich in der Wiederaufnahme des – in England immer noch populären – Krieges gegen den äußeren Feind eine Möglichkeit gesehen zu haben, die seit der Usurpation des Vaters auseinanderstrebenden Adelsinteressen wieder auf ein gemeinsames Ziel zu lenken und damit auch zur inneren Stabilität und Befriedung des Landes beizutragen.

Als im Sommer 1415 die letzten Verhandlungen scheiterten, waren die militärischen Vorbereitungen bereits so weit abgeschlossen, daß Heinrich schon kurze Zeit später, im August 1415, an der Spitze eines Invasionsheeres von ca. 10 000 Mann an der normannischen Küste landen konnte. Wenn der Feldzug zunächst auch unter keinem guten Stern stand, gelang Heinrich doch mit seinem inzwischen stark dezimierten, von Krankheiten geschwächten und langen Märschen im Dauerregen erschöpften Heer am 25. Oktober bei Azincourt ein triumphaler Sieg über einen zahlenmäßig mehrfach überlegenen Gegner. Wie einst bei Crécy und Maupertuis hatten eine defensive Taktik und der Einsatz der englischen Bogenschützen entscheidend zum Erfolg beigetragen.

Über Nacht war König Heinrich mit diesem Sieg, der zugleich als Gottesurteil über die Berechtigung der englischen Thronansprüche auf Frankreich empfunden wurde, zum Helden der Nation geworden. Als er kurze Zeit später mit zahlreichen adligen Gefangenen – unter ihnen Herzog Karl von Orléans – im Triumph nach England zurückkehrte, bewilligte das Parlament nicht nur bereitwillig weitere Steuern zur Fortführung des Krieges, sondern gewährte dem König darüber hinaus auf Lebenszeit eine außerordentliche Abgabe auf die Wollausfuhr.

Die Kunde vom Sieg des englischen Heeres bei Azincourt verbreitete sich in Windeseile im ganzen Abendland, auch auf dem Konstanzer Konzil, das sich unter der Schutzherrschaft des römisch-deutschen Königs Sigmund vor allem um die Beendigung des Schismas und die Wiederherstellung der Kircheneinheit bemühte. Im Interesse dieser Aufgabe unternahm Sigmund im Frühjahr 1416 persönlich einen Vermittlungsversuch zwischen den verfeindeten Ländern Frankreich und England, indem er von Narbonne aus über Paris auch nach England reiste. König Heinrich, obwohl zum jetzigen Zeitpunkt an einem Verständigungsfrieden wenig interessiert, empfing König Sigmund mit hohen Ehren und agierte in den folgenden Verhandlungen so geschickt, daß dessen Mission am Ende für die englische Position zu einem vollen diplomatischen Erfolg wurde. Da außerdem Frankreich törichterweise Sigmunds Vermittlungsvorschlag abgelehnt hatte, gab dieser sogar seine Rolle als neutraler Mittler auf und schloß mit England im Vertrag von Canterbury (August 1416) ein Waffenbündnis gegen Frankreich.

Nach dem Scheitern der Friedensbemühungen mit Frankreich landete Heinrich im Sommer 1417 wieder in der Nähe von Harfleur; 1419 gelang es ihm, die gesamte Normandie zu unterwerfen. Zu dem militärischen Erfolg kam, daß sich auch die innenpolitische Situation in Frankreich weiter zu seinen Gunsten gewandelt hatte, da inzwischen der burgundische Herzog die Königin mit ihrem regierungsunfähigen Gemahl in seine Gewalt gebracht hatte. Der Dauphin und Thronerbe Karl (VII.) war allerdings in Paris zurückgeblieben. Bereits im Mai des nächsten Jahres (1418) war es zudem den Burgundern mit Waffengewalt gelungen, auch die Stadt Paris unter ihre Kontrolle zu bekommen, wobei Karls Verbündeter, Graf Bernhard von Armagnac, vom Mob gelyncht wurde, der Dauphin allerdings fliehen und sich bei den Anhängern des Grafen in Sicherheit bringen konnte. Obwohl Herzog Johann, der bisher gegenüber Heinrich Neutralität gewahrt hatte, jetzt wohl dazu neigte, sich mit dem Dauphin zu einigen, um gemeinsam die Engländer zu vertreiben, brachte sich letzterer durch ein ebenso verwerfliches wie törichtes Verbrechen um alle politischen Chancen. Als die beiden sich auf der Brücke über die Yonne bei Montereau trafen, um sich über die Bedingungen eines gemeinsamen Vorgehens zu verständigen, wurde der Burgunder, der den Thronfolger kniend begrüßt hatte, beim Aufstehen von einem Angehörigen der Leibwache des Dauphins erschlagen (10.9.1419). Natürlich wurde die Verantwortung für den Mord dem Dauphin angelastet, wenn auch der verräterische Anschlag vielleicht von dessen Umgebung auf eigene Faust geplant worden war. Das ganze Trachten von Herzog Johanns Nachfolger, Herzog Philipp dem Guten, richtete sich nun darauf, den Mord an seinem Vater zu rächen, so daß der Weg für eine englisch-burgundische Verständigung unter Einschluß des regierungsunfähigen Königs Karl VI. frei war. Im Vertrag von Troyes (21.5.1420) wurde das gegenseitige Bündnis, verbunden mit einem Eheprojekt, in Anwesenheit der Hauptbeteiligten feierlich bekräftigt. Hiernach sollte Heinrich die Tochter Karls VI., Katharina, heiraten und letzteren als König von Frankreich anerkennen. Nach dessen Tod sollte die französische Krone dann automatisch auf Heinrich und seine Erben übergehen, wobei allerdings beide Länder, Frankreich und England, ihre Eigenständigkeit behalten sollten.

Obwohl Dauphin Karl wegen des ihm angelasteten Verbrechens für immer von der Thronfolge ausgeschlossen worden war, dachte er nicht daran, das Abkommen anzuerkennen, sondern setzte, gestützt auf seine Anhänger im Poitou und in Zentralfrankreich, den Widerstand gegen die englisch-burgundische Koalition fort. So blieb König Heinrich nach seiner Heirat und der Krönung der neuen Königin, von deren Schönheit und Anmut er sich schon beim ersten Treffen tief beeindruckt gezeigt haben soll, keine andere Wahl, als Anfang Juni 1421 den Krieg in Frankreich mit einem neu angeworbenen Heer wieder aufzunehmen. Bei der Belagerung der Stadt Meaux an der Marne erkrankte er jedoch an der Ruhr, an deren Folgen er wenige Monate später, am 31. August 1422, in Vincennes (Val-de-Marne) starb. Seine Leiche wurde nach London überführt und feierlich unter großer Anteilnahme der Bevölkerung in der Westminsterabtei beigesetzt.

Die Vision eines englisch-französischen Doppelkönigtums auf der Grundlage des Vertrags von Troyes – selbst bei längerer Lebensdauer des Königs – hatte wohl kaum eine reale Chance, verwirklicht zu werden, dennoch kann man Heinrich zu den großen Königen Englands zählen. Seine historische Bedeutung liegt auch weniger in den militärischen Erfolgen in Frankreich, die die Zeitgenossen so beeindruckten, als vielmehr in seiner Fähigkeit, zu integrieren und das von Parteikämpfen zerrissene Land zu versöhnen. Wenn auch der erfolgreich geführte Krieg mit dazu beigetragen hat, Heinrich die fast uneingeschränkte Loyalität seines Volkes zu sichern, so bedurfte es hierzu doch auch einer charismatischen Persönlichkeit mit einem ausgeprägten Sinn für Gerechtigkeit und Fairneß im Umgang mit den Untertanen, der auch dem Historiker von heute noch Respekt abnötigt.

Die Krise der Kirche, Johann Wyclif und die Lollardenbewegung – Chancen und Risiken für das englische Königtum

Neben Pestkatastrophen und Krieg trat seit den letzten Jahrzehnten des 14. Jahrhunderts auch in England die Krise der Kirche immer stärker ins Bewußtsein der Menschen. Symptomatisch für diese Krise erscheint zunächst ein andauernder Verfall der moralischen und politischen Autorität des Papsttums. Dieser äußerte sich bereits in der demütigenden Gefangennahme des streitbaren Papstes Bonifaz VIII. durch den Gewaltstreich von Anagni (1303), setzte sich dann mit der sogenannten Babylonischen Gefangenschaft der Kirche, der Übersiedlung der Kurie nach Avignon in den Einflußbereich der französischen Krone, fort, um schließlich im Großen Abendländischen Schisma (1378–1417) mit zunächst zwei, später drei sich gegenseitig verfluchenden Päpsten einen bis dahin nicht vorstellbaren Höhepunkt zu erreichen. Zum fortschreitenden Autoritätsverlust des Papsttums in England trugen außerdem die zumindest unterstellte Begünstigung des französichen Kriegsgegners durch das Kirchenoberhaupt sowie der gesteigerte Finanzbedarf der Kurie bei, der sich in einer rigiden Fiskalierung des kirchlichen Pfründenwesens wie auch der gesamten Beziehungen zu den geistlichen und weltlichen Eliten im Lande niederschlug. Dazu kam, daß die Krise nicht auf die Spitze beschränkt blieb, sondern sich im Laufe des 14. Jahrhunderts auch auf die kirchliche Basis ausweitete. Während im Bereich der Pfründeninhaber Ämterhäufung, Verweltlichung und zunehmende Disziplinlosigkeit um sich griffen, ließ der allgemeine Überfluß an Klerikern geradezu ein ‹Klerikerproletariat› von unterbezahlten Vikaren entstehen, die allzu oft für einen Hungerlohn Pfarreien seelsorgerisch zu betreuen hatten, während der eigentliche Pfründeninhaber sich anderen Aufgaben widmete. Kein Wunder also, daß in einer breiten Öffentlichkeit – angefangen von den Vertretern der Commons im Parlament über zeitgenössische Chronisten bis hin zu den großen Dichtern der Epoche, Geoffrey Chaucer und William Langland – immer wieder vehemente Kritik, oft auch verbunden mit beißendem Spott, an Kirche und Klerus geäußert wurde.

Vor diesem Hintergrund verwundert es kaum, daß das Wirken des

Theologen und Reformers John Wyclif (ca. 1330–1384) auf fruchtbaren Boden fiel. Geboren in Yorkshire, lehrte er zunächst als Magister Artium, ab 1372/73 als Doktor der Theologie an der Universität Oxford. Unter dem Schutz einflußreicher Gönner am Königshof – wie etwa Johanns von Gent, des Herzogs von Lancaster – griff er in Schriften und Predigten scharf die Mißstände in der Amtskirche an, vor allem auch die Fiskalpolitik des avignonesischen Papsttums. Dabei fand er zunächst nicht nur im Parlament und in der breiten Öffentlichkeit, sondern auch in Kirchenkreisen, vor allem bei den Bettelorden, Zustimmung und Unterstützung. Allerdings wurden seine Angriffe im Laufe der Zeit – vor allem auch unter dem Eindruck des Schismas – immer radikaler, was dazu führte, daß sich viele Anhänger mehr und mehr von seiner Lehre distanzierten. Dies galt nicht nur für seine Grundüberzeugung, wonach die Kirche nicht durch Papst und Klerus, sondern durch die unsichtbare Gemeinschaft der von Gott Erwählten repräsentiert werde. Vor allem durch die Leugnung der materiellen Gegenwart Christi bei der Eucharistiefeier und der besonderen Mittlerrolle des Priestertums bei der Sündenvergebung geriet Wyclif in einen unüberbrückbaren Gegensatz zur kirchlichen Lehrmeinung, was seinen innerkirchlichen Gegnern die Möglichkeit gab, Sanktionen gegen ihn einzufordern. Auf entsprechende Klagen hin hatte Papst Gregor XI. bereits im Jahre 1377 einen Teil der Wyclifschen Thesen für ketzerisch erklären lassen und die englischen Bischöfe aufgefordert, gegen den Verfasser als Häretiker vorzugehen. Dies war damals allerdings noch durch die Universität Oxford und die weltlichen Gönner des Beschuldigten verhindert worden. Als er aber nach dem Bauernaufstand von 1381 verdächtigt wurde, mit seinen Lehren zu der Erhebung beigetragen zu haben, mußte er auf Druck seiner Gegner Oxford verlassen und sich auf seine Pfründe nach Lutterworth/Lincolnshire zurückziehen, wo er bis zu seinem Tod im Jahre 1384 persönlich unbehelligt blieb. Seine Lehre konnte aber nicht nur von ihm selbst, sondern auch von seinen in Oxford verbliebenen Schülern und Anhängern, zunächst noch kaum behindert durch kirchliche Sanktionen, weiter verbreitet werden. Erst unter den ersten Lancasterkönigen, Heinrich IV. und Heinrich V., setzte dann zu Beginn des 15. Jahrhunderts die systematische Verfolgung der Anhänger dieser Lehre ein, die nun Lollarden genannt und seit der Ketzergesetzgebung von 1401 (*De comburendo heretico*) mit der Todesstrafe durch Verbrennen bedroht wurden. Auf Betreiben des englischen Klerus und König Heinrichs V. wurde Wyclifs Lehre, die inzwischen teilweise auch von dem böhmischen Reformator Johann Hus aufgegriffen worden war, vom Konstanzer Konzil im Jahre 1415 nochmals ausdrücklich als ketzerisch verworfen. Der Reformator selbst mußte postum die Ketzerstrafe, die ihm im Leben erspart geblieben war, erleiden: Auf besondere Anordnung des Konzils wurden im Jahre 1428 – nach anfänglichem Zögern des zuständigen Bischofs – seine Gebeine exhumiert und verbrannt.

Die Frage stellt sich, inwieweit die Könige Richard II., Heinrich IV. und Heinrich V. aus dieser eher trostlosen Entwicklung für ihre Herrschaftsinteressen Nutzen ziehen konnten. Oder bedeutete die Krise auch für sie eher eine Belastung?

Seit dem Beginn des 13. Jahrhunderts war England mit dem Papst auf besondere Weise verbunden. Nach einem erbitterten Streit mit der römischen Kurie hatte der glücklose König Johann Ohneland in einer spektakulären Wendung seiner bisherigen Politik sich nicht nur bedingungslos den päpstlichen Wünschen unterworfen, sondern darüber hinaus auch die päpstliche Lehnsherrschaft über sein Land anerkannt. Dies bedeutete zumindest in der Theorie, daß das Land päpstliches Lehen und sein jeweiliger König päpstlicher Vasall wurde, der gehalten war, als Anerkennung dieses neuen Rechtsverhältnisses einen jährlichen Lehnszins an die Kurie zu zahlen. Während König Heinrich III. im Kampf mit seinen aufrührerischen Baronen noch Hilfe bei seinem päpstlichen Lehnsherrn gesucht hatte, verfolgte das Königtum seit Eduard I. ein langfristiges Ziel, das mit dem päpstlichen Herrschaftsanspruch auf Dauer kaum vereinbar war: die Zurückdrängung kirchlicher Sonderprivilegien zugunsten der Etablierung einer Art königlicher Oberherrschaft über den weltlichen Besitz der englischen Kirche. Ein erster wichtiger Hinweis auf die sich wandelnden Beziehungen zwischen König und römischer Kurie war das Statut von Mortmain vom Jahre 1297. Danach mußte künftig bei allen Landschenkungen durch Laien an Kirchen die Zustimmung des Königs eingeholt werden, da jedesmal, wenn Laien Güter an Kirchen übertrügen, solches ihren Herren insofern zum Schaden gereiche, als diesen damit ihre lehnsherrlichen Rechte bei Heimfall, Heirat und Vormundschaft genommen würden, «weil die Kirche niemals stirbt, noch heiratet, noch einen minderjährigen Erben zurückläßt» (*Statutes of the Realm*). Trotz des erbitterten

Widerstands der Kirche setzte sich dieses königliche Kontrollrecht auch in der Praxis durch. Parallel hierzu wurde seit Eduard I. auch das bisher selbstverständliche Recht der Kurie, vom englischen Klerus in eigener Machtvollkommenheit für Belange der Kirche (Kreuzzüge, Kriege zur Wahrung des päpstlichen Besitzstandes in Italien) Abgaben zu erheben, systematisch unterlaufen und in Frage gestellt. Unter dem Eindruck des ausgebrochenen Schismas mußte sich Papst Urban VI., als er vom englischen Klerus eine Abgabe erheben wollte, sogar von den Commons im Parlament sagen lassen, daß jeder, der es wagen sollte, dies ohne Zustimmung des Königs in die Tat umzusetzen, als Verräter behandelt werden solle.

Weitere Stationen auf diesem Weg zu wachsender königlicher Kontrolle über die Kirche sind für die Regierungszeit König Eduards III. zu verzeichnen. Vor allem gegen das im Lande höchst unpopuläre päpstliche Provisionssystem, worunter man die Praxis der Kurie verstand, kirchliche Pfründen unter Mißachtung des Vorschlagsrechts der ortsansässigen kirchlichen Würdenträger oder Wahlgremien allein durch päpstliche Ernennung (*provisio*) zu besetzen, ergriffen König und Parlament nun strenge Maßnahmen. Durch das Statut *De provisoribus* wurde im Jahre 1351 (bestätigt und ergänzt 1365 und 1390) angeordnet, daß, falls in Zukunft im Widerspruch zu den Rechten der Wahlgremien und kirchlichen Patrone Provisionen der Kurie erfolgen sollten, der König den Inhaber der Pfründe zu bestimmen habe. Falls der päpstliche Provisor es wagen sollte, einen vom König oder dem kirchlichen Patron Nominierten bei der Inbesitznahme der Pfründe zu behindern, wurde ihm so lange Haft bzw. Ächtung angedroht, bis er förmlich auf die Provision verzichtete. Ergänzend hierzu wurden 1353 (erneuert 1365 und 1393) im Statut *De praemunire* alle Appellationen gegen Urteile der königlichen Gerichte an fremde Gerichtsbarkeiten – d. h. vor allem an die Kurie – untersagt und mit Strafe bedroht. Im Jahre 1365 wurden die zu Beginn des 13. Jahrhunderts begründeten besonderen Beziehungen zum Kirchenoberhaupt auch formal aufgekündigt: Als Papst Urban V. die Wiederaufnahme der Lehnszinszahlungen anmahnte, nahm das Parlament dies zum Anlaß, die päpstliche Lehnsherrschaft über England feierlich zurückzuweisen, da weder König Johann noch ein anderer das Recht gehabt habe, das Land ohne Zustimmung der Magnaten fremder Herrschaft zu unterstellen.

Auch auf einem anderen Gebiete nutzte das Königtum – unterstützt vom Parlament – den Krieg mit Frankreich und die Schwäche des Papsttums, um essentielle Rechte der Kirche zu beschneiden. So hatte schon König Eduard I. beim Wiederausbruch der bewaffneten Auseinandersetzungen im Jahre 1295 die Klöster in England, die in einem Obödienzverhältnis zu Abteien in Frankreich standen (z.B. die Zisterzienserklöster) während der Dauer des Krieges in Beschlag genommen und der königlichen Verwaltung unterstellt. Diese Maßnahmen wiederholten sich 1324, 1337 und 1369 und wurden allmählich zur Dauereinrichtung. Im Jahre 1371 gingen die Laienbarone und Commons noch einen Schritt weiter: Zwei wohl von ihnen beauftragte Augustinermönche vertraten zum Entsetzen der Geistlichkeit in einer Art Rechtsgutachten den Standpunkt, daß der König, im Falle eines allgemeinen Notstands der Kirche die Güter, die er ihr einst gegeben habe, wieder an sich nehmen oder über deren Einkünfte zum gemeinen Wohl verfügen könne. Im Rahmen der in der gelehrten Öffentlichkeit zum Teil heftig geführten Debatte unterstützte auch John Wyclif die prokönigliche Position ausdrücklich. Wenn diese Diskussion auch ‹akademisch› blieb und keine nachteiligen Folgen für die Kirche hatte, so erscheint doch bemerkenswert, mit welcher Energie und Hartnäckigkeit die Kirchengegner ihre Forderungen auch in der Folgezeit in der Öffentlichkeit und im Parlament immer wieder vorbrachten. Daß es am Ende nicht zu konkreten Maßnahmen kam, lag wohl auch daran, daß die Vorschläge mehr und mehr dadurch diskreditiert wurden, daß sie vor allem von den häretischen Lollarden unterstützt wurden, die im Verein mit anderen Unzufriedenen unter der Führung des Ritters John Oldcastle den offenen Aufstand gegen das Lancasterkönigtum unter Heinrich V. probten.

Insgesamt wird klar erkennbar, daß der König den Krieg mit Frankreich und die Krise der Kirche herrschaftspolitisch in einem beachtlichen Maße für sich nutzen konnte, indem er sich nicht nur vom päpstlichen Herrschaftsanspruch emanzipierte, sondern darüber hinaus eine weitgehende faktische Kontrolle über die Kirche als *Overlord* gewinnen konnte.

Dem gegenüber hielten sich die Risiken, die sich aus der Krise der Kirche für das Königtum in der Praxis ergaben, in eher engen Grenzen. Sie lagen allenfalls in der Radikalität, mit der Wyclif und seine Anhänger die Legitimität der Kirche als weltlicher Macht sowie der kirchlichen Hierarchie an sich leugneten, bestand damit doch die Gefahr, daß nicht nur die geistliche, sondern auch die weltliche Ordnung mit ihren Unterschieden zwischen Adligen und Nichtadligen, zwischen Freien und Unfreien grundsätzlich in Frage gestellt wurde. So haben die Krise der Kirche und die radikalen Thesen Wyclifs sicher teilweise mit zum Bauernaufstand von 1381 beigetragen, der mit seinem Gewaltausbruch gegen das königliche Regierungssystem auch den Herrschaftsanspruch des Königs selbst in seiner Substanz attackierte. Wenn auch der König dabei persönlich in eine gefährliche Situation geriet, hatten die Aufrührer in Wirklichkeit kaum eine echte Chance, die bestehenden Machtverhältnisse nach ihren radikalen Vorstellungen zu ändern. Gleiches gilt für den Lollardenaufstand gegen König Heinrich V., da die Lollarden als religöse Minderheit zahlenmäßig kaum mehr als den Status einer Sekte beanspruchen konnten, deren Rückhalt in der Bevölkerung sich in engen Grenzen hielt.

KAPITEL 7

Das Haus York und die Rosenkriege (1461–1485)

von Bärbel Brodt

Die Mitglieder dieser Familie wurden ihrer Schönheit, ihres Erscheinungsbildes und ihrer Ausstrahlung wegen gepriesen und besungen, und wegen ihrer angeblich losen Moral, ihrer Rücksichtslosigkeit, ihres politischen Kalküls, ihrer verhängnisvollen Heiraten und überambitionierten Heiratspläne, ihrer Prahlerei und ihrer angeblichen Vorliebe für den Malmsey-Wein, und nicht zuletzt wegen ihrer Bosheit, Gemeinheit und Niederträchtigkeit angegriffen, angeklagt und von Zeitgenossen und Nachwelt ohne Verfahren verurteilt. Man könnte fast sagen, daß es diese Familie war, die erstmalig in der Geschichte des englischen Königshauses einen ‹Ruf› – *reputation* – hatte und zwar einen Ruf für alle seine Mitglieder. Möglicherweise ist der Ausdruck *reputation* erst für diese Familie erfunden worden. Und wie kein anderer hat Richard III., der letzte König dieser Familie, eine wahrhaft einzigartige Stellung in Geschichte, Drama und nicht zuletzt in unserer persönlichen Vorstellungswelt.

Das Haus York ist ein Traum für Schriftsteller, ein Wunschtraum für Psychologen, eine albtraumhafte Herausforderung für Historiker, denn diese Frage beschäftigt wohl alle: welche historischen Wahrheiten verbergen sich hinter dem Anspruch der *Sunne in Splendour*?

War dieses strahlende persönliche Banner des ersten Königs aus dem Hause York, Eduards IV., möglicherweise nicht mehr als nur ein goldener Wunschtraum, zwar beeindruckend in seiner Schönheit, aber ansonsten ohne Aussage und historisch bedeutungslos? Ähnelte dieses Banner dem König selbst oder repräsentierte es gar das Haus York in seiner Gesamtheit? Warum müssen Fragen wie diese den Historiker überhaupt interessieren? Was hat diese Familie, was haben die Könige dieses Hauses für das spätmittelalterliche England erreicht, welche Spuren haben sie hinterlassen, welche Schlagworte verbinden wir heute mit ihnen?

Persönlichkeit? Zweifellos. Loyalität ihren eigenen Zielen gegenüber? Auch – zumindest bei einigen von ihnen. Innerer Friede für das Königreich England nach Jahrzehnten des Bürgerkrieges? Möglicherweise. Wirtschaftliche Blüte und Aufstieg? Für einige. Ein bezeichnender Wandel der englischen Beziehungen zur Hanse auf der Grundlage des Friedens von Utrecht? Ziemlich sicher. Die Neuentdeckung einer funktionierenden königlichen Außenpolitik, neue außenpolitische Partner und neue außenpolitische Gegner? Ohne Zweifel. Kulturelle Entwicklungen und Errungenschaften? Ganz sicher. Konstitutionelle Neuerungen und rechtliche Klarheiten in Bezug auf die Nachfolge? Wohl eher nicht. Ein geeinter Adel? Ganz sicher nicht. Persönliches Drama? Ohne jeden Zweifel.

Doch beeinflußte das Haus York wirklich die englische Geschichte? Sie waren so viel mehr als «nur» Richard III. und die Prinzen im Tower, aber waren sie wirklich auch mehr als eine bloße Fußnote der englischen Geschichte, mehr als nur ein kurzes Zwischenspiel zwischen den so ungleich bedeutenderen Familien der Lancaster und der Tudor?

Die Anfänge – das Stichjahr 1445

Die Rosenkriege – die Forschung haben sie lange beschäftigt, aber warum war das Haus York darin involviert? Wer, oder mehr noch, welcher Anspruch verbirgt sich dahinter? Und warum wird hier der chronologische Einschnitt 1445 gewählt?

Am 23. April des Jahres 1445 fand in der Prämonstratenserabtei von Titchfield in der Grafschaft Hampshire eine Hochzeit statt, die die englische Geschichte entscheidend prägen sollte. Es wurde dort die Ehe zwischen dem mittlerweile knapp dreiundzwanzigjährigen König von England (und nach eigenem Anspruch von Frankreich) Heinrich VI. aus dem Hause Lancaster und seiner fünfzehnjährigen Braut Margarete von Anjou geschlossen, der Tochter des Herzogs René und Großnichte des französischen Königs Karl VII. Nur wenige wußten, daß sich geheime Zusatzklauseln hinter dem offiziellen Heiratsvertrag verbargen.

Das Zustandekommen dieser Heirat und dieses Heiratsvertrages und die damit verbundenen Implikationen sind geradezu charakteristisch für das damalige England und für das englisch-französische

Abb. 14: Richard III., König von England.
Porträt 16. Jahrhundert

Verhältnis. Heinrich VI. hatte als neunmonatiges Kind ein schweres Erbe angetreten. Er hat seinen Vater nie gekannt; Heinrich V. starb im Alter von nur fünfunddreißig Jahren im Ruhm seiner militärische Verdienste, ohne aber für die Spätfolgen Verantwortung übernehmen zu müssen. Diese schwere Aufgabe überließ er seinem kurz zuvor geborenen einzigen Sohn aus seiner Ehe mit Katharina von Valois. Bei Heinrichs V. Tod im Jahre 1422 stand die Außenpolitik der englischen Krone an ihrem Zenit; Frankreich – innerlich zersplittert – schien am Rande der sicheren Niederlage. Der König selbst übergab in seinem Testament die Herrschaft für seinen jungen

Sohn an erfahrene Kräfte: die Leitung der Regentschaft in England übertrug er seinem jüngsten Bruder Humphrey, Herzog von Gloucester; in Frankreich sollte sein nächster Bruder Johann, Herzog von Bedford, die Herrschaft für den jungen Heinrich VI. ausüben. Von diesen testamentarischen Überlegungen blieb ein Mann zunächst ausgeschlossen: Richard Plantagenêt, seit 1415 in kompliziert anmutender Erbfolge Herzog von York, und zugleich – solange Heinrich VI. selbst erbenlos war – erster in der Erbfolge für die Krone Englands.

Der ungeschriebene Erbfolgeanspruch auf die Krone Englands sollte die Geschichte des Königreiches während der gesamten ersten Hälfte des 15. Jahrhunderts entscheidend prägen; in Zusammenhang mit der Usurpation durch Heinrich Bolingbroke für das Haus Lancaster ist sie im vorausgegangenen Kapitel schon ausführlich dargestellt worden, so daß sich eine Wiederholung erübrigt. Vielmehr scheint es sinnvoller, in diesem Zusammenhang zu betonen, welchen gefährlichen ‹Präzedenzfall› das Haus Lancaster mit dieser durch die Häuser des Parlaments sanktionierten Usurpation geschaffen hatte. Über die Rolle von Präzendenzfällen in der Geschichte dürfte allerdings keiner der Beteiligten nachgedacht haben, als am 21. September des Jahres 1411 ein Kind mit Namen Richard als einziger Sohn des gleichnamigen Grafen von Cambridge und seiner Ehefrau Anne Mortimer geboren wurde. Zum Zeitpunkt seiner Geburt war der Titel des Herzogs von York noch im Besitz seines unverheirateten Onkels Eduard. Dieser Titel war noch relativ neu und erst seit zwei Generationen in der Familie: am 6. August 1385 hatte König Richard II. ihn seinem Onkel Edmund von Langley, dem fünften Sohn seines Großvaters Eduard III., verliehen. Edmund selbst war 1402 verstorben, sein ältester Sohn Eduard war ihm als Herzog von York gefolgt.

Richards Vater hatte zu den ‹Favouriten› Richards II. gehört, sich dann aber mit der Herrschaft des Hauses Lancaster arrangiert, jedoch nur vorübergehend. Zu Beginn der Herrschaft Heinrichs V. unterstützte Richard nämlich den in Zusammenhang mit den walisischen Aufständen erhobenen Thronanspruch seines Schwagers Edmund Mortimer gegen die Lancaster, was ihn 1415 den Kopf kostete. Im selben Jahr fiel dann auch noch Richards Onkel Eduard bei Azincourt – der Titel verfiel, Richard selbst gelangte als königliches Mündel in den Haushalt Ralph Nevilles, des Grafen von Westmoreland.

Es waren diese drei Namen – York, Mortimer, Neville – die die Geschichte Englands unter den Lancaster-Königen auf ganz wesentliche Art und Weise prägen sollten. Es waren Magnaten mit großem Landbesitz, profitablem Einkommen, ausgeprägtem Herrschaftsinstinkt und nicht zuletzt mit intensiven familiären Beziehungen untereinander. Die Lancaster-Seite hatte natürlich ihre Äquivalente – Familien wie die ursprünglich illegitimen Beaufort etwa –, doch sei hier nur der Seite Yorks Rechnung getragen.

Böse Zungen behaupten, die englische Geschichte hätte einen ganz anderen Verlauf genommen, wenn Eduard III. nicht so viele Söhne gezeugt hätte. Ein ernstzunehmendes Urteil? Vermutlich. Denn wenn der Anspruch auf die englische Krone der erbrechtlichen Legitimation bedurfte, dann bietet das Haus Plantagenêt jedem Genealogen eine geradezu ungeahnte Vielfalt von Möglichkeiten. So hatte Heinrich Bolingbroke, ältester legitim geborener Sohn des Johann von Gent, Herzog von Lancaster, seinen Anspruch auf die Krone Englands auf zwei Überlegungen aufgebaut: sein älterer Onkel Lionel hatte lediglich eine Tochter, die mit Edmund Mortimer, Earl of March verheiratete Philippa, hinterlassen, und sein Vater war älter als die ihm nachgeborenen Edmund von York und Thomas von Gloucester. Angesichts der Bereitschaft der Lancaster, den Hundertjährigen Krieg gegen Frankreich weiterzuführen, der ja letztlich auf einem über eine Frau vertretenen Erbanspruch basierte, ist diese Ausklammerung Philippas und ihrer Erben schon ein erstaunlicher innenpolitischer Bewußtseinswandel, der auch Zeitgenossen nicht verborgen blieb.

Zu diesen Zeitgenossen gehörten auch die Erben Philippas, die Mortimers, die sich jedoch selbst nicht durchzusetzen vermochten, und die Yorks mit ihrem doppelten Anspruch auf die Krone: zum einen über Anne Mortimer, die Enkelin Philippas, mit ihrem Anspruch auf das Erbe Lionels von Clarence, und über Annes Ehemann, den Grafen Richard von Cambridge, mit seinem Anspruch auf das Erbe Edmunds, des Herzogs von York. In der Person des im September 1411 geborenen Richard kamen die Ansprüche beider Seiten zusammen.

Doch zunächst schien nichts darauf hinzudeuten, daß dieser jemals seinen Anspruch auf die Krone umsetzen würde oder daß sich hierfür überhaupt ein Anlaß bieten könnte, denn unter Heinrich V. erzielte das Haus Lancaster in Frankreich beeindruckende außenpolitische Erfolge. Erst Heinrichs früher Tod und die anschließende Regentschaft seiner Brüder für seinen jungen gleichnamigen Sohn sollte zeigen, von welch geringer Beständigkeit diese Erfolge waren.

Richard Plantagenêt wuchs zunächst als Mündel im Haushalt des mächtigen Grafen von Westmoreland, Ralph Neville, auf, erfuhr dabei die seinem Stand angemessene adelige Erziehung, lernte Lateinisch in Wort und Schrift, erwarb sich Kenntnisse im Kriegshandwerk, perfektionierte höfische Sitten, las Froissart, machte seiner Großkusine Cecily, dem jüngsten der zahllosen Kinder Ralph Nevilles, die wegen ihrer Schönheit von den Zeitgenossen gern als *Rose of Raby* bezeichnet wurde, erfolgreich den Hof, festigte Freundschaften mit den Söhnen und Neffen des Grafen und dessen zahllosen weiteren Mündeln und bereitete sich auf seine Aufgabe als größter Magnat des Königreiches vor, denn über die Jahre vereinigte er immer mehr Erbgüter in seiner Hand: Spätestens im März 1432 wurde ihm das Herzogtum York zurückgegeben, nachdem er seit dem 2. Februar 1425 schon den Titel hatte führen dürfen; dazu kamen die Grafschaften March und Ulster aus dem Erbe der Mortimer und die Grafschaft Cambridge. Richard Plantagenêt verfügte über Ländereien in Wales, in Irland, und in nicht weniger als dreizehn englischen Grafschaften mit einer gewissen Besitzkonzentration entlang den nördlichen walisischen Grenzgebieten. Ihm gehörten die großen Burgen von Ludlow und Fotheringhay und auch ein Stadthaus in London, Baynard's Castle.

Cecily Neville hatte im Oktober 1424 einen Mann mit großem wirtschaftlichen und politischen Potential geheiratet: Im Jahre 1436 betrug sein Jahreseinkommen mindestens £ 3230 (und möglicherweise sogar doppelt soviel), und 1443 machten seine Einkünfte allein aus den Marken wenigstens £3430 aus. Kein anderer Magnat des Reiches verfügte über solche Summen – und nicht zuletzt aus diesem Grund blieb Richard Plantagenêt wohl auch die einflußreiche Mitgliedschaft im Rate Heinrichs VI. verwehrt, die ihm Einfluß und politische Präsenz in England verschafft hätte.

Man fand andere außerenglische Verwendungen für ihn und seine ständig wachsende Familie – es muß eine glückliche Ehe gewesen sein, denn Cecily begleitete ihren Mann auf alle seine Auslandsposten, von denen nicht nur die Geburtsorte der insgesamt sieben ihre früheste Jugend überlebenden Kinder Zeugnis ablegen; Rouen etwa, oder Dublin. Mittelpunkte des Lebens in England waren Ludlow und Fotheringay, und dort wurde am 2. Oktober 1452 dann auch das jüngste Kind geboren, das den Namen seines Vaters Richard erhielt. In der Zwischenzeit hatte sich die politische Lage entscheidend gewandelt, denn die Sache in Frankreich stand sehr schlecht. Die mit dem Namen Jeanne d'Arc verbundene Offensive der Franzosen hatte zu einem graduellen Machtverlust der Engländer geführt, der zunächst noch durch den 1444 in Tours geschlossenen Friedensvertrag unterbrochen werden konnte. Wesentlicher Bestandteil dieses Vertrages war die eingangs erwähnte Hochzeit zwischen Heinrich VI. und Margarete von Anjou. Eine geheime Zusatzklausel hatte Heinrichs unwiderruflichen Verzicht auf die Grafschaft Maine zum Inhalt. In England – im Rat – waren die Reaktionen gespalten, wie auch das engere königliche Umfeld seit Jahren kein einheitlich-geschlossenes Bild vermittelt hatte. Möglicherweise lag die Wurzel allen Übels in Heinrichs V. testamentarischer Ratsverfügung, möglicherweise auch in den unterschiedlichen Charakteren und Interessen Bedfords und Gloucesters, oder aber in der Neigung Heinrichs VI., bestimmte Ratgeber, besonders Heinrich Beaufort und später Wilhelm de la Pole, Herzog von Suffolk, über alle Maßen zu favorisieren. Im Königreich wurden Erinnerungen an die letzten Herrschaftsjahre Richards II. wach. Es war besonders der Herzog von Gloucester, der sich zum Sprachrohr gegen die sogenannte ‹Hofpartei› machte und dadurch selbst angreifbar wurde. 1441 strengten deren Vertreter ein Verfahren gegen einige Mitglieder aus Gloucesters Haushalt an, in dem diesem Hochverrat und Hexerei vorgeworfen wurde und die Absicht, Heinrich VI. umzubringen. In den Mittelpunkt der Anklage trat schnell die zweite Frau Gloucesters, Eleonore Cobham, die schließlich zu lebenslanger Haft verurteilt wurde. Wir werden später noch von einem vergleichbaren Verfahren hören, aber die Hauptintention der Ankläger war es fraglos, Gloucester – der zu diesem Zeitpunkt noch potentieller Erbe des Königs war – zu diskreditieren. Sie hatten Erfolg damit. Gloucester wurde nicht an den Friedensverhandlungen von Tours beteiligt; als die Zusatzklausel ruchbar wurde, gehörte er denn auch zu den entschiedensten Gegnern des Friedensplans. Doch blieb ihm keine Möglichkeit mehr, seine Position vor dem nächsten Parlament zu erläutern, denn Suffolk ließ ihn im Februar 1447 in Bury St. Edmunds inhaftieren. Wenige Tage später war Gloucester tot.

Suffolk hat ihn nur drei Jahre überlebt. Die militärischen Verluste in Frankreich setzten sich fort; 1450 ging die Normandie verloren, und gegen Suffolk, bei dem weite Kreise die Hauptverantwortung sahen, wurde ein parlamentarisches *Impeachment*-Verfahren eingeleitet. Heinrich versuchte seinen Favoriten zu schützen; er kam einem Urteil dadurch zuvor, daß er Suffolk für fünf Jahre des Landes verwies. Der versuchte, nach Frankreich überzusetzen, doch auf der Überfahrt fand er unter mysteriösen Umständen genau wie Gloucester den Tod.

Nur wenige Wochen später erhoben sich unter der Führung Jack Cades Bauern und Handwerker in der Grafschaft Kent – und erneut wurden Erinnerungen wach: an die *Peasants' Revolt* des Jahres 1381. Parallelen waren unverkennbar, denn erneut bestand die Hauptforderung der Aufständischen in Sturz und Bestrafung der königlichen Berater. Und ähnlich wie die Führer des Bauernaufstandes erhielt auch Jack Cade Unterstützung in anderen Grafschaften und von Teilen des Landadels. Letztlich brach die Rebellion mit Cades Tod im Juli 1450 zusammen, doch damit war die Situation noch lange nicht geklärt, denn nun betrat Richard Plantagenêt, Herzog von York, mit Vehemenz die politische Bühne.

Jack Cade hatte ein sehr aussagekräftiges ‹Pseudonym› verwendet: er nannte sich Mortimer. Wir erinnern uns: der Anspruch der Mortimers auf die Krone, die faktische Usurpation Bolingbrokes, die enge verwandtschaftliche Bindung der Mortimer und der York. Cades rein fiktiver Anspruch machte überdeutlich, von welcher Partei sich breite Kreise Besserung versprachen. Das Volk hatte den verstorbenen Herzog von Gloucester längst in *Good Duke Humphrey* umgetauft; York erschien vielen als der beste Kandidat, das Erbe Gloucesters als Gegner der ‹Hofpartei› und als Vertreter der ‹öffentlichen Meinung› anzutreten. Doch es sollte sich bald zeigen, daß es York – wohl anders als Gloucester – nicht primär um Loyalität gegenüber dem König ging. York wollte mehr: er selbst wollte die Krone des Landes.

Zunächst jedoch machte sich York zum eloquenten Sprachrohr gegen die Hofpartei, insbesondere gegen deren prominentesten Vertreter, Edmund Beaufort, Herzog von Somerset, mit dem ihn seit Yorks Statthalterschaft in der Normandie eine intensive gegenseitige Abneigung verband. York hatte sich dort persönlich, militärisch, aber auch finanziell stark engagiert (die Soldzahlungen aus

London ließen teilweise jahrelang auf sich warten), nur um sich dann 1446 von Beaufort abgelöst und nach Irland abgeschoben zu sehen. Unter Beaufort – und nicht zuletzt durch dessen militärisches Unvermögen – ging die Normandie verloren, doch verlor Beaufort dadurch weder den Titel noch die Gunst des Königs und vor allem nicht die der Königin. Zeitgenössische Gerüchte brachten Beaufort sogar mit der lang erwarteten Schwangerschaft Margaretes 1453 in Verbindung, Gerüchte, die ihren Nährboden sicherlich auch in der ersten und monatelang andauernden Geisteskrankheit Heinrichs zu diesem Zeitpunkt fanden. Der König war alles andere als gesund oder mental stabil. Seine tiefe Religiosität, sein intensives Interesse an Erziehung und Bildung (nicht zuletzt manifestiert durch seine Stiftungen in Eton und in Cambridge) wurden von weiten Teilen der Bevölkerung vermutlich weniger zur Kenntnis genommen als sein mönchisches Gehabe, sein Desinteresse an pompöser, rangangemessener Kleidung, seine mangelnden Reitkünste und seine Abneigung gegen das Tragen von Waffen, vor allem aber seine ausgeprägte Neigung, im falschen Moment den falschen Ratgebern zuzuhören – für viele Zeitgenossen war es gerade Beaufort, der das Vertrauen des Königs zu intensiv genoß.

Die Animosität Yorks gegenüber Somerset hatte sicherlich noch einen anderen und nicht zu unterschätzenden Grund, und wieder einmal ging es um die Möglichkeiten der Erbfolge. Auch Edmund Beaufort konnte einen Anspruch auf die Krone geltend machen, den auch er auf Johann von Gent zurückführte, doch York wurde nicht müde zu erklären, daß dieser Thronanspruch nur in Beauforts Phantasie bestehen könne, denn die Beauforts stammten aus der ursprünglich illegitimen Verbindung Gents mit Katherine Swynford, die erst später legalisiert worden war. Einer der ersten Akte Heinrichs IV. hatte darin bestanden, alle zukünftigen Ansprüche der Beauforts für nichtig erklären zu lassen. Es ist eine ausgesprochene Ironie der englischen Geschichte, daß sich der erste König des Hauses Tudor über diese Verfügung demonstrativ hinwegsetzen konnte, indem er sein Thronrecht mit Margaret Beaufort, seiner Mutter, begründete.

York versuchte 1450 und 1452, Somerset zu stürzen, blieb dabei jedoch ohne Unterstützung und Erfolg. Es war vermutlich das größte ‹Handicap› des herausragenden Militärs und Verwaltungsspezialisten York, daß er selbst wenig gewinnend und kaum in der

Lage war, Freundschaften zu schließen und wirkungsvolle Loyalitätsnetze zu knüpfen. Seine Zeitgenossen mögen ihn als Nachfolger Gloucesters gesehen haben – als *Good Duke Richard* hat ihn niemand bezeichnet.

Erst 1453 änderte sich Richards Ausgangsposition, doch hatte er daran keinen Anteil. Vielmehr führte ein heftiger Streit zwischen Somerset und Richard Neville, dem Grafen von Warwick, dazu, daß Warwick, getreu dem Motto «Die Feinde meiner Feinde sind meine Freunde», sich nun selbst und – mehr noch – seine umfangreiche Familie im Norden des Reiches in den Dienst der Sache Yorks stellte. Heinrichs erwähnte Geisteskrankheit bescherte York dann das Protektorat und den Vorsitz im königlichen Rat – Möglichkeit genug, seine eigene Position weiter auszubauen.

Heinrich erholte sich, sein Sohn Eduard wuchs heran– und die Feindschaft zwischen York und Somerset blieb bestehen, sie intensivierte sich sogar. Die fast unvermeidliche Folge war 1455 die sogenannte erste Schlacht von St. Albans, ein Sieg für die Yorkisten und das Ende des Herzogs von Somerset, der zu den wenigen Toten zählte. Heinrich wurde als unbeteiligter Zuschauer leicht verwundet. Mit der Schlacht von St. Albans hatten die Rosenkriege – übrigens ein erst durch Sir Walter Scott im 19. Jahrhundert geprägter Begriff – begonnen.

Von einigen Schlachten

Über lange Forschergenerationen hinweg galten die Rosenkriege als ‹beispiellose Selbstzerfleischung› des englischen Adels, als Schwanengesang des blutigen Mittelalters, als Aufbruch in die ‹bessere Neuzeit›. Spätestens seit den Arbeiten von Kenneth Bruce McFarlane und John Gillingham wissen wir jedoch, daß andere Wertungen angemessener sind, daß etwa während der Rosenkriege nicht mehr, sondern eher weniger hochadelige Familien in männlicher Linie ausstarben, als dies prozentual gesehen in anderen Vierteljahrhundert-Intervallen des Mittelalters der Fall war. Und wir wissen auch, daß – mit Ausnahme von Berwick – keine englische Stadt während der Rosenkriege belagert wurde, anders als während der Bürgerkriege des 12. oder des 17. Jahrhunderts. Wir wissen auch, daß sich adelige und städtische Architektur wandelte – weg von festen Bastionen, hin zu größerer Pracht. Und nicht zuletzt wissen wir, daß in der Zeit zwischen Mai 1455 und August 1485 im Jahresdurchschnitt knapp zwei Wochen lang Krieg geführt wurde.

Es gab ganze vierzehn größere Schlachten: St. Albans 1455; Blore Heath und Ludford Bridge 1459; Northampton 1460; Wakefield 1460; Mortimer's Cross, St. Albans und Towton 1461; Hedgeley Moor und Hexham 1464; Edgecote 1469; Barnet und Tewkesbury 1471; Bosworth 1485 – das sind Namen und Daten, die man sich nicht unbedingt einprägen muß. Drei von ihnen haben aber für unseren Zusammenhang eine besondere Bedeutung und verdienen deshalb eine etwas ausführlichere Behandlung: Wakefield, wo Richard, Herzog von York, seinen Kopf verlor; Tewkesbury, wo die Sache des Hauses York endgültig entschieden wurde; und – an späterer Stelle dargestellt – Bosworth, wo letztmalig ein englischer König auf dem Schlachtfeld fiel.

Für alle drei genannten Schlachten gab es vergleichbare Grundvoraussetzungen: die Niederlagen in Frankreich hatten nicht nur arbeitslose Söldner und mit ihnen eine Stimmung von Erbitterung und Opposition gegen die Regierungspartei nach England gebracht, sondern auch zu einem Klima zunehmender Polarisierung und latenter Gewaltbereitschaft geführt. Die ‹Krise› des englischen Hochadels wurde durch das gefährliche Machtvakuum verstärkt, das aus der persönlichen Schwäche König Heinrichs erwuchs – ein Machtvakuum, das zu Parteikämpfen des Adels geradezu einlud. Später wird noch von den fatalen Folgen dieses königlichen Autoritätsverlusts auf lokaler und städtischer Ebene die Rede sein – Friede und Rechtssicherheit waren nicht mehr gewährleistet, und es war zu erwarten, daß sich die angespannte Atmosphäre über kurz oder lang entladen würde, und das in der Form, die die männlichen Erben der Adelsfamilien seit Generationen eingeübt hatten: in der Schlacht. Möglicherweise wäre es nie zu den Rosenkriegen in der uns heute geläufigen Form gekommen, hätte das spätmittelalterliche England nicht ebenfalls über Generationen seine ganz spezielle Form des Lehnswesens entwickelt, den sogenannten *bastard feudalism*, ein ausgebautes System uniformierter Gefolgschaften (*livery and maintenance*) als bezahlte ‹Privatarmeen› weiter Kreise des Hochadels. Nur allzu oft terrorisierten sie schwächere Gegner, die von einer Anrufung der königlichen Gerichtsbarkeit absahen, und sich statt dessen als *retainer* (Gefolgsmann) unter den Schutz anderer Mächtiger stellten und damit ein kompliziertes und komplexes System gegenseitiger Dienste und Hilfeleistungen begründeten und fortsetzten. Die meisten Forscher sehen die Rosenkriege als Ergebnis einer Eskalation persönlicher Fehden mit einem gemeinsamen Merkmal: alle erwähnten Schlachten wurden offen und rasch geschlagen, eine Entscheidung wurde vor Ort gesucht. Leider hatte das allgemeine Klima zur Folge, daß – anders als etwa in Frankreich, aber auch anders als in früheren inner-englischen Auseinandersetzungen – hochstehenden Gegnern bei ihrer Gefangennahme selten Gelegenheit gegeben wurde, ihr Leben durch hohe Lösegeldzahlungen zu retten. Unter Berufung auf den ‹Hochverrat› des gefangenen Adelsopponenten erfolgte die Hinrichtung zumeist noch auf dem Schlachtfeld. Nach der ersten Schlacht von St. Albans hielt sich York für seine Verhältnisse noch ausgesprochen zurück, machte keine Anstalten, den Status quo zu verändern und diente der Krone in bewährter Manier in Irland. Als es jedoch dem mächtigen Grafen von Warwick in demonstrativer Abwesenheit Yorks gelang, sich in der Schlacht von Northampton des Königs zu ‹bemächtigen› und mit diesem als seinem Gefangenen Mitte Juli 1460 ohne große Gegenwehr, aber unter dem Jubel Tausender Einwohner in London einzuziehen, schien York den Punkt gekommen zu sehen, von dem aus es für ihn kein Zurück mehr gab. Am 10. Oktober inszenierte er seinen großen Auftritt in Westminster, augenscheinlich in der festen Überzeugung, daß ihm das Parlament per Akklamation die Königswürde übertragen würde – ein fataler Irrtum. York – begleitet von Fahnen mit dem königlich-englischen Wappen und schmetternden Trompeten – betrat die Halle und marschierte zielstrebig auf den leeren Thron zu, auf den zu setzen er augenscheinlich Anstalten machte. Doch anstelle des von ihm so deutlich erwarteten unterstützenden Beifalls sah sich York mit beredtem Schweigen konfrontiert. Es wurde schließlich durch die süffisante Anfrage des Erzbischofs von Canterbury unterbrochen, ob York etwa den König zu sehen wünsche. Yorks Antwort ist uns in zeitgenössischen Quellen überliefert: «Ich kenne niemanden im Königreich, dem es besser anstünde, zu mir zu kommen als ich zu ihm!» Erneut beredtes Schweigen, während York erfolgreich in die – gleichfalls leeren – Gemächer des Königs eindrang.

Die Akklamation sollte diesem York Zeit seines Lebens verwehrt bleiben; ein förmliches Ersuchen um Übertragung der Königswürde wurde von hohen Richtern, vom Parlament und nicht zuletzt von den königlichen Räten abgelehnt. Am 31. Oktober 1460 kam es dann zu einem spektakulären Kompromiß: unter Aberkennung der Ansprüche seines eigenen Sohnes, dessen Name in dem Dokument nicht einmal genannt wird, anerkannte Heinrich VI. Richard von York als seinen Erben und Nachfolger und überschrieb ihm Land, Titel und Einkünfte des Prinzen von Wales. Wir können nur darüber spekulieren, wie sich der bisherige *Prince of Wales* und besonders dessen Mutter gefühlt haben.

Doch York hatte nur wenig Gelegenheit, sich dieser neuen Würden zu erfreuen, denn am 30. Dezember 1460 kam es in der Nähe von Sandal Castle bei Wakefield Bridge zu einer folgenschweren Begegnung. York war hinter den mächtigen Mauern Sandals in relativer Sicherheit, aber die Nachricht, Späher hätten einzelne Truppenverbände Lancasters ausgemacht, lockte ihn aus der Burg. Doch anstelle versprengter Einheiten sah er sich massiven Kontingenten gegenüber, Kontingenten, die seine Truppen aufrieben; mit York fiel neben zahllosen anderen der zweite Sohn Nevilles. Yorks zweiter Sohn, Edmund, Graf von Rutland, wurde wenig später entgegen allen oft zitierten Gesetzen der Ritterlichkeit ermordet, Richard Neville am nächsten Tag hingerichtet. Yorks Haupt sollte dann doch die von ihm angestrebte Krone zieren: nicht aus Gold, sondern aus Papier gemacht, und für Monate zusammen mit den gleichermaßen sarkastisch-politisch exponierten Häuptern seines Sohnes und Richard Nevilles auf Micklegate Bar in York angebracht.

Eduard von York, zum Zeitpunkt von Wakefield achtzehnjährig, bewies bereits knapp zwei Monate später bei Mortimer's Cross seine militärischen Fähigkeiten – und seine Geistesgegenwart. Unmittelbar vor der letztlich siegreichen Schlacht hatte nämlich eine Luftspiegelung im Heer für Angst und Schrecken gesorgt – für einen Moment waren drei Sonnen am Himmel zu sehen, und nicht nur die einfachen Soldaten sahen darin ein böses Omen. Eduard jedoch berief sich auf die Dreieinigkeit, die dem Hause York gewogen sei – die *Sunne in Spendour* war geboren. Mortimer's Cross war ein herausragender Sieg für das Haus York – nur zeitweilig gefährdet und geschmälert durch die kurz zuvor desaströse Niederlage, die der älteste Sohn Nevilles, ebenfalls Richard genannt, Graf von Salisbury and Warwick, bei St. Albans gegen das Heer der Königin Margarete und ihrer schottischen und walisischen Hilfstruppen erlitten hatte. Richard versuchte sie für den Rest seiner mit dem Beinamen *the kingmaker* überschriebenen politischen Karriere gern und letztlich meist erfolgreich zu ignorieren.

Proklamationen allein reichen selten – Eduard (und Warwick) stellten auch militärisch die nötigen Weichen, als sie am Palmsonntag 1461 in einer erbitterten und blutigen Schlacht bei Towton das zahlenmäßig weit überlegende Heer Margaretes vernichtend schlugen. Die Lancasters begannen ihr politisches Exil in Schottland, dem traditionellen Gegner Englands, und bald konnten ihre vormaligen Untertanen erste Gerüchte über eine bevorstehende Ehe zwischen Heinrichs Sohn und der Schwester des schottischen Königs James III. vernehmen, die sie kaum mit Wohlwollen aufgenommen haben dürften. Die Krönung Eduards aus dem Hause York wurde am 28. Juni 1461 opulent, spektakulär und publikumswirksam inszeniert, und viele im Königreich glaubten, daß die begleitenden Glocken auch den Beginn einer neuen, einer anderen, einer profitableren, einer großen Zeit einläuteten. Sie schienen Recht zu behalten: innenpolitisch stabilisierte sich die Lage für das Haus York nicht zuletzt durch die erfolgreiche Niederschlagung von Aufständen der Lancaster in Wales und im Norden des Landes; die Schotten wurden zum Frieden gezwungen; Heinrich VI. wurde gefangengesetzt und in den Tower gebracht.

Die größte Gefahr für das Königtum Eduards von York sollte rund zehn Jahre später aus seinen eigenen Reihen kommen: von seinem Cousin Richard Neville, dem Grafen von Warwick, dem *kingmaker.* Warwick fand sein Ende in der Schlacht von Barnet im April 1471. Doch noch lebte Heinrich VI. im Tower, noch rekrutierte Margarete von Anjou gemeinsam mit ihrem Sohn Eduard erfolgreich Truppen für die Sache der Lancaster, noch fanden sie bereitwillige Unterstützung in Wales und den nördlichen Regionen des Reiches. Am 4. Mai 1471 kam es zur entscheidenden Schlacht von Tewkesbury. Wir können ihren Verlauf beinahe minutiös rekonstruieren. Eduards Truppen waren dreigeteilt; er selbst kommandierte das Zentrum, sein junger Bruder Richard den linken Flügel, sein enger Freund William Lord Hastings den rechten. Richard von Gloucester eröffnete den Angriff, und es gelang ihm, den rechten Lancaster-Flügel unter Somersets Kommando in die Flucht zu schlagen. Eduard folgte zum Zentrum der Gegner, wo der junge Prinz von Wales ganz augenscheinlich in Panik geriet, seinen eigenen Heerführer Wenlock der Feigheit bezichtigte und zuließ, daß Somerset diesen erschlug. Die Soldaten – und der Prinz – begannen eine verzweifelte und wenig erfolgreiche Flucht; der Prinz wurde von einer Abteilung Soldaten unter dem Befehl von Eduards Bruder Georg, dem Herzog von Clarence, erschlagen. Einigen wenigen, unter ihnen Somerset und Devon, gelang die Flucht zur Abtei von Tewkesbury, wo ihnen der Abt zunächst Schutz gewährte. Doch hatte Eduard aus seinem kurzen Exil seine eigenen Schlüsse gezogen; Somerset und Devon waren ihm zu gefährlich und auch zu einflußreich, als daß er sie hätte verschonen können. Wenigstens gewährte er ihnen einen Prozeß – mehr wohl einen Schauprozeß – unter Vorsitz des Herzogs von Norfolk und des neuernannten Connetabels von England, seinem jüngsten Bruder Richard von Gloucester, der dieses Amt wohl seiner herausragenden Rolle in der Schlacht zu verdanken hatte. Das Ergebnis des Prozesses vom 6. Mai dürfte nie in Frage gestanden haben – alle Lancasterführer wurden wegen Rebellion zum Tode verurteilt und noch am selben Tag auf dem Marktplatz von Tewkesbury öffentlich enthauptet. Wenig später überbrachte Sir William Stanley – wir werden noch von ihm hören – Eduard die gefangene Margarete von Anjou, die in Tewkesbury nicht nur die Sache der Lancaster, sondern auch ihren einzigen Sohn verloren hatte. Eduard IV. verteilte generös Beute, Titel und Ehren an seine Getreuen und machte sich auf in seine Hauptstadt London, die er am Dienstag, den 21. Mai 1471 erreichte. London hatte ihn nicht vergessen, sondern demonstrierte Loyalität und wohl auch politische Cleverness durch einen beeindruckenden Siegesempfang mit schmetternden Trompeten und Hörnern, wehenden Bannern und Standarten, geschmückten Straßen, weinsprudelnden Brunnen und den obligatorischen jubelnden Londonern. Die Parade der neuen Königspartei wurde von Richard von Gloucester angeführt, ihm folgten Hastings und Eduard selbst. Fast am Schluß des Zuges hatte Clarence seinen Platz gefunden, den Abschluß bildete die gefangene Margarete von Anjou.

Noch in der Nacht dieser triumphalen Rückkehr Eduards IV. nach London, am 21. Mai 1471, starb Heinrich VI. im Tower. Wie? Wir werden es wohl niemals wissen. Gerüchte sagen, Eduard IV. habe den Befehl erteilt; Gerüchte sagen, auch Richard, Herzog von Gloucester, und Clarence seien in jener Nacht im Tower gewesen. Heinrichs Leichnam wurde am nächsten Morgen in St. Paul's aufgebahrt – angeblich soll der Leichnam auf dem Weg dorthin noch geblutet haben. Ein Zeichen von Heinrichs Heiligkeit? Ein böses Omen für das Haus York? Ein Beweis für einen Mord? Wie auch immer: mit dem Tod des Prinzen von Wales bei Tewkesbury, der Exekution Somersets und dem Tod Heinrichs VI. im Tower war die Hauptlinie der Lancaster erloschen. Nun gab es nur noch einen Mann, der ihren Thronanspruch vertreten konnte, den jungen Sohn eines Halbbruders Heinrichs VI. Doch Eduard IV. hatte nun selbst den langerwarteten männlichen Erben: seine Frau Elisabeth Woodville hatte ihm am 2. November 1470 nach drei Töchtern in ihrem Zufluchtsort im Palast von Westminster endlich den ersten Sohn geboren und diesen nach seinem Vater benannt. Niemand hätte zu diesem Zeitpunkt gedacht, daß dieser junge Eduard als einer der Prinzen im Tower tragische Berühmtheit erlangen sollte.

Die Heiratspolitik des Hauses York

Die Forschung tendiert dahin, Eduards IV. Eheschließung mit Elisabeth Woodville als den ausschlaggebenden Faktor für den spektakulären Bruch des Grafen von Warwick mit ihm zu sehen: Warwick hatte sich monatelang bemüht, ein Ehebündnis zwischen Eduard und Katharina von Bourbon in die Wege zu leiten. Als sich dieses Vorhaben zerschlug, arbeitete Warwick mit noch größerer Intensität an einer Verbindung zwischen Eduard und der Schwägerin des französischen Königs, Bonne von Savoyen, ein Vorhaben, das die volle Unterstützung Ludwigs XI. von Frankreich genoß. Daß sich der Graf von Warwick 1461 monatelang ohne Kenntnis Eduards oder des Hofes um die Ehebündnisse bemühte, zeigt eigentlich schon, wie sehr sich das Verhältnis zwischen ‹Schüler› und ‹Mentor› mittlerweile gewandelt hatte: Warwick versuchte zu ‹arrangieren› und Eduard ‹schloß ab› – spektakulär! Im September 1464 wurde der *Privy Council* während einer Sitzung in Reading von Eduards Heirat mit Elisabeth Woodville in Kenntnis gesetzt, die er bereits im Mai geschlossen hatte. Warwick fühlte sich mit Fug und Recht ausmanövriert, in seine Schranken gewiesen und gedemütigt. Die Heirat von Eduard von York und Elisabeth Woodville hat Zeitgenossen und nachgeborene Historiker zugleich wegen ihrer unmittelbaren und längerfristigen Folgen beschäftigt. An Elisabeth Woodville schieden und scheiden sich die Geister: augenscheinlich gab es nur zwei Dinge in ihrem Leben, bei denen Kritiker und Anhänger übereinstimmten: ihre beinahe legendäre Schönheit und ihr ungeheuer ausgeprägter Versorgungswille für ihre zahlreiche Verwandtschaft. In der englischen Gesellschaft war die um 1440 geborene Elisabeth keine Unbekannte. Ihr Vater, Sir Richard Woodville, hatte seine Karriere zwar ‹nur› als *chamberlain* des Grafen von Bedford, des jüngeren Bruders Heinrichs V., begonnen, aber nach dem Tod des Grafen dessen Witwe Jacquetta von Luxemburg geheiratet. Jacquetta gehörte unbestritten dem europäischen Hochadel an, denn sie konnte über ihren Vater Pierre, Graf von St. Pol, ihre Ursprünge auf Karl den Großen zurückverfolgen. Jacquettas Ehe mit Woodville entstammten zwölf Kinder; Elisabeth war nach fünf Söhnen die älteste Tochter. Sie wurde zeitgemäß früh verheiratet, und zwar mit Sir John Grey, der selbst über einige gute Verbindungen verfügte. Dieser Ehe entstammten zwei Söhne, Thomas und Richard. Die Woodvilles und die Greys zählten zu den Anhängern des Hauses Lancaster. Sir John Grey fiel im Dienst ihrer Sache in der Schlacht von St. Albans im Februar 1461.

Chronisten und Schriftsteller haben sich der ersten Begegnung zwischen der strahlend-schönen Witwe und dem jungen König angenommen. Allerdings ist nicht genau bekannt, wo und wann sie stattfand, vermutlich jedoch in der Nähe von Elisabeths Elternhaus bei Grafton Regis zu Beginn des Jahres 1464. Es ist nur eine der zahllosen Geschichten, die die Geschichte des Hauses York begleiten, daß Elisabeth ein zufälliges Treffen mit dem jungen Monarchen nutzte, um ihn um Gnade für ihre Söhne zu bitten, doch dies hieße, die politische Bedeutung ihres toten Ehemannes eindeutig zu überschätzen. Eduard IV. war bereits seinen Zeitgenossen für seine zahllosen Affären bekannt. Es sei dahingestellt, ob Elisabeth ihre Gunst tatsächlich von einer Eheschließung abhängig machte, oder ob hier wirklich beiderseitige Liebe auf den ersten Blick im Spiel war. Mit Sicherheit auszuschließen ist jedoch ein politisch motivierter Hintergrund; selbst wenn Eduard sich primär Warwicks Einfluß entziehen und sich seinen französisch orientierten Vermittlungsversuchen hätte widersetzen wollen, so hätte an geeigneteren Bräuten im In- und Ausland wahrhaft kein Mangel bestanden. Die Ehe wurde am 1. Mai 1464 in Anwesenheit von Elisabeths Mutter und nur wenigen anderen Zeugen in einer ziemlich hastigen Zeremonie in Grafton

Regis geschlossen. Eduard befand sich zu diesem Zeitpunkt auf einer Kampagne gegen Anhänger des Hauses Lancaster, und zunächst erfuhr niemand davon. Wohl aus gutem Grund.

Eduard selbst dürfte sich der politischen und vor allem der sozialen Implikationen bewußt gewesen sein, denn der Standesunterschied war zu offensichtlich, und das darf in der damaligen Zeit nicht unterschätzt werden. Eine Ehe mit einem *commoner* war ein Wagnis, das noch kein Monarch vor Eduard eingegangen war, und er hatte zu befürchten, daß selbst ihre spektakuläre Schönheit seine Untertanen Elisabeths wenig spektakulären Hintergrund nicht vergessen lassen würde. Mehr noch: Spätmittelalterliche dynastische Verbindungen hatten primär außenpolitischen Zielen zu dienen, eine rein englische Verbindung war hier wenig hilfreich. Elisabeths zahlreiche Geschwister, die, den Gepflogenheiten der Zeit entsprechend, zu ‹versorgen› waren, stellten ein weiteres potentielles Problem dar, dessen Ausmaß schon die nächsten Jahre zeigen sollten, als sämtliche Woodvilles lukrative Verbindungen mit dem englischen Hochadel eingingen. Besonders gern wird in diesem Zusammenhang auf die Ehe zwischen John Woodville und der mehrfach verwitweten Herzogin von Norfolk verwiesen, denn John war zum Zeitpunkt der Eheschließung knapp zwanzigjährig, seine Braut hingegen dreimal so alt. Doch am schwerwiegendsten war vermutlich die Tatsache, daß Eduard seine Ehe ohne vorhergehende Konsultationen mit seinen engsten Vertrauten und Räten eingegangen war, und das waren größtenteils – wenn auch nicht ausschließlich – Mitglieder des englischen Hochadels. Zudem tat Eduard nichts, um sich diesen Problemen zügig und offen zu stellen. Statt dessen scheint er auf eine ‹günstige› Gelegenheit gewartet zu haben, seine Räte und seine Untertanen von seiner Ehe in Kenntnis zu setzen. Mit dieser Vorgehensweise provozierte er schließlich den Bruch mit seinem einflußreichsten Magnaten, dem Grafen von Warwick, der die erste Hälfte des Jahres mit intensiven Bemühungen verbracht hatte, seine eigenen Heiratspläne für Eduard zu verwirklichen. Anläßlich einer Ratssitzung in Reading im September 1464, in der die englische ‹Strategie› während des erwarteten Treffens mit den französischen Gesandten diskutiert werden sollte, mußte Eduard schließlich seine Ehe offenlegen und sich dem geballten Unglauben seines Rates stellen, der darin nur ein impulsives, politisch kurzsichtiges und grundsätzlich einem König unwürdiges Verhalten sehen konnte. Nicht einmal Eduards wohl engster Freund, Wilhelm Lord Hastings, verstand seine Entscheidung, von Warwick ganz zu schweigen.

Vier weitere Heiratsprojekte können etwas Licht in das Dunkel bringen: der Plan von Eduards jüngerem Bruder Georg, Warwicks älteste Tochter Isabella zu heiraten; Georgs Versuch, die Hochzeit seines jüngeren Bruders Richard mit Isabellas Schwester Anne Neville zu verhindern; Georgs Bemühen, nach Isabellas Tod mit Maria von Burgund die Ehe zu schließen und nicht zuletzt Georgs Rolle in einem spektakulären Prozeß nach Isabellas Tod.

Georg Plantagenêt hat wohl nie daran gezweifelt, daß seine Ehe mit Isabella Neville beschlossene Sache war – und diese Überlegung scheint von Isabellas Vater geteilt worden zu sein. Vieles sprach auch für eine solche Verbindung. Georg und Isabella waren beinahe gleichaltrig und wuchsen zusammen auf. Es gab bereits Heiratsverbindungen zwischen ihren beiden weitläufigen Familien, und Warwick mag eine noch engere Verbindung mit dem Königshaus durchaus begrüßt haben. Georg dürfte neben einer offensichtlichen gefühlsmäßigen Bindung an Isabella auch deren zu erwartendes großes Erbe interessiert haben. Dieser letzte Punkt mag sehr berechnend klingen, aber die Annahme, daß er eine Rolle spielte, ist durchaus naheliegend, wenn man Georgs Verhalten bei den späteren Heiratsplänen Richards bedenkt. Warwicks zunehmender Ansehensverlust blieb auch im königlichen Rat nicht unbemerkt, wenngleich Eduard ihm das Kommando über Calais nicht entzog, das Warwick seit 1456 innehatte. Genau dorthin zog sich Warwick im Frühsommer des Jahres 1469 zurück – in Begleitung seiner Familie und in Begleitung von Georg. Und von dort aus setzte der vormalige *kingmaker* Englands Unternehmungen in Gang, die den englischen König beinahe die Krone gekostet hätten.

Drei Ereignisstränge griffen ineinander: ein von Warwick und zahlreichen seiner Verwandten und Gefolgsmänner unterstützter Aufstand gegen die Krone im Norden des Landes unter dem Banner Robins von Redesdale; die durch päpstlichen Dispens am 11. Juli 1469 ermöglichte Heirat von Isabella und Georg und das Zweckbündnis zwischen Warwick und Margarete von Anjou, der Ehefrau Heinrichs VI.

Wir werden vermutlich niemals mit völliger Sicherheit sagen können, ob Warwick wirklich die Reinthronisierung Heinrichs VI. oder ob er eher persönliche Zwecke verfolgte. Eduard und die Anhänger des Hauses York hat Warwicks spektakulärer Positionswandel und der beinahe noch spektakulärere Positionswechsel des Herzogs von Clarence eindeutig überrascht, und beide haben ihnen sehr bestimmt ihre Grenzen aufgezeigt. Zunächst unterlagen am 26. Juli die von Eduards Schwiegervater Graf Rivers und dessen Sohn John Woodville geführten Truppen bei Edgecote. Warwick, der erst am Tag nach der Schlacht zu den in seinem Namen und besonders von walisischen Kontingenten unterstützten kämpfenden Truppen stieß, zeigte den Männern gegenüber, die er für seinen Machtverlust verantwortlich machte, keine Gnade: Rivers, Woodville und andere wurden in den nächsten Tagen und Wochen hingerichtet. Eduard selbst wurde in der Nähe von Kenilworth, in Olney, aufgespürt und von Warwicks Bruder, dem Erzbischof Georg Neville von York, gefangengesetzt und nach Middleham gebracht. Daß eine gewonnene Schlacht nicht immer entscheidend sein muß, das sollte auch Warwick erfahren. Gerade hier dürfen wir auch die Bedeutung der ‹öffentlichen Meinung› nicht vergessen. Eduard IV., für den London eindeutig und sehr öffentlich Position bezogen hatte, war unter restriktiven Umständen in der Burg eines Mannes gefangen, der offensichtlich erneut einen Königswechsel plante. Der von Robin von Redesdale initiierte Aufstand hatte sich nicht so sehr gegen den König selbst gerichtet, als vielmehr gegen die ‹unwürdigen› und ‹korrupten› Ratgeber des Königs, und diese Männer lebten nach Edgecote nicht mehr. Warum, so dürften sich wohl viele im Land gefragt haben, sollte man nun Eduard, dem ‹königlicheren› der beiden Könige, seine königliche Stellung wieder nehmen und vielleicht Heinrich VI. wieder aus dem Tower holen, wo er immer noch lebte? Auch Warwick sah dieses Argument, und er sah sich zugleich der ‹Wirkung› seiner außer Kontrolle geratenen und gerade die nördlichen Grenzgebiete des Königreiches heimsuchenden Truppen ausgesetzt. Die Wahrung und Aufrechterhaltung der öffentlichen Ordnung war oberstes Gebot aller spätmittelalterlichen Herrscher und Herrschaftsaspiranten, doch Warwicks Aufruf zum Frieden kam niemand nach, denn dazu hätte es des Gebots des Königs bedurft. Warwick mußte Eduard freilassen. Dieser erließ dann auch im September in York den Aufruf zur Verteidigung gegen die marodierenden Truppen und ritt unmittelbar danach mit allen seinen Gefolgsleuten nach London, das ihm am 13. Oktober erneut jubelnd die

Tore öffnete. Und sehr publikumswirksam – so die zeitgenössischen *Paston Letters* – sprach Eduard dabei von Warwick, dem Yorker Erzbischof, und nicht zuletzt von seinem Bruder Georg als *«his best friends»*, aber es war sein jüngster Bruder Richard, den Eduard in Nachfolge von Graf Rivers zum *constable* ernannte.

Warwick und Georg scheinen sich in dieser politischen Pattsituation sicher genug gefühlt zu haben, um an der Novembersitzung des Großen Rates teilzunehmen in der Erwartung, von Eduard begnadigt zu werden. Eduards Politik war zu diesem Zeitpunkt von Vorsicht und von Rücksicht gegenüber seinem noch immer mächtigsten Magnaten und seinem jüngeren Bruder geprägt. Die beiden haben es ihm jedoch nicht gedankt: im Februar des folgenden Jahres scheinen sie Erhebungen gegen den König in der Grafschaft Lincolnshire betrieben zu haben, Erhebungen, denen Eduard im März bei Stamford siegreich begegnete. Seine Gefangenen enthüllten ihm Warwicks und Clarences Intrigen, zu denen auch der Plan gehörte, Eduard zugunsten seines Bruders abzusetzen. Da den beiden eine landesweite Unterstützung für diesen Plan fehlte, ergriffen sie die Flucht – erneut nach Calais. Auf dem Weg dorthin erlitt Isabella eine Fehlgeburt. Sie überlebte, aber in diesem Zusammenhang hören wir zum ersten Mal von ihrer Schwindsucht.

Warwick dürfte zu diesem Zeitpunkt erkannt haben, daß sein Plan, Clarence zum König zu machen, keinen Erfolg haben würde. Es dürfte ihm auch klargeworden sein, daß sein persönliches Schicksal nun untrennbar mit dem des Hauses Lancaster, daß sein politisches Überleben mit der Restauration des Hauses Lancaster verbunden war. Die große Unbekannte in diesem politischen Überlebensschach war jedoch Heinrichs Königin. Um Margarete von Anjou zu überzeugen, um die blutige Kluft zwischen ihnen zu überwinden, benötigte und erhielt Richard Neville die Unterstützung des französischen Königs Ludwig XI. Im Juli des Jahres 1470 kam es zur politischen Versöhnung zwischen Margarete von Anjou und dem Grafen von Warwick, besiegelt durch die Ehe zwischen Margaretes Sohn Eduard und Nevilles jüngster Tochter Anne. Sollte diese Ehe erbenlos bleiben, würde die Krone an Clarence fallen, eine Vereinbarung, die Margarete wohl nur im Interesse der geeinten Ansprüche der Häuser Lancaster, Valois und Anjou und unter definitiver Ablehnung jedweder persönlicher Ansprüche Warwicks zu tolerieren bereit war. Warwick sagte kniefällig allen eigenen Ambitionen ab und

Ludwig XI. bot Unterstützung mit Schiffen, Geld und Truppen. All das kostete Warwick in England viele Sympathien, auch wenn Warwick und Clarence ein Schreiben an das Unterhaus sandten, das eloquent *«tyranny and manslaughter that reign among you»* beklagte und die erneute Königsproklamation Heinrichs VI. ankündigte. Die Kampagne wurde von Nevilles Bruder John unterstützt. Dieser Entwicklung konnte Eduard IV. nicht wirkungsvoll begegnen. Zusammen mit seinem Bruder Richard ging er im frühen Oktober des Jahres 1470 ins Exil nach Alkmaer.

Warwick, Clarence, das Haus Lancaster und der französische König schienen die englische Königsfrage entschieden zu haben. Die Geschichte hat gezeigt, wie falsch diese Annahme war. Aber was ging letztlich für die Genannten schief? In England selbst scheint ziemliche Apathie und politische Unlust geherrscht zu haben. Zeitgenössische Chronisten verdeutlichen die Stimmung: *«They accepted Henry as their King at Warwick's behest; they would accept Edward the moment he proved himself the stronger.»* Warwick näherte sich der Hauptstadt nur zögernd, denn ihm war nur allzu bewußt, daß London – besonders die dortigen Kaufleute – Eduard gegenüber Loyalität gezeigt hatte. Warwick versuchte, die öffentliche Meinung zu seinen Gunsten zu beeinflussen, und dazu bediente er sich des wohl probatesten Mittels, der öffentlichen Predigt, so wie sie mit Eloquenz vom Minoriten Dr. William Goddard am 30. September in St. Paul gehalten wurde. Doch selbst der prunkvolle Einritt Warwicks, Clarences, des Yorker Erzbischofs und nicht zuletzt des Grafen von Shrewsbury in die Hauptstadt am 6. Oktober und der mit ihrem Einritt verbundene Zug Heinrichs VI. nach St. Paul führte zu keinem meinungstragenden Umschwung. Margarete war nach wie vor sehr unbeliebt, was zu dieser hauptstädtischen Einschätzung beigetragen haben wird ebenso wie die Tatsache, daß Eduards Königin, Elisabeth Woodville, nach drei Töchtern am 2. November 1470 einen Sohn, einen potentiellen Thronfolger für das Haus York, zur Welt brachte. Die Geburt von Heinrichs Sohn Eduard am 13. Oktober 1453 war von dem Gerücht begleitet gewesen, daß nicht Heinrich, sondern der Herzog von Somerset der Vater des Jungen sei. Das Gerücht hatte durch Heinrichs lange geistige Umnachtung und dadurch, daß er sich weigerte, den Knaben als seinen Sohn anzuerkennen und statt dessen auf den Heiligen Geist verwies, zusätzliche Nahrung gewonnen. Dagegen war der erstgeborene Sohn Eduards derartigen Gerüchten bei seiner Geburt nicht ausgesetzt. Dafür hatte die Geschichte einen späteren Zeitpunkt ausersehen.

Zunächst einmal inszenierte Warwick Heinrichs erneute Inthronisierung am 13. Oktober. Als die Sitzung des nächsten Parlaments am 26. November feierlich eröffnet wurde, folgte der Lesung von Warwicks erzbischöflichem Bruder der in Geheimverhandlungen zwischen Warwick und Margarete von Anjou verabredete Verlauf: die Verurteilung Eduards als Verräter und Usurpator, die Nichtigkeitserklärung der unter seiner Herrschaft verabschiedeten Beschlüsse, die Wiedereinsetzung derer, die unter Eduard ihre Titel und Ehren verloren hatten, und die Bestätigung Georgs als Erbe Heinrichs. Wir können nur darüber spekulieren, was Margarete von Anjou bei dieser Klausel gefühlt haben mag und für wie ernst und durchsetzbar sie diesen Passus hielt. Georg wurde darüber hinaus offiziell zum Nachfolger seines Vaters bestimmt, über den Kopf seines gekrönten Bruders hinweg. Dieser sah sich zusammen mit seinem jüngsten Bruder Richard noch immer im niederländischen Exil zur Untätigkeit verurteilt, war aber auf dem besten Wege, seine spektakuläre Rückkehr zu inszenieren und damit verbunden auch das Wiedersehen mit seinem Bruder Georg.

Am 7. Januar des Jahres 1471 erhielt Eduard endlich die lang ersehnte Zusage seines herzoglich-burgundischen Schwagers Karls des Kühnen zur Finanzierung seiner geplanten Invasion. Um 5000 Florin und eine große Zahl bemannter Schiffe reicher setzten er und Richard von Gloucester Segel. Sie hätten den Zeitpunkt kaum besser wählen können; in London hatte Warwick mittlerweile jegliche Unterstützung verloren. Heinrich agierte bei seinen seltenen öffentlichen Auftritten nicht sehr ‹königlich›, Margarete von Anjou, der die mit dem Amte verbundene Autorität und nicht zuletzt dessen öffentlichkeitswirksame Grandezza von Natur aus gegeben waren, wartete noch immer in Frankreich, und Clarence – war einfach Clarence und ließ es an jeder Unterstützung fehlen.

In der besten Tradition potentieller Englandinvasoren landete Eduard IV. am 14. März 1471 in Ravenspur und begann seinen Marsch nach London. Mehrere Aufforderungen an Warwick zur Schlacht blieben unbeantwortet, doch ein anderer zeigte sich gesprächsbereit: Eduards Bruder Clarence. Was mag Clarence dazu bewogen haben, sich Anfang April in der Nähe von Banbury mit seinen Brüdern zu treffen? Die Erkenntnis, daß Warwicks Sache verloren war? Die Hoffnung, daß Familienblut dicker ist als politisch verwässerter Opportunismus? Die persönliche Überzeugung, daß er – Clarence – letztlich persönlich unschuldig in diese Sache hineingerutscht sei und daß sich seine Brüder davon überzeugen lassen würden? Ein sehr realer Überlebenswille? Was auch immer es war: Eduard vergab Clarence. Nun befand sich der Herzog wieder auf Seiten des Hauses York und marschierte mit den Truppen gegen seinen Schwiegervater nach London, wo sein königlicher Bruder seinen Erstgeborenen begrüßte und in der Westminsterabtei relativ hastig erneut durch den Erzbischof von York gekrönt wurde.

Das kommende Osterfest sollte blutig werden. Zwei bereits erwähnte Schlachten umrahmten es: die von Barnet am Karsamstag und die von Tewkesbury am 4. Mai 1471. Barnet kostete Warwick das Leben; Tewkesbury forderte die Leben von Heinrichs Sohn und das der prominentesten Lancasterführer und schließlich auch das Heinrichs VI., der am 21. Mai im Londoner Tower starb, an dem Tag, an dem Eduard mit der gefangenen Margarete von Anjou im Triumph erneut in die Stadt einzog. Warum und auf wessen Befehl starb Heinrich VI.? Die Geschichte lädt zu Spekulationen ein. Vermutungen deuten auf den erneut schlachtenglücklichen König Eduard, auch wenn einige Zeitgenossen eher seinen Bruder Georg, den Herzog von Clarence, als Verantwortlichen sahen.

Heinrichs VI. Sohn Eduard war knapp drei Wochen zuvor getötet worden, und auch das wurde Georg zugeschrieben. Mit Eduard Lancasters Tod war Georgs Schwägerin, Anne Neville, die jüngste Tochter des vormaligen *kingmaker,* zur Witwe geworden. Warwicks Titel und Ländereien waren wegen seines Hochverrates von der Krone eingezogen und – soweit es die beiden jüngeren Brüder Eduards IV. betraf – zur Neuverteilung freigegeben worden. Clarence beanspruchte über seine Ehe mit Warwicks älterer Tochter Isabella offiziell zumindest die Hälfte der gigantischen Besitzungen und der schier unüberschaubaren Einkünfte; inoffiziell (aber genauso laut) verlangte er alles, da, so Clarence, die jüngere Tochter Anne durch ihre Ehe mit Eduard Lancaster jeglichen Anspruch auf das Familienerbe eingebüßt habe. Aber es war genau diese jüngere Tochter Anne, die Clarences jüngster Bruder Richard, der Herzog von Gloucester, zu heiraten gedachte, und damit hatte Clarence ein großes Problem.

Der junge Herzog von Gloucester ist bislang nur gleichsam in ‹Nebenrollen› begegnet; als Exilgefährte von Clarence, als durch seinen königlichen Bruder privilegierter Anverwandter, als junger, aber nichtsdestoweniger erfolgreicher militärischer Mitkommandierender, als loyaler Exilgefährte seines königlichen Bruders, als englischer *constable*.

Als die Schlacht bei Tewkesbury geschlagen wurde, war der im Oktober 1452 auf Burg Fotheringay geborene Richard noch keine 19 Jahre alt und hatte dennoch bereits eine Reihe von militärischen Erfahrungen gemacht. Und dieser jüngste Bruder König Eduards forderte nun von diesem die Einwilligung zu seiner Ehe mit Anne Neville – ein Plan, den Georg strikt ablehnte, wie sich nicht ganz eindeutigen Hinweisen entnehmen läßt. Historisch unbestritten ist, daß Georg seine Zustimmung zu dieser Heirat lange hinauszögerte und sie erst im Februar 1472 und nur nach der Erfüllung massiv gierig anmutender Bedingungen gab. Georg wurde von Eduard mit den lukrativen Grafschaften von Warwick und Salisbury belehnt und darüber hinaus für 20 Jahre zum *King's Lieutenant of Ireland* ernannt sowie zum *Great Chancellor*, ein Amt, das Richard bis dahin bekleidet hatte. Richard wurde mit dem *constableship of England* und dem Amt des *Warden of the Forests North of the Trent* abgefunden. Es war dieses letztgenannte Amt, das Richards nächste Jahre entscheidend prägen sollte.

Alle zeitgenössischen Zeugnisse deuten darauf hin, daß Richards Ehe mit Anne ausgesprochen glücklich war und daß er in seiner Rolle der Krone sehr kompetent diente. Gerade mit der Stadt York – ursprünglich eine politische Bastion der Lancaster – verband ihn ein sehr enges und sehr persönliches, beiderseitig loyales Verhältnis, auf das noch einzugehen sein wird.

Die Umstände im Londoner Stadthaus des Herzogs von Clarence waren nicht ganz so erfreulich. Zwar hatte Isabella mittlerweile zwei Kinder geboren – Eduard und Margaret, für die die Zukunft Unerfreuliches bereit halten sollte – aber Isabellas Gesundheitszustand verschlechterte sich zusehends. Sie starb am 21. Dezember 1476 im Kindbett, und ihr Tod sollte die wohl größte innere Krise des Hauses York auslösen, zumal zwei Wochen später, am 5. Januar 1477, Clarences Schwager, Herzog Karl der Kühne von Burgund, bei Nancy gegen eidgenössische Truppen fiel. Seine Erbin war seine junge Tochter Maria. Eduard untersagte Clarence zum zweiten Mal die Heirat, und diesmal hatte Clarence keinen einflußreichen und mächtigen zukünftigen Schwiegervater. Clarence scheint zunehmend desperater geworden zu sein: zeitgenössische Quellen bringen ihn mit Gerüchten in Verbindung, die Eduard IV. als Bastard bezeichneten – ein Schlag ins Gesicht seiner bekanntermaßen tief religiösen Mutter; außerdem bemühte er sich alsbald um die Hand der Schwester des schottischen Königs. Das Verhältnis zwischen den beiden York-Brüdern verfiel zusehends; der dritte Bruder zeichnete sich im Dienst des Hauses in den nördlichen Grafschaften aus und damit in sicherer Entfernung vom Hof.

Dort machte sich auch Clarence in den Frühlingswochen des Jahres 1477 immer rarer, vermied Wortbeiträge in den Ratssitzungen ebenso wie eine aktive Teilnahme an den höfischen Gastmählern. Schon bald machte das Gerücht die Runde, Clarence könne sich seiner Gesundheit und seines Lebens an diesem Orte nicht mehr sicher sein. Es hieß, Clarence selbst habe das Gerücht ausgestreut. Auch sonst tat er manches, um seinen Ruf zu ruinieren. Dazu gehört der in seinem Namen und unter seinem Druck verübte Justizmord an einer früheren Bediensteten Isabellas, Ankarette Twynho. Clarences Anklage gegen Twynho lautete auf Giftmord an seiner Frau; sie wurde gewaltsam aus ihrem Haus in der Grafschaft Somerset geschleppt, nach Warwick gebracht, dort vor einem Tribunal von Friedensrichtern und Geschworenen auf Druck von Clarence schuldig gesprochen und am 14. April gehenkt. Von den Mitgliedern des Geschworenengremiums gibt es Aussagen, die beweisen, daß das Urteil gegen ihre Überzeugung gesprochen wurde. Hochadelige Einflußnahme auf die Geschworenen war an sich schon schlimm, doch damit noch nicht genug. Clarence war ebenso in einen anderen spektakulären Prozeß involviert, der im Mai die Grafschaft Oxfordshire beschäftigte: Am 19. Mai wurden enge Vertraute des Herzogs der Ausübung von Schwarzer Magie und Hexerei überführt, die den Tod des Königs und seines Sohnes bewirken sollten. Anklagen auf Schwarze Magie und Hexerei kennt die Geschichte zur Genüge; oft lagen ihnen Verleumdungen aus politischen Motiven zugrunde, und dies dürfte auch hier der Fall gewesen sein. Der juristische Prozeß war zum Politikum geworden. Damit war die Geduld des Königs am Ende. Eduard war kaum zurück in Westminster, als er Clarence in Gegenwart des gesamten Rates, des Londoner Bürgermeisters und der dortigen Aldermänner persönlich des Bruches der Gesetze des Königreiches und der massiven Gefährdung von dessen Repräsentanten, der Richter und der Geschworenen, beschuldigte und ihn in den letzten Junitagen in den Tower bringen ließ. Als das nächste Parlament am 19. Januar 1478 eröffnet wurde, stand eigentlich nur ein Punkt auf der Agenda: das Hochverratsverfahren gegen den königlichen Bruder Georg Plantagenêt, den Herzog von Clarence.

Die *honourable members* müssen sich relativ überflüssig gefühlt haben, denn es gab ganze drei ‹individuelle› Wortbeiträge: die feierliche Eröffnung durch Bischof Rotherham von Rochester, den Kanzler und zukünftigen Erzbischof von York, die Anklage des Königs und den Rechtfertigungsversuch von Clarence. Es erhob sich keine Stimme zu seiner Verteidigung. Eduard hatte sich als außerordentlich eloquent erwiesen, hatte auf seine langjährige Milde bei Umsturzversuchen hingewiesen, die er selbst dann beibehalten habe, als ihm das Vertrauen schlecht gedankt worden sei. Doch nun, so der König, sehe er sich mit Beweisen für einen ungleich schlimmeren, die Familienbande und die Gesetze der Bruderliebe verletzenden Vorwurf konfrontiert: dem Hochverrat seines eigenen Bruders, dem er so oft zuvor verziehen habe. Sein eigener Bruder, der so ungleich mehr als alle übrigen loyalen Untertanen der Krone dem König Loyalität und Liebe hätte schulden sollen und der natürlich zu *«ligeance, by nature, by benefit, by gratitude, and by gifts and grants of goods and possessions»* verpflichtet sei. Immer wieder habe er Clarence verziehen – seine Komplotte, die von ihm ausgestreuten Gerüchte, seine Heirat und Heiratsambitionen, seinen Übergang zu Warwick, seine Rolle in dessen Plänen. Aber dies sei ihm schlecht gelohnt worden, und – schlimmer noch – Clarence habe sich weder gewandelt noch seine Fehler jemals eingesehen. Der bedauerliche, aber angesichts der neuen gefährlichen Magie- und Hexereivorwürfe nun unausweichliche Moment sei da: er beantrage, für das Wohl des Königreiches den Herzog von Clarence des Hochverrates für schuldig zu befinden. Zahllose Zeugen lieferten Beweise, doch die zeitgenössische Chronik von Croyland vermerkt auch, daß sich die Zeugen eher als Ankläger denn als Zeugen der Anklage erwiesen. Als Clarence Gelegenheit zur Rede erhielt, wies er mit Vehemenz alle Anklagepunkte zurück und forderte anstelle des Parlamentsbeschlusses ein altehrwürdiges Gottesurteil: im Kampf zwischen ihm und Eduard sollte das Urteil fallen. Natürlich wurde diesem Antrag nicht stattgegeben, vielmehr verkündete der zum *steward* Englands erhobene junge Herzog von Buckingham am 7. Februar das zu erwartende Todesurteil. Der sichtlich unter Schock stehende Clarence wurde zurück in den Tower gebracht.

Am 18. Februar wurde dann der Tod des Herzogs von Clarence bekanntgegeben, und wie schon so oft zuvor und wie noch ungleich häufiger später tauchten die Gerüchte auf. Es gab keine öffentliche Hinrichtung, so daß als erneute ‹kleine Gnade› des königlichen Bruders Georg Plantagenêt der Hochverrätertod in all seinen grausam-spektakulären öffentlichen Details erspart blieb. Bis heute hat sich das Gerücht gehalten, Georg sei in einem Faß Malmsey-Wein ertränkt worden. Für dieses Gerücht gibt es einleuchtende Gründe: Der Prozeß selbst und das unausweichliche Urteil waren ein herber und potentiell politisch destabilisierender Schlag für das Haus York. Die Anwesenheit des Königs bei der Hinrichtung seines eigenen Bruders wäre für den König selbst verhängnisvoll gewesen, hätte er sich zwangsläufig für den Rest seiner Herrschaft der Anklage des Brudermordes ausgesetzt gesehen. Clarence war nun einmal sein Bruder – und Hochverräter starben in der spätmittelalterlichen Öffentlichkeit sehr langsam und sehr grausam. Als Malmsey-Wein bezeichnete man im englischen Spätmittelalter einen tiefroten Burgunder von herausgehobener Qualität. Georg mag bei ihm in seinen letzten Wochen und Tagen eine gewisse Zuflucht gesucht und gefunden haben. Viele Historiker beschäftigt heute weniger die Frage nach Clarences Fähigkeiten, nach seiner Bedeutung für das spätmittelalterliche England im allgemeinen oder für das Haus York im besonderen; vielmehr stellt sich heute vor allem die Frage, wie Clarence überhaupt so lange überlebt hat.

Es ist der jüngste Bruder Eduards, der wie kein anderer noch heute die Menschen beschäftigt: Richard Plantagenêt, der Herzog von Gloucester.

Loyaler Bruder, Neffenmörder, dämonischer Usurpator?

Am Mittwoch, dem 9. April 1483, begannen die Glocken von Westminster zu läuten, und schnell stimmten die Glocken der rund einhundert weiteren Londoner Kirchen in ihr Geläut ein. König Eduard IV., hochgewachsen, blond, kräftig, lebenslustig, kriegserprobt und anscheinend unbesiegbarer Herrscher des Königreiches seit zweiundzwanzig Jahren, war nach einwöchiger Krankheit völlig überraschend gestorben. Kurz vor seinem Tod hatte er ein letztes Mal gebeichtet. Sein Beichtvater war John Morton, der Bischof von Ely. Eduard IV. wurde nur vierzig Jahre alt und hinterließ einen zwölfjährigen unmündigen männlichen Erben, einen weiteren Sohn, den zehnjährigen Herzog von York, zahlreiche unverheiratete Töchter und sein bereits aus dem Jahre 1475 stammendes politisches Testament. In diesem Testament, mit dessen Ausführung er seinen Beichtvater betraute, hinterließ er sein Königreich seinem ältesten Sohn Eduard, bestimmte aber zugleich seinen Bruder Richard, den Herzog von Gloucester, zum Verweser, zum *«protector of his children and his realm»*, vermutlich bis zum Ende von Eduards V. Minderjährigkeit. Das Testament Eduards IV. ist nicht erhalten, wir wissen von seinen Bestimmungen nur durch den Entwurf der Rede des Erzbischofs von York, die er bei der Parlamentseröffnung im Juni 1483 halten wollte.

Zu seiner Unterstützung sollte Richard der Kronrat seines verstorbenen Bruders zur Seite stehen mit dem Erzbischof von York als Kanzler, dem Bischof von Lincoln als *Keeper of the Privy Seal* und den mächtigen Magnaten Stanley, Hastings und Howard; weniger bedeutend, aber noch immer einflußreich waren Henry Stafford, der Herzog von Buckingham, sowie Johann de la Pole, der Herzog von Suffolk.

Es scheint also, als habe Eduard IV. sein Reich geordnet und politisch stabil seinem Bruder zur treuen Verwahrung bis zur Mündigkeit seines Sohnes hinterlassen. Der königliche Rat war jedoch heillos zerstritten. Da war die Woodville-Fraktion, also die Königinwitwe, ihr Bruder Anthony, Graf Rivers, der dem Hofstaat des jungen Eduard in Ludlow vorstand, ihr zweiter Bruder Lionel, Bischof von Salisbury, und ihr Sohn aus erster Ehe, Thomas Grey, der Marquis of Dorset. Da waren die hohe Geistlichkeit und schließlich die Magnaten, allen voran Hastings, Stanley und Stafford. Wer würde sich durchsetzen?

Die Nachricht vom Tode seines Bruders erreichte Richard Mitte April auf Middleham in Yorkshire. Den Boten hatte jedoch nicht die Königinwitwe, sondern Lord Hastings nach Norden geschickt. Seine Botschaft war kurz und dringend: «Der König hat alles Eurem Schutz unterstellt! Sichert die Person unseres Herrschers Eduards V. und kommt nach London». Richard folgte diesem Aufruf –

aber zunächst schrieb er an den prinzlichen Haushaltsvorstand, seinen Schwager Rivers in Ludlow, und sagte ihm seine Unterstützung und Begleitung für den Weg des jungen Eduard nach London zu; erst dann ritt er nach York, wo er in der Kathedrale seinem Neffen, dem zukünftigen König, feierlich die Treue schwor. Der Magistrat der Stadt schloß sich dem Lehnseid an. Nun trug der Herzog von Buckingham Richard seine Dienste an; er sagte ihm eine eintausend Mann umfassende bewaffnete Eskorte zur Begleitung des jungen Eduard zu, von dem man wußte, daß er sich zusammen mit Rivers unter starker Bewachung am 24. April von Ludlow aus auf den Weg gemacht hatte. Richard hatte noch immer keine ‹offizielle› Nachricht aus Westminster erhalten, doch in Nottingham traf ihn ein Bote Rivers', der ihm ein Treffen in Northampton am 29. April vorschlug. Zuvor jedoch erreichte Richard eine neue Botschaft Hastings', die besagte, daß sich die Woodville-Fraktion offenkundig dem Protektorat Richards widersetzte, der Bruder der Königinwitwe sich des Kronschatzes bemächtigt und die Flotte in seine Gewalt gebracht hatte, daß man versuchte, den jungen König sofort krönen zu lassen, und ihn, Hastings, massiv bedrohte. Es sei von entscheidender Wichtigkeit, sich der Person Eduards zu versichern. Was sollte Richard tun? Als er Rivers in Nottingham traf, war der allein. Eduard befand sich unter bewaffnetem Schutz im nahegelegenen Stony Stratford. Richard und Rivers scheinen zunächst den weiteren Verlauf ihrer gemeinsamen Reise geplant zu haben, dann jedoch traf der Herzog von Buckingham ein, und Rivers zog sich zurück. Wir wissen nicht, was an diesem Abend weiter besprochen wurde, doch scheint es Buckingham gelungen zu sein, Richard von seiner unbedingten Treue und Loyalität zu überzeugen. Konnte sich Richard einen besseren Verbündeten wünschen als den Mann, der nach ihm der erste *peer* Englands war? Ließ sich ein besserer Verbündeter gegen Verschwörung und Aufstand finden?

Am nächsten Morgen kam es zur Begegnung mit dem jungen Eduard. Richard informierte ihn, daß sich augenscheinlich die Fraktion seiner Mutter über die testamentarischen Bestimmungen seines Vaters hinwegsetzen, und ihm, Richard, das Protektorat verweigern wolle. Sei dies etwa im Sinne seines verstorbenen Vaters? Galt es nicht, das Königreich und seinen jungen Herrscher zu schützen? Eduard war zwölf Jahre alt und vermutlich durch die Umstände verunsichert. Was konnte er tun? – Nichts! Sein unmittelbarer Hofstaat wurde von ihm getrennt, seine Onkel Rivers und Sir Richard Grey gefangengesetzt. Richard setzte den Rat in London von seinen Handlungen in Kenntnis – in der Woodville-Fraktion brach Panik aus. Die Königinwitwe suchte mit ihren Kindern Asyl in Westminster, ihr Bruder verließ mit der Flotte das Land. Der übrige Rat billigte Richards Vorgehensweise, und Richard setzte die Erzbischöfe von York und Canterbury davon in Kenntnis, daß er sich als Protektor des Reiches mit seinem Neffen nun zu dessen Krönung nach London begeben würde. Am Sonntag, dem 4. Mai, trafen sie dort ein und wurden von jubelnden Massen begeistert begrüßt.

Richard begab sich unverzüglich an die Arbeit; er nahm nur leichte Veränderungen im Rat vor, doch ließ sich Buckinghams steigender Einfluß nicht übersehen. Er war es auch, der den Tower als angemessene Residenz für den jungen Eduard empfahl. Der Termin seiner Krönung wurde auf den 24. Juni festgesetzt. Zugleich wurde beschlossen, das Parlament solle zusammentreten, um die Einsetzung der neuen Herrschaft zu bestätigen. Am 13. Mai wurden die Einberufungen für die Lords und Commons zum 25. Juni abgesandt, und drei Tage später ersuchte der Rat den Erzbischof von Canterbury, die Geistlichkeit zu einer Synode in St. Paul's zu versammeln. Buckingham ließ keine Gelegenheit verstreichen, auf seine Bedeutung hinzuweisen: er war der Verbündete des Protektors, der Freund des Protektors, der Mann des Protektors. Er schuf und er war die Partei des Protektors. Durch seinen Landbesitz in den walisischen Marschen, einem Gebiet, das zuvor Rivers unterstanden hatte, stärkte er Richard besonders dort, wo dessen Herrschaft am schwächsten war.

Der Tag von Eduards Krönung rückte näher, doch im Rat erhöhten sich die Spannungen. Wir wissen von ‹inoffiziellen› Treffen von Morton, Stanley und Hastings. Es scheint, als habe Hastings Buckinghams Aufstieg mit besonderem Neid betrachtet, sah er sich doch seiner führenden Position und seines engen Kontakts zu Richard beraubt. Hatte nicht er, Hastings, Eduard IV. immer treu gedient, hatte nicht er Richard als erster vor den Woodvilles gewarnt? Morton und Stanley scheinen Hastings hierin bestätigt zu haben. Es mehrten sich die Zeichen, daß sie Hastings dazu rieten, sich von Richard abzuwenden und sich der Partei der Königinwitwe anzuschließen. Hastings' Mätresse, Jane Shore – vormals Mätresse des Königs – , stellte sich als Botin zur Verfügung, doch blieben ihre zahlreichen Gänge nach Westminster nicht unbeobachtet. War es Buckingham oder etwa Morton selbst – offiziell Hastings' Freund und Verbündeter –, der Richard davon in Kenntnis setzte? Richard mußte handeln, er mußte eine mögliche Verschwörung gegen seine Partei, sein Protektorat und – so wie er es sah – gegen das Wohl des Reiches im Keim ersticken. Er rief den Kronrat für den 13. Juni 1483 in das Ratszimmer des Tower ein.

Richard eröffnete die Sitzung. Es sei, so erklärte er, eine Verschwörung gegen die Regierung entdeckt worden. Die Königin und ihre Anhänger gehörten zu den Rädelsführern, und auch Jane Shore. Doch gebe es noch andere ... Direkt beschuldigte Richard Hastings, Morton und Stanley, sie hätten sich mit den Woodvilles gegen die Protektorschaft verschworen. Hastings leugnete entrüstet – aber wohl nicht besonders überzeugend. Das gefürchtete Wort ‹Verrat› fiel; ein Wort gab das andere, der ein oder andere griff möglicherweise zu den Waffen, es gab ein Handgemenge, die Wachen stürzten in die Ratskammer ... In wenigen Augenblicken war alles vorbei. Morton und Stanley wurden gefangengesetzt; Hastings wurde ohne Umstände mitgeteilt, daß er sofort hingerichtet werde. Auf Richards Befehl wurde er aus der Kammer gebracht, ein Priester wurde gefunden, so daß der Lordkanzler wenigstens kurz beichten konnte. Dann wurde er ins Freie vor die Kapelle des Towers geführt. Dort wurde William Lord Hastings auf einem Stück Bauholz enthauptet.

In London überschlugen sich die Gerüchte, bis königliche Herolde eine Proklamation verlasen: Lord Hastings sei durch die Machtbefugnis des königlichen Rates hingerichtet worden, denn er habe eine Verschwörung geplant, durch die der Protektor und der Herzog von Buckingham vernichtet werden sollten, damit Hastings den jungen König und das Reich nach Belieben beherrschen könne. Doch nun sei die Regierung gesichert, es bestehe kein Grund zur Beunruhigung.

Wie läßt sich Richards Handeln interpretieren? Unüberlegt, auf bloßen Verdacht, auf reine Gerüchte reagierend? Übertrieben grausam? Politisch legitimierbar? In tiefer Enttäuschung begründet? Selbst verraten? Richard ließ Hastings seinem testamentarischen Wunsch entsprechend an der Seite Eduards IV. in Windsor bestatten. Er nahm Hastings' Witwe in seinen unmittelbaren Schutz, erhielt ihren gesamten Besitz und die Privilegien ihres Mannes und übernahm selbst die Aufsicht über ihren Erben.

In London setzten Richard und Buckingham vor dem Rat durch, daß der junge Herzog von York, Richard, seinem Bruder im Tower während der Vorbereitungen zu dessen Krönung Gesellschaft leisten sollte. Auf Buckinghams ausdrücklichen Wunsch wurde Johann Morton nach der niedergeschlagenen Verschwörung auf seiner Burg von Brecknock Castle in den walisischen Marschen inhaftiert. Doch mittlerweile hatte ein Mitglied der Geistlichkeit, Robert Stillington, Bischof von Bath und Wells, die politische Bühne auf geradezu dramatische Weise betreten: Er erklärte Richard, die Kinder von Elisabeth Woodville und Eduard IV. seien illegitim, da der König mit einer anderen, Eleonore, der mittlerweile verstorbenen Tochter des Grafen von Shrewsbury, verlobt gewesen sei, als er Elisabeth heiratete. Er selbst, Stillington, sei der einzige Zeuge dieses Verlöbnisses gewesen. Der tief religiöse Richard war entsetzt. Er kannte seinen verstorbenen Bruder und dessen zahlreiche Affären zu gut, um diese Aussage in Zweifel zu ziehen. Er setzte den Rat von Stillingtons Anschuldigung in Kenntnis, und dieser bestärkte ihn sofort darin, seine eigenen Rechte auf die Krone geltend zu machen. Am Sonntag, dem 22. Juni des Jahres 1483, hörte Richard in Begleitung des Herzogs von Buckingham dann einer öffentlichen Predigt am Londoner Paul's Cross zu, die kein anderer als der Bruder des amtierenden Bürgermeisters der Hauptstadt, der Mönch und ausgesprochen populäre Prediger, Ralph Shaa, hielt. Der Bibeltext lautete: «Bastardsprößlinge sollen nicht Wurzeln fassen». Eduards Kinder seien aufgrund seines früheren Verlöbnisses illegitim. Der Sohn des Herzogs von Clarence sei aufgrund des väterlichen Hochverrats rechtsunfähig und von der Thronfolge ausgeschlossen. Richard von Gloucester sei der rechtmäßige Erbe des Hauses York und daher auch der rechtmäßige König Englands. Stille, Befangenheit, Sorge und wahrscheinlich Angst waren die Reaktion der Londoner Zuhörer.

Am nächsten Morgen versammelten sich Adel und Prälaten zu einer Sitzung, die tatsächlich eine vorbereitende Sitzung des *House of Lords* war. Buckingham, der erste Redner, vertrat eindringlich Richards Recht auf den Thron und wiederholte diese Rede eloquent am nächsten Tag in der Londoner Guildhall vor den wichtigsten Bürgern der Hauptstadt. Unter diesem Eindruck erklärte das Parlament am Mittwoch, dem 25. Juni, Richards Anspruch auf den Thron für rechtmäßig. Am folgenden Tag nahm Richard in Baynard's Castle, dem Stadthaus seiner Mutter, nach Akklamation Buckinghams den Wunsch der Lords und Commons an, leistete in Westminster den königlichen Eid und begann unter dem Beifall des überfüllten Hauses seine Herrschaft als König Richard III. Der junge Eduard und sein Bruder Richard verblieben in den königlichen Gemächern im Tower; Richards loyaler Gefolgsmann, der Herzog von Buckingham, begab sich für den Sommer auf seine walisischen Güter.

Dort, auf Brecknock Castle, erwartete ihn ein interessanter, herausfordernder und vor allem suggestiver Gesprächspartner: Johann Morton, noch immer Bischof von Ely, weniger ein bemitleidenswerter Gefangener als ein Gast, der seinen hohen geistlichen Rang mit einem entsprechend luxuriösen Lebensstil unterstrich. Man speiste zusammen, trank zusammen, spielte Schach zusammen und unterhielt sich dabei. Morton dürfte nicht versäumt haben, Buckingham auf seinen adeligen Anspruch, seine Rolle beim Herrschaftsantritt Richards, seine Beteiligung bei der Niederschlagung von Hastings' Verschwörung, seine akklamatorische Rede in Parlament und Guildhall hinzuweisen. Bedauerlich, daß Richards einziger Sohn und Erbe augenscheinlich an Tuberkulose leide. Das Königreich brauche Stabilität und Sicherheit. Buckingham sei ein Garant dafür. Doch, so gab er vielleicht auch zu bedenken, wie gesichert sei denn Richards Herrschaft und damit Buckinghams Rolle als de-facto Stellvertreter, solange die Bastarde Eduards IV. lebten? Prätendenten – wie etwa der letzte Abkömmling der Lancaster im bretonischen Exil – seien durch ihre bloße Existenz gefährlich. Und was sollte aus Eduards Söhnen werden? Hatte Richard Buckingham nicht gerade seiner zahllosen Verdienste wegen zum *Constable of the Tower* ernannt? Des Tower, in dem die beiden Jungen lebten? Welche politische Rolle war Buckingham als – nach dem König– ranghöchster *peer* des Königreiches diesem gegenüber wohl zu erfüllen verpflichtet? Eine zugegebenermaßen fiktionale, aber nichtsdestoweniger mögliche Rekonstruktion der Gesprächsverläufe.

Der Tower ist heute ein Synonym für Einkerkerung, Grausamkeiten, Blutvergießen und Hinrichtungen. Dabei diente er bis weit in die frühe Neuzeit hinein nicht nur als Arsenal und Garnisonsstandort, sondern durchaus auch als königliche Residenz und Schatzkammer. So mancher englische Monarch erwartete in der stark befestigten, ausgedehnten und über Jahrhunderte systematisch erweiterten Burg seine Krönung. Auch der junge Eduard V. residierte seit Mitte Mai 1483 mit seinem unmittelbaren ‹Hofstaat› und Gefolge in den königlichen Gemächern. Noch war für Eduards Krönung der 22. Juni vorgesehen. Seit dem 16. Juni befand sich auch sein jüngerer Bruder, der zehnjährige Richard, Herzog von York, bei ihm, und das zeitgenössische *Great Chronicle* Londons berichtete, daß die beiden Jungen oft beim Ballspielen, beim Bogen- und Scheibenschießen in den weitläufigen Grünflächen des Tower gesehen wurden. Obgleich offiziell zu Bastarden erklärt, schränkte Richard III. die Lebensumstände seiner Neffen nicht ein. Sicher, sie waren von ihrer Mutter und ihren Schwestern getrennt, doch ihre Tutoren, ihr Personal und ihre Ärzte wurden nicht ausgetauscht. Das Interesse der Öffentlichkeit verlagerte sich jedoch im Sommer des Jahres 1483 Richtung Norden, nach York, der Stadt, die Richard of Gloucester so viel verdankte und die sich in den letzten Jahrzehnten zur zweiten Hauptstadt des Königreiches entwickelt hatte. Dort erfolgte am 8. September 1483 die Investitur seines Sohnes Eduard als Prinz von Wales. Richard und seine Familie hielten sich seit dem 30. August in der Stadt auf; am folgenden Tag hatte Richard ganz unter dem Eindruck des begeisterten Empfangs Sir James Tyrell nach London entsandt, um Tuch, Blattgold, Banner und Wappenschilde, die im Tower aufbewahrt wurden, für die Yorker Investitur herbeizuschaffen.

Der Londoner Tower unterstand dem Befehl des Herzogs von Buckingham; der Kommandant der Festung war Sir Robert Brackenbury. Richard wird Tyrell mit einem Schreiben ausgestattet haben, das ihm Zugang zum Tower gewährte. In Tyrells Begleitung befanden sich verschiedene Bedienstete aus dem Haushalt Richards, darunter Miles Forest und John Dighton. Es ist ein Indiz für die Faszination, die der vormalige Herzog von Gloucester noch auf die Nachwelt ausübte, daß diese Namen überhaupt überliefert sind. Tyrell kam seinem Auftrag nach, ließ die benötigten Gegenstände verpacken und ritt umgehend nach York zurück, das er gerade noch rechtzeitig zur Investitur erreichte. Er und seine Begleitung dürften sich nur wenige Stunden im Tower aufgehalten haben. Die Prinzen standen schon vor Tyrells Ritt nach London nicht mehr im Mittelpunkt des öffentlichen Interesses; erst Monate später vermerkten zeitgenössische Chronisten, daß sie seit dem Sommer nicht mehr gesehen worden waren.

Sie waren und blieben verschwunden. Ob sie im Tower starben, wann und auf wessen Befehl, wird vermutlich immer ungeklärt bleiben.

Auch das Leben eines anderen sollte sich nur zu bald seinem Ende nähern. Für Heinrich Stafford, den zweiten Herzog von Buckingham, hatten sich die Dinge anders als geplant entwickelt. Im Sommer 1483 war er zufällig auf einer staubigen Straße zwischen Bridgenorth und Worcester mit Lady Stanley zusammengetroffen, der engen Vertrauten Johann Mortons und Mutter Heinrichs von Richmond, des letzten offiziellen Erben der Lancaster. Vermutlich hat Buckingham die Zeichen der Zeit zutreffend interpretiert. Wir wissen, daß sich Buckingham in Absprache mit Johann Morton für eine Verbindung der beiden ‹Rosen› von Lancaster und York durch eine Heirat von Heinrich von Richmond und der ältesten Tochter Eduards IV. Elisabeth aussprach. Wir wissen, daß Heinrich in seinem bretonischen Exil ein Schreiben erhielt, das den 18. Oktober 1483 als Beginn eines bewaffneten und landesweiten Aufstands gegen Richard III. nannte. Heinrich jedoch kam der Aufforderung, diesen Aufstand zusammen mit Buckingham zu führen, nicht nach. Er scheint über Informationen verfügt zu haben, auf die Buckingham nicht zurückgreifen konnte. Bereits am 11. Oktober hatte Richard III., der sich zu diesem Zeitpunkt in Lincoln befand, Buckingham öffentlich als Verräter ausrufen und für vogelfrei erklären lassen. Der stolze Preis von £ 1000 wurde auf seinen Kopf ausgesetzt; am 1. November 1483 wurde Buckingham aufgespürt, gefangengesetzt und nach Salisbury gebracht. Verzweifelt versuchte er, eine Audienz beim König zu erreichen – ohne Erfolg. Seine Hinrichtung erfolgte am folgenden Morgen auf dem Marktplatz der Stadt. Der geplante Aufstand fand nicht statt, Heinrich Tudor blieb in der Bretagne, und Richard blieben noch knapp zwei Lebensjahre, die zwar von relativer innenpolitischer Ruhe, aber von privaten Schicksalsschlägen geprägt waren: sein einziger Sohn Eduard starb in der ersten Aprilwoche des Jahres 1484, seine Ehefrau Anne Neville erlag am 16. März des folgenden Jahres ihrer Schwindsucht. Die Geschichte des Hauses York näherte sich ihrem Ende.

«The most splendid of courts»: das Hofleben der Yorks

Für den spätmittelalterlichen Zeitgenossen gingen königliche Macht und machtverkündende Pracht des Königshofes gleichsam Hand in Hand. Im 15. Jahrhundert brachte der englische Staatstheoretiker und Jurist Sir John Fortescue dieses Empfinden auf den Punkt. Ein Monarch habe seinen Reichtum zu vermehren, so schrieb er in seiner *Governance of England*, Reichtum, den er dann in die angemessene Ausstattung der Objekte königlichen Glanzes zu investieren habe: in neue Gebäude, prächtige Kleidung, in Pelze, feines Leinen, Juwelen, Ornamente in seinen Palästen, Silber, Gold, und Ornat in seinen Kapellen, prächtige Pferde und «*other such noble and great costs as suiteth his royal majesty*». Versäume ein König diese Investitionen, so lief er Gefahr, so Fortescue, die Anerkennung und den Respekt seiner Untertanen zu verlieren.

Anders als Heinrich VI. hat Eduard IV. die Anerkennung und den Respekt gerade seiner Londoner Untertanen nie verloren. In den anonym-zeitgenössischen Quellen – etwa dem *Great Chronicle* der Hauptstadt – finden sich zahllose Hinweise, daß die Bevölkerung die ‹wenig königlichen› Auftritte Heinrichs VI. in seiner unmodernen und schmucklosen Kleidung verspottete und verhöhnte; dagegen fand Eduards Prunk- und Prachtausstattung (die ihm die Londoner Schneider, Tuchmacher und Goldschmiede nur zu gern in Rechnung stellten) bei seinen zahllosen öffentlichen Auftritten um so mehr Beachtung und Lob. Selbst während der ersten Monate seiner Herrschaft, in denen er noch nicht über königliche Einkünfte verfügte, scheint Eduard nach Kräften in öffentlichkeitswirksame Prachtentfaltung investiert zu haben: gerade die drei Tage andauernden Feierlichkeiten bei seiner Krönung im Juni 1461 wurden für die Zeitzeugen zur Legende; die £ 1000, die George Darnell, dem *keeper of the wardrobe* zu deren Ausstattung zur Verfügung standen, waren spektakulär investiert worden. Es ist nicht ganz leicht, solche Summen in einen sozialhistorischen Kontext zu übertragen, doch mag der Hinweis genügen, daß £ 1000 in etwa den jährlichen Haushaltskosten eines Viscounts entsprachen, während die eines Barons mit circa £ 500 und die eines Ritters mit etwa £ 100 zu veranschlagen sind.

Es waren besonders der Luxus und die Opulenz des königlichen Haushalts, die zeitgenössische Besucher beeindruckten und die erneut seit dem Regierungsantritt des jungen Monarchen nachweisbar sind. George Darnell hatte im wahrsten Sinne des Wortes alle Hände voll zu tun, denn von 1461 bis 1465 wurden im Jahresdurchschnitt nicht weniger als £ 2000 für Roben, Leinen, Pelze und andere kostbare Stoffe für den unmittelbaren Haushalt des Königs ausgegeben, wobei sich gerade Eduard IV. selbst durch besondere Prachtentfaltung auszeichnete. Diese so deutlich zur Schau gestellte königliche Herrlichkeit veranlaßte dann auch im Februar 1466 den böhmischen Edelmann Gabriel Tetzel, der sich in Begleitung seines Dienstherrn Leo von Rozmital am englischen Hof aufhielt, zu wahren Lobeshymnen: dieser Hof und die Pracht seiner Zeremonien, so schrieb er, suche in ganz Europa vergeblich seinesgleichen. Nur eine höfisch-höfliche Phrase, oder aber doch ein ernstzunehmendes Urteil?

Tetzels Aussagen erhalten zusätzliches Gewicht, bedenkt man, daß er unmittelbar vor seinem Englandaufenthalt am burgundischen Hof zu Gast gewesen war, und dieser burgundische Herzogshof der Valois setzte im Europa des 15. Jahrhunderts mit seinen ganz den ritterlich-höfischen Idealen der Zeit entsprechenden Machtrepräsentationen – den großen Turnieren, den Festzügen und Historienspielen, dem zelebrierten *Adventus*, dem Reichtum der Gobelins und nicht zuletzt der elaborierten Hofhaltung – wahrlich beeindruckende Maßstäbe. Glaubt man Tetzel, so brauchte der Hof Eduards IV. den Vergleich nicht zu scheuen.

Doch machte nicht allein der Luxus die großartige Hofhaltung aus, dazu gehörten auch die Patronage für Musiker, Goldschmiede, Künstler und Scholasten, nicht zuletzt für Baumeister und Literaten. Dabei nun hebt sich der Hof der beiden York-Könige auffallend von dem ihrer Vorgänger aus dem Hause Lancaster ab. Eduard IV. beschäftigte zwar nach Kräften das Goldschmiedehandwerk besonders der Hauptstadt und lud (ungleich häufiger als der karge Heinrich VI.) die führenden Musiker des Landes an seinen Hof; dafür fehlte ihm völlig Heinrichs lebhaftes Interesse an scholastischen Stiftungen und Einrichtungen. Der Name Heinrichs VI. ist auf ewig mit den Gründungen von Eton und King's College Cambridge verbunden, wogegen sich bei den Yorks die finanziellen Aufwendungen Elisabeth Woodvilles an das dortige Queen's College eher bescheiden ausnehmen. Eduard war ein König der Hauptstadt und der sie umgebenden Paläste – in die weiter entfernten Grafschaften unternahm er während seiner Herrschaft nur insgesamt vier große Umritte. Seine Vorliebe für Paläste lebte er im Umkreis Londons mit großem finanziellen Aufwand aus. Besonders die St. Georgskapelle auf Schloß Windsor legt davon beredtes Zeugnis ab.

Eduard IV. gilt als der erste englische Herrscher, der über eine umfangreiche und dauerhafte königliche Bibliothek verfügte – zu weiten Teilen sind Manuskripte und frühe Drucke noch heute in der ‹königlichen› Sammlung der British Library enthalten. Erneut sind burgundische Einflüsse unverkennbar – die Präferenz für reich illustrierte französische Werke, ein grundsätzliches Desinteresse an Arbeiten aus dem zeitgenössischen italienischen Humanismus, eine Vorliebe für ‹Geschichten› und geschichtliche Romanzen und Mythen und nicht zuletzt für die bekannten ritterlich ausgerichteten *Chroniken* aus den Federn eines Froissart und Jean de Waurin, aber auch Werke von Johann Harding, Capgrave und William Worcester. Die Arbeiten der drei Letztgenannten sind dem König selbst gewidmet. Eine ganz besondere Bedeutung gewann diese königliche Sammlung durch die Kunst Wilhelm Caxtons, des Londoner Kaufmanns, Übersetzers und ersten englischen Druckers, der Presse und eigenes Druckquartier um 1477 in Westminster etablierte. Caxton wurde zunächst von Margaret von Burgund gefördert; unter ihrer Patronage entstand 1474 in Brügge sein erster Druck. Als Caxton jedoch nach England zurückkehrte, gewann er nicht Eduard als seinen Patron, sondern dessen Schwager Anthony Woodville, der sich nicht nur zwischen den europäischen Turnierschranken auszeichnete, sondern sich auch als Übersetzer und Liebhaber des geschriebenen Wortes erwies. Nicht von ungefähr ist Caxtons Druck von Woodvilles *Dictes and Sayings of the Philosophers* sein erstes englisches Erzeugnis; ihm sollten zwei von Woodville besorgte Übersetzungen der Werke von Christine de Pisan folgen. Hugh Brice, der Londoner Goldschmied, dem Eduard IV. im Zuge der Heiratsvorbereitungen seiner Schwester einige der königlichen Juwelen verpfändet hatte, kommissionierte 1481 dann Caxtons Druck des *Mirror of the World*, und Eduards Vetter, Wilhelm Graf von Arundel, ermöglichte 1483 Caxtons Druck der *Legenda Aurea*. Vielleicht war es den Zeitgenossen weniger wichtig, diese Art der Patronage für technisch-bibliophile Innovationen direkt mit der Person des Königs, als vielmehr mit dem direkten Umfeld des Hofes in Verbindung bringen zu können. Vielleicht wurden Ausmaß, Intensität und die daraus resultierenden Kosten der wahrhaft königlichen Hofhaltung von einem Großteil der Londoner Bevölkerung nicht nur mit ‹patriotischem› Stolz, sondern auch mit Neid und sorgenerfülltem Befremden zur Kenntnis genommen – doch es war und blieb unbestritten, daß der Hof Eduards IV. in wahrhaft königlicher Grandezza im europäischen Maßstab mehr als bestehen konnte. Und mehr noch: anders als alle seine Vorgänger auf dem englischen Thron seit Richard II. wirtschaftete Eduard IV. ökonomischer, sollte er der erste Monarch seit eben diesem Richard II. sein, der dem Land bei seinem Tod keine Schulden hinterließ. Ein Verdienst Eduards IV. – oder vielleicht eher das Verdienst seiner Ratgeber?

Ein königliches Ende?

Am Montag, dem 22. August des Jahres 1485, trafen bei Market Bosworth in der Nähe von Leicester erneut zwei Heere aufeinander; erneut war der Preis die Krone Englands. Heinrich Tudor, der letzte männliche Vertreter der Linie des königlichen Hauses Lancaster, war am 7. August mit seinen französischen und walisischen Truppen und Söldnern in Milford Haven gelandet und ohne auf Widerstand zu stoßen über Welshpool, Shrewsbury und Stafford in größter Eile nach Lichfield marschiert. Richard erfuhr von dieser Invasion während der Jagd in Sherwood Forest; ein zeitgenössischer Chronist berichtet, Richard sei über die Nachricht beglückt gewesen, sah er doch die Gelegenheit, den Anspruch der Lancaster endlich auf dem Schlachtfeld zu vernichten. Am 19. August schlug Richard sein Hauptquartier in Leicester auf.

Zwei Tage später, so berichtet der Chronist, verließ Richard mit königlichem Pomp, sein Diadem auf dem Haupt, die Stadt. Von seinen Kundschaftern über die Bewegungen Heinrichs unterrichtet, marschierte Richard zur Hügelkette von Ambien Hill, mit Blick über die Ebene von Redmore, in der Nähe der Siedlung Market Bosworth. Dort, so sollte Jahrzehnte später der Tudor-Historiograph Polydore Vergil berichten, verbrachte Richard eine unruhige Nacht, wurde von Albträumen geplagt. Wir lesen heute Vergils Aussage, doch können wir sie glauben? Warum hätte sich Richard sorgen sollen? Sein Heer, das Heer des gekrönten, gesalbten und anerkannten Königs von England, war dem des walisischen Prätendenten und hoffnungsvollen Usurpators mit seinen zusammengewürfelten Truppen, Söldnern, Fremden und Anhängern der Woodville-Fraktion zahlenmäßig überlegen. Richard hatte seine Truppen wohl positioniert – besonders Stanley sollte eine entscheidende Rolle zukommen. Zugleich sprechen Chronisten auch von einem Appell Richards an seine Truppen: «*This day I will perish as king or have the victory*!»

Wir haben keinen Augenzeugenbericht der Schlacht – sie gilt als besonders grausam und blutig. Richard schien die vorteilhaftere Position zu halten und er hatte im Rücken von Heinrichs Truppen ein weiteres Kontingent unter der Führung von Sir William Stanley aufgestellt. Während Richard in der rund zwei Stunden währenden Schlacht den Angriff selbst führte, hielt sich Heinrich Tudor zunächst zurück und überließ anderen die Initiative. Als Richard versuchte, das Zentrum des Gegners zu überwinden und Heinrich selbst zu erreichen, kam ihm Stanley nicht, wie geplant, zu Hilfe, sondern wählte gerade diesen Moment, um sich auf Heinrichs Seite zu schlagen. Richard hatte keine Chance; um ihn herum fielen seine engsten Freunde. Seine Standarte wurde gefällt, Richard selbst tödlich getroffen.

Sein entstellter Leichnam erfuhr von den Siegern der Schlacht wenig königlichen Respekt. Man brachte ihn nach Leicester, das Heinrich noch am selben Abend im Triumph betrat, und stellte ihn dort im Wirtshaus *The New Warke* öffentlich zur Schau, bevor er seine letzte Ruhestätte im dortigen Franziskanerkloster fand. Selbst Richards zeitgenössische Gegner zeigten sich wegen dieser Behandlung entsetzt. Der letzte der Plantagenêts, dessen persönliches Motto *«Loyalitié me lie»* war, verlor den Thron durch Verrat in seiner letzten Schlacht. Die Loyalität, die Richard seinem königlichen Bruder gegenüber während dessen gesamter Herrschaft erwiesen hatte, erfuhr er selbst von seiner ihm namensgleichen ‹Lieblingsstadt› im Norden des Reiches, in der er seinen Sohn zum Prinzen von Wales erheben ließ, deren Corpus-Christi Gilde er zusammen mit seiner Ehefrau angehört hatte und in der er durch seine kluge und besonnene Amtsführung Sympathie für sein Haus gewinnen konnte. Ungeachtet der Verfügung Heinrichs VII., der seinen Herrschaftsbeginn auf den Tag vor Bosworth datierte und somit den Kampf auf Seiten Richards zum Hochverrat erklärte, beklagte der städtische Rat von York in seinen offiziellen *House Books* Richards Tod mit den Worten: «...that King Richard late mercifully reigning upon us was thrugh grete treason of the duc of Northolk and many othre that turned ayenst hyme ... pitiously slane and murdred to the grete hevyness of this citie.» Doch im übrigen Königreich begann die ‹Tudor-Historiographie› die Geschichte umzuschreiben, und auf sie gestützt schuf Shakespeare dann den abgrundtief bösen König Richard III., so wie es ihn bis heute in der historischen Wahrnehmung gibt.

Anhang

Chronologie

Angelsächsische Könige (5. Jh. – 1066)

5. Jh.	Eroberung der römischen Kolonie Britannien durch germanische Stämme aus dem Nordseeküstenbereich; Entstehung von mehreren Königreichen, von denen sieben bis in die historische Zeit überleben (die Königreiche der Heptarchie): Ostanglien, Essex, Kent, Sussex, Wessex, Mercien, dazu Nordhumbrien mit den Teilkönigreichen Bernicia und Deira.
Mitte/ Ende 5. Jh.	Überfälle der Pikten aus dem heutigen Schottland und Ankunft der Angelsachsen. Gildas deutet dies in seiner Schrift *De excidio Britanniae* als Strafe Gottes für die Sünden der Briten.
597/98	Ankunft des von Papst Gregor (590–604) ins heidnische angelsächsische England entsandten Missionars Augustinus. Freundlicher Empfang durch König Æthelberht von Kent. Ausbreitung der römisch-christlichen Mission.
7. Jh.	Schiffsbegräbnis von Sutton Hoo (Suffolk), möglicherweise Begräbnisstätte des ostanglischen Königs Raedwald (gest. zwischen 617 und 631). Prachtvolle kriegerische Totenbeigaben sind Zeugnis der »Heldenkultur« der frühangelsächsischen Epoche.
nach 633–664	Der irische Mönchsbischof Aidan (gest. 651) und seine Gefährten missionieren unter dem Schutz der nordhumbrischen Könige Oswald (634–642) und Oswiu († 670). Konflikte zwischen der römischen und der irischen Mission.
Mitte 7.– Ende 8. Jh.	Suprematie Merciens (*Mercian supremacy*) in unterschiedlicher Ausprägung unter den Königen Penda (um 632–655), Wulfhere (658–674), Æthelbald (716–756) und Offa (757–796). Auflösungserscheinungen im 9. Jh.
735	Tod des nordhumbrischen Mönches Beda Venerabilis (um 673–735). Seine *Kirchengeschichte des englischen Volkes (Historia ecclesiastica gentis Anglorum*, vollendet 731) prägt bis heute das Bild der frühangelsächsischen Zeit.

8. Jh.	Verschriftung der altenglischen Heldendichtung *Beowulf*; der legendäre König Hrothgar aus dem Königsgeschlecht der Scyldinge ist der Herr des jungen Beowulf.
780–900	1. Phase der skandinavischen Invasionen; Anerkennung des Ostteils der Insel als *Danelag* (*Danelaw* ‹Gebiet dänischen Rechts›). Nur das Königreich Wessex bleibt als eigenständiges Königreich bestehen.
871–899	Alfred der Große ist der Nachfolger seines Bruders Æthelred als König von Wessex wird nach erfolgreicher Abwehr dänischer Expansionsversuche wichtigster Herrscher in England mit dem Titel »König der Angelsachsen«. Veranlaßt die Abfassung des Grundstocks der *Angelsachsenchronik* in der Volkssprache, später in verschiedenen Klöstern z. T. bis Mitte 11. Jh. fortgeführt.
899–924	Eduard der Ältere. Rückeroberung der unter dänischer Kontrolle stehenden südhumbrischen Königreiche.
um 980	Beginn der 2. Phase der skandinavischen Eroberungen
975–1016	König Æthelred Unraed («der Unberatene») heiratet 1002 die normannische Herzogstochter Emma in Erwartung normannischer Hilfe gegen die Wikinger.
1016–1035	Wikingerführer Knut der Große, gewählter König der Engländer und der Dänen (1018–1035); heiratet Æthelreds Witwe Emma.
1040–1042	König Harthacnut, Sohn Knuts und Emmas
1042–1066	Eduard der Bekenner, Sohn Æthelreds und Emmas; aufgewachsen und erzogen im normannischen Exil; favorisiert Normannen.
1051/52	Angelsächsische Rebellion des Grafen Godwine und seiner Söhne gegen Bevorzugung der Normannen durch den König. Godwines Tochter Edith, seit 1045 mit Eduard verheiratet, wird verstoßen, Godwine und seine Söhne gehen ins Exil. Schon 1052 muß Eduard alle wieder in ihre früheren Rechte einsetzen.

Wilhelm I. (1066–1087)

1066	Wilhelm der Eroberer, Herzog der Normandie, erobert das angelsächsische England in der Schlacht von Hastings (Oktober) und wird zum König gekrönt (Dezember).
1067	Aufstände der Angelsachsen
1069/70	Normannische Zerstörung Nordenglands
1073	Gregor VII. (Hildebrand) wird Papst.
1086/87	Entstehung des *Domesday Book*

Wilhelm II. Rufus (1087–1100)

1088	Aufstand von Robert Curthose
1089	Erzbischof Lanfranc stirbt
1093	Anselm von Bec wird Erzbischof von Canterbury

Heinrich I. (1100–1135)

1101	Invasion von Robert Curthose
1106	Schlacht von Tinchebray, Curthose gefangengenommen. Heinrich nimmt die Normandie ein.
1107	Kirchenkonzil von London. Heinrich verspricht, Bischöfe nicht zu investieren.
1113	Fulk von Anjou verspricht Heinrich I. den Lehnseid für Maine.
1120	Tod des Thronerben beim Untergang des ‹Weißen Schiffs›
1128	Ehe zwischen Mathilde, Tochter Heinrichs I., und Geoffrey, Graf von Anjou
1130	Überlieferung der ersten *Exchequer Pipe Roll* aus diesem Jahre

Stephan und Mathilde (1135–1154)

1139–1154	Bürgerkrieg in England
1139	Sturz von Bischof Roger von Salisbury
1140	Schlacht von Lincoln. Stephan gefangengenommen und später gegen Robert von Gloucester ausgetauscht
1141–1145	Eroberung der Normandie durch Geoffrey von Anjou
1149	Nordhumbrien fällt an König David von Schottland.
1150	Heinrich von Anjou wird Herzog der Normandie.
1152	Ehe zwischen Heinrich von Anjou und Eleanore von Aquitanien
1153	Invasion Englands durch Heinrich von Anjou; Abkommen mit König Stephan

Heinrich II. (1154–1189)

1157	Eroberung Nordhumbriens durch Heinrich II.
1162	Kanzler Thomas Becket wird Erzbischof von Canterbury.
1163	Konzil und *Constitutiones* von Clarendon. Becket geht ins Exil.
1166	*Assise* von Clarendon
1169–1172	Normannische Eroberung Irlands
1170	Ermordung des Erzbischofs von Canterbury, Thomas Becket. Krönung des Thronerben, des «jungen König Heinrich». *Inquest of Sheriffs*

1173/74	Aufstand gegen Heinrich II. durch den jungen König und viele Magnaten. König Wilhelm von Schottland, «der Löwe», marschiert in Nordengland ein.
1183	Tod des jungen Königs Heinrich

Richard I. (1189–1199)

1189	Pompöse Krönungsfeier in Westminster
1190–1192	Richard Löwenherz auf Kreuzzug
1194–1195	Richard in Gefangenschaft im Reich

Johann Ohneland (1199–1216)

1200	Ermordung von Arthur von der Bretagne
1204	Verlust der Normandie
1208	Päpstliches Interdikt über England
1213	Johann versöhnt sich mit Papst Innozenz III.
1214	Schlacht von Bouvines
1215	Magna Carta
1216	Französische Landung in Südengland, geführt vom französischen Thronerben Ludwig

Heinrich III. (1216–1272)

1217	Sieg von Wilhelm Marshal über die Franzosen bei Lincoln. Rückzug der Franzosen
1224	Eroberung des Poitou durch König Ludwig VIII. von Frankreich
1225	Bestätigung der Magna Carta
1226	Heinrich III. erklärt sich für volljährig
1232	Sturz von Hubert de Burgh
1233–34	Herrschaft von Peter des Roches in England
1236	Ehe Heinrichs III. mit Eleonore von der Provence
1237	Ehe Simons de Montfort mit Eleonore, Schwester Heinrichs III.
	Vertrag von York zwischen England und Schottland
1240	Tod von Llywelyn ap Gruffydd, der Wales vereinigt hatte
1242	Erfolglose englische Expedition nach Poitou
1244	Erstes Reformprogramm der Barone
1245	Anfang des Umbaus der Westminster Abtei
1254	Ehe von Prinz Eduard mit Eleonore von Kastilien
1254	Der Papst bietet Heinrich III. das Königreich Sizilien an
1258	*Provisions* von Oxford
1259	Vertrag von Paris
1260–63	Simon de Montfort übernimmt die Führung der Barone.

1264	Schlacht von Lewes. Heinrich III. und die königliche Familie gefangengenommen. Herrschaft Simons de Montfort
1265	Schlacht von Evesham. Tod Simons de Montfort und Niederlage der Magnatenopposition; Einladung an Vertreter der Grafschaften zum Parlament
1266	Dictum von Kenilworth. Beschlagnahme der Ländereien der Rebellen
1267	Heinrich III. erkennt Llywelyn ap Gruffydd als Fürst von Wales an.
1269	Die Westminsterabtei wird feierlich geweiht.
1270	Eduard nimmt am Akkon-Kreuzzug teil.

Eduard I. (1272–1307)

1274	Rückkehr Eduards aus dem Heiligen Land
1276–1277	Erster Krieg in Wales
1278	Statut von Gloucester
1279	Statut von Mortmain; Vertrag von Amiens mit Frankreich
1282–1284	Eroberung von Wales
1284	Statut von Wales
1283–1285	Statuten von Acton Burnell, Merchants, Westminster II, Winchester
1286–89	Krieg gegen Frankreich in der Gascogne
1290	Statuten *Quia Emptores* und *Quo Warranto*
1290–1292	Problem der schottischen Thronfolge. Eduard unterstützt Johann Balliol gegen Anerkennung seiner Oberherrschaft.
1294	Krieg zwischen Eduard und Philip IV. von Frankreich
1295	Allianz zwischen Frankreich und Schottland gegen Eduard
1296	*‹Model› Parliament*
1297	Auseinandersetzung zwischen Eduard und seinen Magnaten über Militärdienst im Ausland. Eduard I. in Schottland, Balliol entthront, Stein von Scone nach Westminster verschleppt.
1298	Sieg über die Schotten bei Falkirk
1303	Zweiter Vertrag von Paris
1304	Eduard I. veranstaltet eine Schwanenfeier zu Ehren von König Artus.
1304–1306	Eroberung Schottlands

Eduard II. (1307–1327)

1314	Englische Niederlage gegen Robert Bruce, König von Schottland in der Schlacht von Bannockburn
1315–1317	Große europäische Hungersnot

1321–1322	Aufstand der Magnaten gegen die Herrschaft Eduards und seinen Günstling Hugh Despenser. Beschlagnahme der Ländereien der Rebellen
1324–1327	Krieg von Saint-Sardos gegen Frankreich
1327	Invasion durch Königin Isabella und Roger Mortimer mit dem Thronerben Eduard. Hinrichtung von Hugh Despenser. Ermordung Eduards II. in Berkeley Castle (Glos)

Eduard III. (1327–1377)

1327–1330	Herrschaft von Königin Isabella und Roger Mortimer
1330	Machtübernahme des jungen Königs Eduard. Hinrichtung von Roger Mortimer
1337	Ausbruch des Kriegs gegen Frankreich (Anfang des sogenannten Hundertjährigen Krieges, der bis 1453 dauerte)
1340	Seeschlacht von Sluys. Eduard entmachtet seinen Kanzler Johann Stratford, Erzbischof von Canterbury.
1343	Geburt des großen englischen Dichters Geoffrey Chaucer († 1400), Autor der *Canterbury Tales*
1346	Sieg bei Crécy gegen die Franzosen und bei Neville's Cross gegen die Schotten.
1347	Englische Eroberung von Calais
1348	Ausbruch der Pest in England (der sogenannte «Schwarze Tod»)
1356	Englischer Sieg gegen die Franzosen bei Poitiers
1360	Vertrag von Brétigny-Calais
1359–1361	Zweite Pestepidemie
um 1360	Verfassung des mystischen Gedichts *Piers Plowman*
1363	Erste Eröffnungsrede im Parlament auf Englisch
1376	Das sogenannte «Gute Parlament». Tod des Thronerben Eduard, des «Schwarzen Prinzen»
1390	Die *Confessio Amantis* von Johann Gower

Richard II. (1377–1399)

1381	Englischer Bauernaufstand
1382	Verurteilung der häretischen Werke des Reformators Johann Wyclif
1388	Das «Gnadenlose Parlament» (*Merciless Parliament*)
1389	Richard erklärt sich für volljährig.
1394/95	Erste Expedition nach Irland
1397–1399	Die sogenannte Tyrannei Richards II.

Heinrich IV. 1399–1413, Gründer des Hauses Lancaster

1400	Aufstand des walisischen Rebellen Owain Glyn Dwr. Wales bis 1410 in Aufruhr
1401	Statut *De comburendo heretico* (Verbrennung von Ketzern)
1403	Niederlage des Rebellenführers Heinrich ‹Hotspur› in der Schlacht von Shrewsbury
1405	Hinrichtung von Geoffrey Scrope, Erzbischof von York
1408	Niederlage des Herzogs von Northumberland bei Branham Moor
1410	Hinrichtung des ersten Lollarden Johann Bradby aus Worcestershire in Smithfield, London

Heinrich V. (1413–1422)

1415	Sieg Heinrichs in der Schlacht von Azincourt
1417	Zweiter englischer Heereszug nach Frankreich
1419–20	Englische Eroberung der Normandie
1420	Vertrag von Troyes mit Frankreich. Heinrich heiratet die französische Königstochter Katharina.

Heinrich VI. (1422–1461)

1422–1437	Minderjährigkeit des Königs. Johann Herzog von Bedford, Humphrey Herzog von Gloucester und Kardinal Heinrich Beaufort herrschen über England.
1435	Tod des Herzogs Johann von Bedford
1445	Ehe des Königs mit Margarete von Anjou
1449/50	Die Engländer erobern die Normandie zurück.
1450	Ermordung des Herzogs Johann von Suffolk. Bauernaufstand von Jack Cade
1453	Französische Eroberung der Gascogne. Erkrankung König Heinrichs VI.
1455	Krieg zwischen dem König und dem Herzog von York. Schlacht von St. Albans
1459	Niederlage des Herzogs bei Blore Heath und Ludford Bridge
1460	Schlachten von Northampton und Wakefield
1461	Schlachten von Mortimer's Cross und St. Alban. Absetzung des Königs Heinrich VI.

Eduard IV. (1461–1483), Gründer des Hauses York

1464	Ehe zwischen dem König und Elizabeth Woodville. Schlachten von Towton, Hedgeley Moor und Hexham
1465	Gefangennahme Heinrichs VI.

1469	Aufstand der Herzöge von Warwick und Clarence. Schlacht von Edgecote
1470	Absetzung Eduards IV. und Rückkehr Heinrichs VI. an die Herrschaft
1471	Rückkehr Eduards IV. an die Macht und damit das Ende des Hauses Lancaster. Tod des ‹Königsmachers›, des Grafen von Warwick, in der Schlacht von Barnet. Schlacht von Tewkesbury. Tod (wahrscheinlich Ermordung) des abgesetzten Königs Heinrich VI.
1475	Frieden mit Frankreich im Vertrag von Picquigny
1477	Wilhelm Caxton veröffentlicht das erste gedruckte Buch in England.

Richard III. (1483–1485), Ende des Hauses York

1483	Absetzung des Thronerben Eduard V. Er und sein Bruder verschwinden im Tower von London und werden wahrscheinlich von Richard ermordet. Aufstand des Herzogs von Buckingham niedergeschlagen
1485	Tod Richards in der Schlacht von Bosworth (Leicestershire). Thronantritt des Siegers Heinrich Tudor und seine Heirat mit der Tochter Eduards IV., Elisabeth

Im Text erwähnte Könige von Wessex

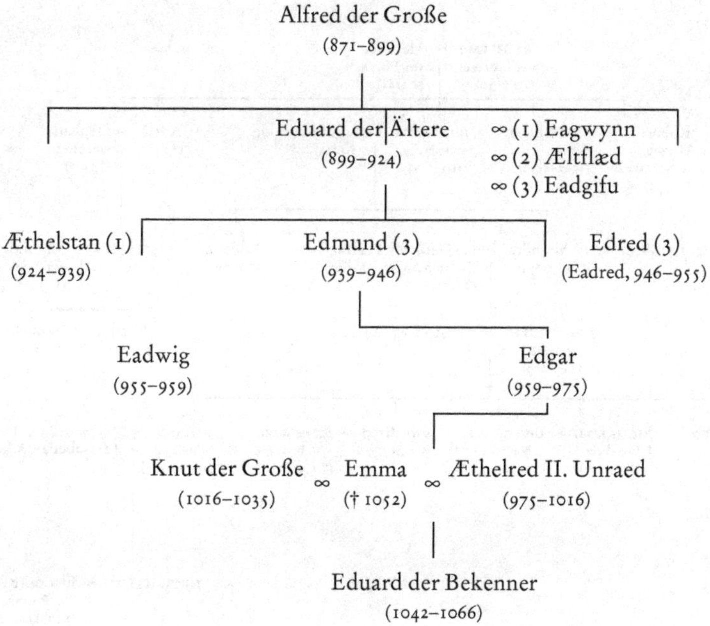

Die Normannenkönige und das Haus Plantagenêt 1066–1327

WILHELM I. ∞ Mathilde
der Eroberer (1066–1087) — von Flandern († 1083)

- Robert, Herzog d. Normandie († 1134)
- WILHELM II. Rufus (1087–1100)
- HEINRICH I. Beauclerc (1100–1135) ∞ Edith Mathilde († 1118)
  - (1) Kaiser HEINRICH V. († 1125) ∞ Mathilde († 1167) ∞ (2) Geoffrey Plantagenêt, Graf von Anjou u. Maine († 1151)
    - HEINRICH II. Curtmantel (1154–1189) ∞ Eleanore von Aquitanien († 1204)
      - Heinrich († 1183)
      - RICHARD I. Löwenherz (1189–1199) ∞ Berengaria v. Navarra († 1230)
      - Gottfried († 1186) ∞ Konstanze v. d. Bretagne († 1201)
      - JOHANN Ohneland (1199–1216) ∞ (1) Isabella v. Gloucester ∞ (2) Isabella v. Angoulême
        - HEINRICH III. ∞ Eleonore v. d. Provence († 1291)
          - EDUARD I. Longshanks (1272–1307) ∞ Eleanore von Kastilien († 1290)
            - EDUARD II. (1307–1327) ∞ Isabella v. Frankreich († 1358)
              - EDUARD III. (1327–1377) ∞ Philippa v. Hennegau († 1369)
                - Johanna von Kent († 1385) ∞ Eduard Prinz von Wales der Schwarze Prinz († 1376)
                  - RICHARD II. (1377–1399)
  - Wilhelm († 1120)
- Adela († 1137) ∞ Stephan von Blois († 1102)
  - STEPHAN (1135–1154) ∞ Mathilde von Boulogna († 1151)
    - Eustace († 1152)
    - Wilhelm († 1159)

Die englischen Könige
1327–1485

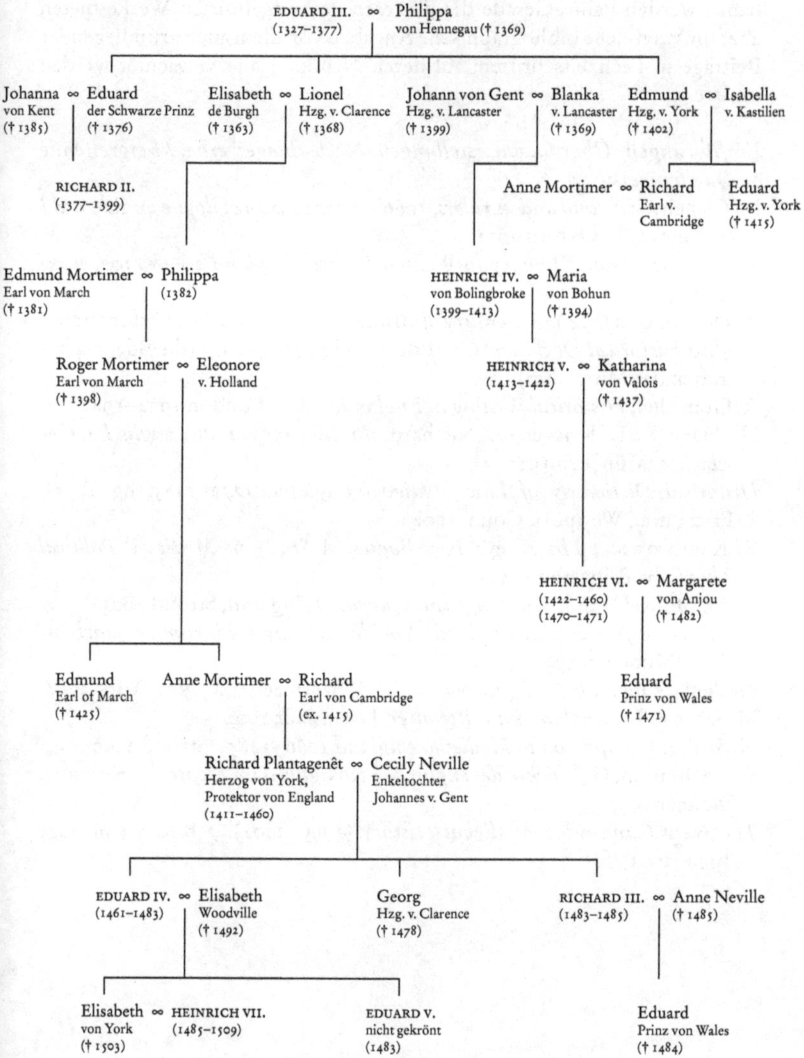

Literaturhinweise

Es gibt eine kaum noch zu überblickende Fülle historischer Werke zur Geschichte Englands im Mittelalter, von der hier nur eine geringe Auswahl genannt werden kann. Gerade die jüngeren der aufgeführten Werke bieten aber umfangreiche bibliographische Angaben vor allem auch grundlegender Beiträge in Fachzeitschriften, auf deren Nennung hier verzichtet werden musste.

Einführungen, Überblicksdarstellungen, Nachschlagewerke, übergreifende Quellenwerke

M. Clanchy, *England and its rulers, 1066–1272: with an epilogue on Edward I (1272–1307)*, ²Oxford 2001

M. Clanchy, *From Memory to Written Record. England 1066–1307*, ²Oxford 1993

A. Deyermond (Hg.), *A Century of British Medieval Studies*, Oxford 2007

English Historical Documents, 12 Bde, London 1953–1977 (die Bde 1–4 betreffen das Mittelalter)

A. Gransden, *Historical Writing in England*, 2 Bde, London 1974–1982

H. Haan/K.-F. Krieger/G. Niethard, *Einführung in die englische Geschichte*, München 1982

Historical Dictionary of Late Medieval England, 1272–1485, hg. R. H. Fritze u. a., Westport, Conn. 2002

E. Kantorowicz, *The King's Two Bodies. A Study in Medieval Political Theology*, Princeton 1957

W. M. Omrod (Hg.), *The Kings and Queens of England*, Stroud 2001

K.-F. Krieger, *Geschichte Englands. Von den Anfängen bis zum 15. Jahrhundert*, ²München 1996

Medieval England: An Encyclopedia, hg. P. Szarmach u. a., New York 1998

M. Sarnowsky, *England im Mittelalter*, Darmstadt 2002

N. Saul, *A Companion to Medieval England 1066–1485*, ²Stroud 2000

P. E. Schramm, *Geschichte des englischen Königtums im Lichte der Krönung*, Weimar 1937

The New Cambridge Medieval History (1999–2001). 7 Bde, Cambridge 1999–2001

Kapitel 1:

The Anglo-Saxon Chronicle: A Revised Translation, hg. D. Whitelock u.a., London 1961

Beda der Ehrwürdige, *Kirchengeschichte des englischen Volkes.* Lateinisch und deutsch. Nach der Edition vom B. Colgrave und R.A.B. Mynors übersetzt von G. Spitzbart, [2]Darmstadt 1997

The Blackwell Encyclopedia of Anglo-Saxon England, hg. M. Lapidge u.a., Oxford 2000

K. Brodersen, *Das römische Britannien.* Spuren seiner Geschichte, Darmstadt 1998

J. Campbell (Hg.), *The Anglo Saxons*, Penguin USA 1991

M. O. H. Carver, *Sutton Hoo: a seventh-century princely burial ground and its context*, London 2005

N. Higham, *Rome, Britain and the Anglo-Saxons*, London 1992

F. Liebermann, *Die Gesetze der Angelsachsen*, Halle 1898

B. R. O'Brien, *God's Peace and King's Peace. The Laws of Edward the Confessor*, Philadelphia 1999

E. Roesdahl, *The Vikings*, London 1992

A. Scharer, *Herrschaft und Repräsentation. Studien zur Hofkultur König Alfreds des Großen.* MIÖG, Erg.-Bd. 36, Wien 2000

A. P. Smyth, *King Alfred the Great*, Oxford 1995

F. M. Stenton, *Anglo-Saxon England*, Oxford 1943

A. Williams, *The English and the Norman Conquest*, Woodbridge 1995

P. Wormald, *The Making of English Laws: King Alfred to the Twelfth Century*, Bd. I, Oxford 1999

Kapitel 2:

F. Barlow, *William Rufus*, New Haven-London 2000

R. Bartlett, *England under the Norman and Angevin Kings 1075–1225*, New Oxford. History of England, Oxford 2000

D. Bates, *William the Conqueror*, London 1989

R. A. Brown, *Die Normannen*, München 1988

M. Chibnall, *The Empress Matilda. Queen Consort, Queen Mother and Lady of the English*, Oxford 1991

D. Crouch, *The Reign of King Stephen*, London 2000

D. C. Douglas, *William the Conqueror*, New Haven-London 1999

C. Given-Wilson/A. Curteis, *The Royal Bastards of Medieval England*, London 1984

A. Gransden, *Historical Writing in England, I, c. 550–c. 1307*, London 1974

J. A. Green, *The Aristocracy of Norman England*, Cambridge 1997

J. A. Green, *Henry I. King of England and Duke of Normandy*, Cambridge 2005

C. W. Hollister, *Henry I*, New Haven 2001

E. Mason, *King Rufus. The life and murder of William II of England*, Stroud 2008
E. Mason, *Norman Kingship*, Bangor 1991
D. Matthew, *King Stephen*, London 2002

Kapitel 3:

König Artus und seine Tafelrunde. Europäische Dichtung des Mittelalters, hg. K. Langosch, Stuttgart 1980
M. Aurell, *Empire Plantagenêt (1154–1224)*, Paris 2002
M. Aurell, *La Cour Plantagenêt (1154–1204)*, Poitiers 2000
M. Aurell, *Noblesses de l'espace Plantagenêt (1154–1224)*, Poitiers 2001
M. Bloch, *Le rois thaumaturges*, Vorwort J. Le Goff, Paris [3]1983
A. Chauou, *L'idéologie Plantagenêt, royauté arthurienne et monarchie politique dans l'espace Plantagenêt (XIIe-XIIIe siècles)*, Rennes 2001
S. Church (Hg.), *King John, New Interpretations*, Woodbridge 1999
A. Duggan, *Thomas Becket*, London 2004
J. Everard, *Brittany and the Angevins, Province and Empire, 1158–1203*, Cambridge 2001
J. Flori, *Richard Coeur de Lion, le roi-chevalier*, Paris 1999
Natalie Fryde, *Why Magna Carta: Angevin England revisited*, Hamburg 2001
J. Gillingham, *Richard I*, New Haven (Ct) 1999
J. Gillingham, *The Angevin Empire*, London [2]2001
Henry II: New Interpretations, hg. Ch. Harper-Bill u. a., Woodbridge 2007
J. C. Holt, *Magna Carta*, Cambridge [2]1992
D. D. R. Owen, *Eleanor of Aquitaine, Queen and Legend*, Oxford 1993
S. Schröder, *Macht und Gabe. Materielle Hofkultur am Hof Heinrichs II. von England*, Husum 2004
R. V. Turner, *King John*, London 1994
N. Vincent, *The Angevins and the Church*, Woodbridge i.V.
H. Vollrath, *Thomas Becket*, Göttingen 2004
U. Vones-Liebenstein, *Eleonore von Aquitanien*, Göttingen 2000
W. L. Warren, *Henry II*, London 1973

Kapitel 4:

D. A. Carpenter, *The Minority of Henry III*, London 1990
D. A. Carpenter, *The Reign of Henry III*, London 1996
D. A. Carpenter, *The struggle for mastery: Britain 1066–1284*, Oxford 2003
D. Crouch, *William Marshal. Court, Career and Chivalry in the Angevin Empire 1147–1219*, London 1990
The English Parliament in the Middle Ages, hg. R. Davies, Philadelphia 1981
E. B. Fryde, *Historical Studies of the English Parliament*, Bd. I: *Origins to 1399*, Cambridge 1970

English government in the thirteenth century, hg. A. Jobson, Woodbridge 2004
J. R. Maddicott, *Simon de Montfort*, Cambridge 1994
Sir M. Powicke, *Henry III and the Lord Edward*, Oxford 1947
R. C. Stacey, *Politics, Policy, and Finance under Henry III, 1216–1245*, Oxford 1987
Documents of the baronial movement of reform and rebellion 1258–1267, hg. R. F. Treharne, Oxford 1973
R. Vaughan, *Matthew Paris*, Cambridge 1958
N. Vincent, *Peter des Roches. An Alien in English Politics*, Cambridge 1996

Kapitel 5:
J. Alexander/P. Binski (Hg.), *The Age of Chivalry: Art in Plantagenêt England*, London 1987
The Age of Edward III, hg. J. S. Bothwell, New York 2001
Edward III and the English peerage: royal patronage, social mobility, and the political control in fourteenth-century England, hg. J. S. Bothwell, Woodbridge 2004
G. Dodd u. a. (Hgg.), *The reign of Edward II: new perspectives*, Woodbridge 2006
N. Fryde, *The Tyranny and Fall of Edward II*, Cambridge 1979
A. Goodman, *John of Gaunt*, London 1992
Green, D. *Edward, the Black Prince: power in medieval Europe*, London 2007
M. Morris, *A great and terrible king: Edward I and the forging of Britain*, London 2008
W. M.Ormrod, *The Reign of Edward III: Crown and Political Society in England*, London 1990
M. Prestwich, *Edward I*, London 1987
M. C. Prestwich, *The three Edwards. War and state in England 1272–1377*, ND London 2003
N. Saul (Hg.), *England in Europe 1066–1453*, London 1994
M. Vale, *The Angevin Legacy and the Hundred Year's War 1250–1340*, London 1990

Kapitel 6:
C. Allmand, *Henry V*, London 1997
B. Bevan, *Henry IV*, London 1994
P. Brand, *The Origins of the English Legal Profession*, Oxford 1992
M. L. Bruce, *The Usurper King, Henry of Bolingbroke 1366–99*, London 1986
H. Castor, *The king, the crown, and the Duchy of Lancaster. Public authority and private power, 1399–1461*, Oxford 2000
H. Eiden, *«In der Knechtschaft werdet ihr verharren …». Ursachen und Verlauf des englischen Bauernaufstands von 1381*, Trier 1995

J. S. Gillespie, *The Age of Richard II*, London 1997
A. Goodman/J. Gillespie (Hg.), *Richard II. The Art of Kingship*, London 1999
A. Goodman, *John of Gaunt: the Exercise of Princely Power in Fourteenth Century Europe*, Harlow 1992
G. L. Harriss, *Cardinal Beaufort: a Study of Lancastrian Ascendancy and Decline*, Oxford 1988
R. H. Hilton, *Der englische Bauernaufstand von 1381*, dt. Berlin 1953
M. H. Keen, *The Laws of War in the Late Middle Ages*, London 1965
K. B. McFarlane, *Lancastrian Kings and Lollard Knights*, Oxford 1972
K. B. McFarlane, *The Nobility of Later Medieval England*, Oxford 1973
C. Platt, *King Death. The Black Death and its Aftermath in Late-medieval England*, London 1996
A. Reitemeier, *Außenpolitik im Spätmittelalter. Die diplomatischen Beziehungen zwischen dem Reich und England (1377–1422)*, Paderborn 1999
N. Saul, *Richard II*, 1996
S. Walker, *The Lancastrian Affinity 1361–1399*, Oxford 1990

Kapitel 7:
B. Brodt, ‹*Zwei Prinzen im Tower*›, in: Fahrmeir, A./Freitag, S. (Hg.), *Mord und andere Kleinigkeiten. Ungewöhnliche Kriminalfälle aus sechs Jahrhunderten*, München 2000, S. 36–46
B. Brodt, ‹Verschwunden, aber unvergessen! Eine spätmittelalterliche Inszenierung in vier Akten›, in: W. Ehbrecht,/A. Lampen,/F.-J. Post (Hg.), *Der weite Blick des Historikers. Einsichten in Kultur-, Landes- und Stadtgeschichte. Festschrift für Peter Johanek zum 65. Geburtstag*, Köln/Wien 2002, S. 37–64
C. Carpenter, *The Wars of the Roses. Politics and Constitution in England, c. 1437–1509*, Cambridge 1997
D. R. Crook, *Lancastrians and Yorkists: The Wars of the Roses*, London 1984
K. Forhan et al. (Hg.), *Power and Pageantry in the Middle Ages and the Renaissance*, New York 2002
J. Gillingham, *The Wars of the Roses. Peace and Conflict in Fifteenth-Century England*, London 1981
A. Goodman, *The Wars of the Roses. Military Activity and English Society, 1452–97*, London 1981
R. A. Griffiths, *King and Country: England and Wales in the Fifteenth Century*, London 1991
R. A. Griffiths/R. S. Thomas, *The Making of the Tudor Dynasty*, Stroud 1985
M. A. Hicks, *Richard III and his Rivals*, Oxford 1991
M. A. Hicks, *Warwick the Kingmaker*, Oxford 1998
M. A. Hicks, *Who's Who in Late Medieval England*, London 1991

R. E. Horrox, *Richard III: A Study in Service*, London 1989
E. Jenkins, *The Princes in the Tower*, London 2002
A. Plowden, *The House of Tudor*, Stroud 1998
J. Watts, *Henry VI and the Politics of Kingship*, Cambridge 1996
A. Weir, *The Princes in the Tower*, London 1992

Die Autoren

Martin Aurell ist mit seinen Schriften in französischer und englischer Sprache eine der führenden Autoritäten auf dem Gebiet der Plantagenêt-Forschung. Daneben veröffentlichte er zahlreiche Beiträge zur Geschichte Südwestfrankreichs. Er lehrt an der Universität von Poitiers.

Bärbel Brodt (1963 – 2015) lehrte an der Westfälischen Wilhelms-Universität Münster und unterrichtete ab 2004 mittelalterliche und frühneuzeitliche Geschichte in London, Reading in Oxford.

Natalie Fryde veröffentlicht in englischer und in deutscher Sprache im Bereich der politischen und der Wirtschaftsgeschichte Englands im Hochmittelalter. Sie lehrte an der Technischen Universität Darmstadt.

Judith Green verfaßte verschiedene Werke über die normannische Aristokratie und andere Themen der Epoche. Sie lehrt an der University of Edinburgh.

Karl-Friedrich Krieger ist eine der führenden deutschen Kapazitäten für die englische Geschichte des Mittelalters. Daneben veröffentlichte er eine ganze Reihe bekannter Werke zu einem breiten Themenspektrum der deutschen Geschichte im Spätmittelalter. Er lehrte bis zu seiner Emeritierung an der Universität Mannheim.

Robin Studd ist der herausragende Kenner der französischen Festlandsbesitzungen des 14. Jahrhunderts. Er lehrt an der Universität Keele.

Nicholas Vincent behandelt in seinen Veröffentlichungen die unterschiedlichsten Aspekte der Regierungszeit Heinrichs III. Daneben ist er in einem bedeutenden Projekt mit der Publikation ungedruckter Urkunden und Briefe befaßt. Er lehrte an der Universität Norwich.

Hanna Vollrath ist eine Autorität auf dem Gebiet der angelsächsischen und angevinischen Geschichte Englands, zu dem sie auf Deutsch und Englisch publiziert. Sie lehrte an der Ruhr-Universität Bochum.

Patrick Wormald (1947 – 2004) war der führende Experte auf dem Gebiet des angelsächsischen Rechts. Er lehrte bis zu seinem Tod in Oxford.

Abbildungsverzeichnis

Seite 138: Eduard II., König von England (1307 – 1327). Eduard I. verleiht seinem Sohn Eduard von Caernarvon, nachmals Eduard II., den Titel eines Prinzen von Wales (1301), Buchmalerei, englisch, 14. Jahrhundert
Foto: akg-images/British Library, London

Seite 148: Eduard, Prinz von Wales, gen. ‹Der schwarze Prinz› (1330 – 1376). König Eduard III. von England erhebt seinen Sohn, den Schwarzen Prinzen, zum Fürsten von Aquitanien und Gascogne (1362). Buchmalerei
Foto: akg-images/British Library, London

Seite 152: Krönung Richards II., König von England (1377 – 1399). Englische Buchmalerei um 1382. Aus dem ‹Liber Regalis›, London. Westminster Abbey
Foto: akg-images/Werner Forman

Seite 174: Die Absetzung König Richards durch das Parlament und die Proklamation Heinrichs IV. (1399 – 1413) zum König am 30. September 1399 in Westminster. Französische Buchmalerei um 1400/1425.
Foto: akg-images/British Library, London

Seite 188: Richard III., König von England (1452 – 1485). Porträt. Gemälde aus dem 16. Jahrhundert. The Trustees of the Western Park Foundation.
Foto: akg-images

Die Karten wurden entnommen: K.-F. Krieger, Geschichte Englands von den Anfängen bis zum 15. Jahrhundert, München [2]1996 (Nachdruck 2002).

Register

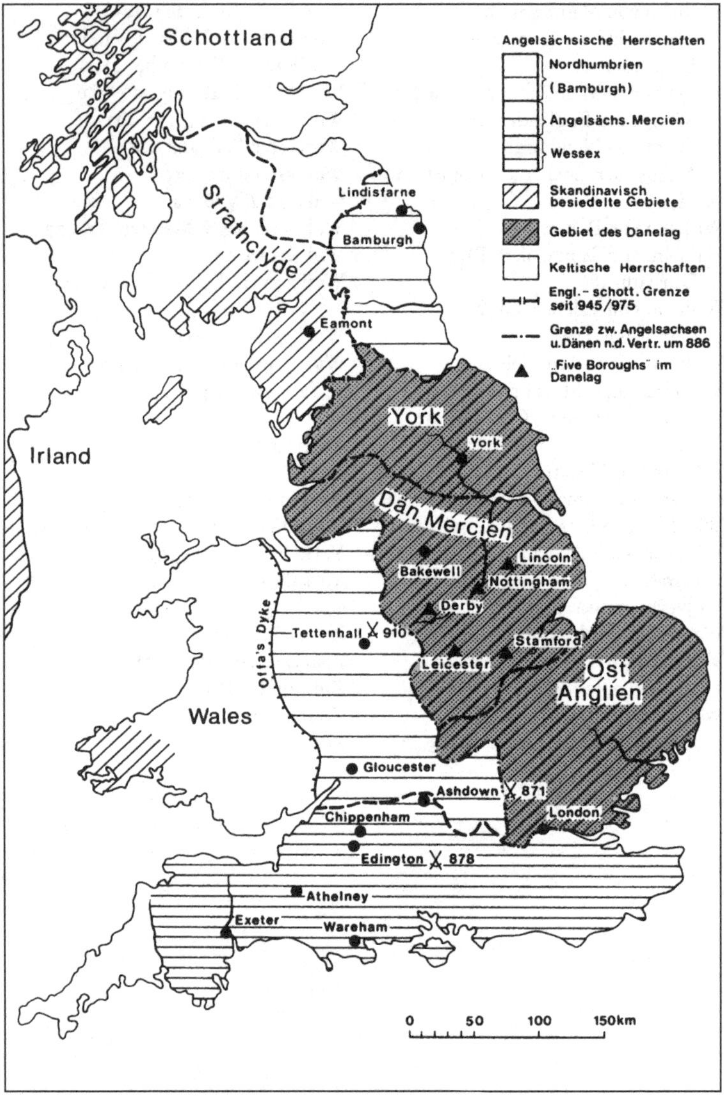

Karte 1: Das Danelag und die angelsächsische Rückeroberung 876–975

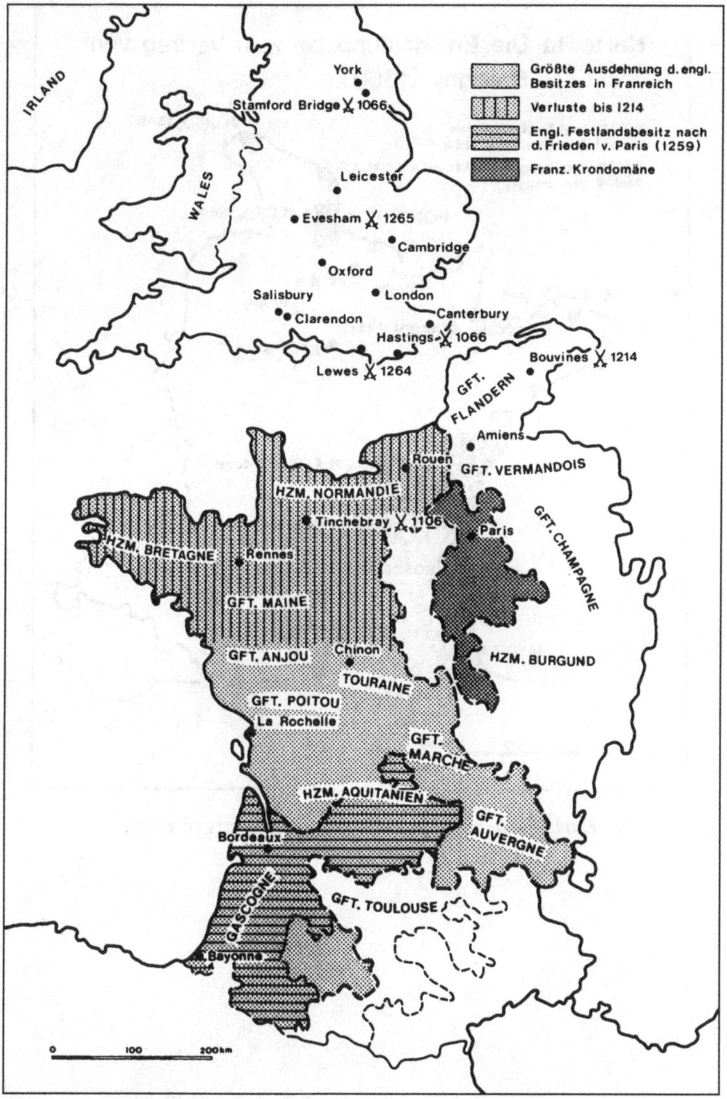

Karte 2: England und Frankreich im 12. und 13. Jahrhundert

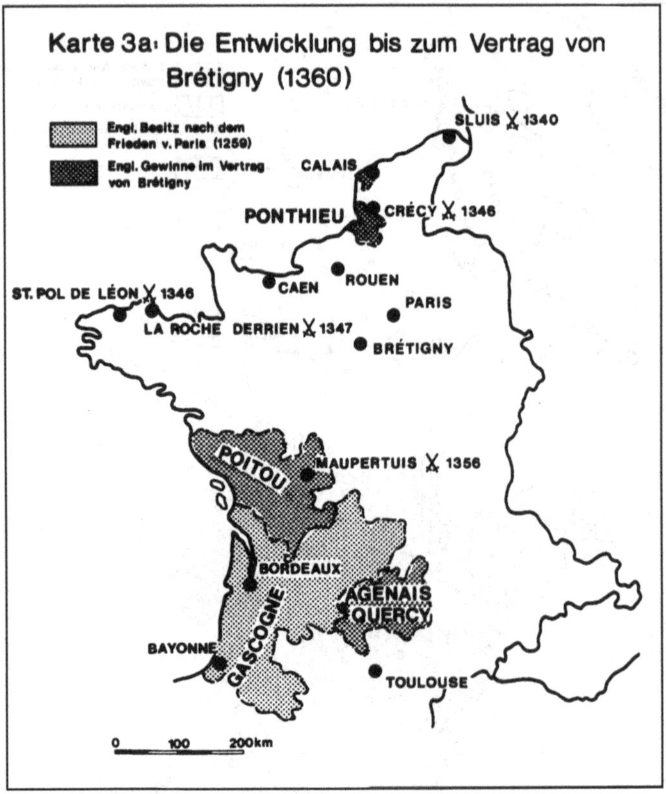

Karte 3 a/b: Frankreich im Hundertjährigen Krieg

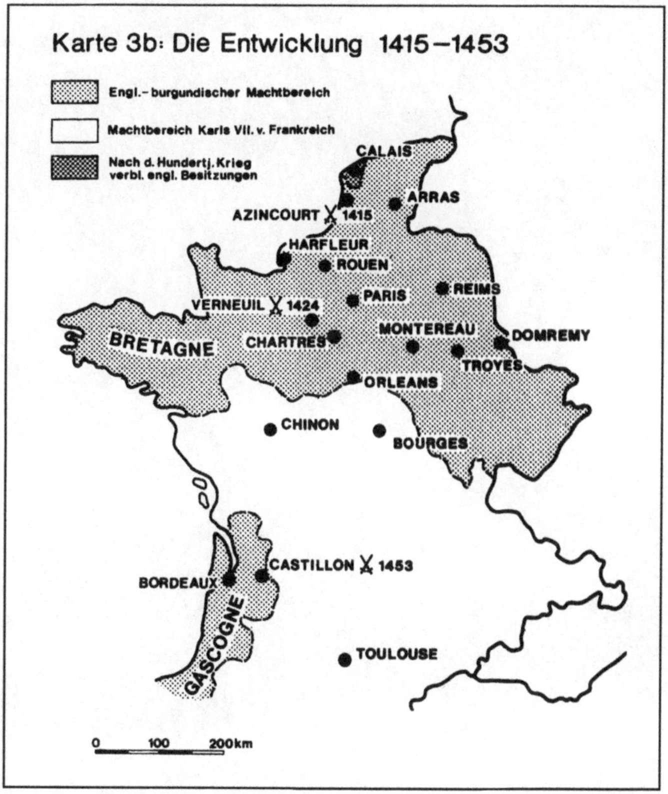

Karte 3a/b: Frankreich im Hundertjährigen Krieg